Joseph Wittig
ROMAN MIT GOTT

JOSEPH WITTIG

ROMAN MIT GOTT

Tagebuchblätter der Anfechtung

Mit einem Vorwort von
Eugen Drewermann

Und einem Nachwort von
Horst-Klaus Hofmann

REIHE APOSTROPH
BRENDOW VERLAG
MOERS

APOSTROPH
DIE REIHE, DIE ZEICHEN SETZT.

Innerhalb dieser Reihe erscheinen Bücher zu folgenden
Themengruppen:
Romane und Erzählungen,
Biographien und Lebensbilder,
Lebensfragen,
Mission und Weltverantwortung,
Ehe und Familie.

CIP-Titelaufnahme der Deutschen Bibliothek

Wittig, Joseph:
Roman mit Gott / Joseph Wittig. Vorw. von
Eugen Drewermann. Nachw. von Horst-Klaus Hofmann. –
Moers: Brendow, 1990
(Reihe Apostroph)
ISBN 3-87067-406-7

ISBN 3-87067-406-7
Bestell-Nr. 78020
© Copyright 1990 by Bredow Verlag, D-4130 Moers 1
Einbandgestaltung: Thomas Georg, Stuttgart
Printed in Germany

Joseph Wittig
1879—1949

INHALT

Eugen Drewermann: Glaube als Einwurzelung I

Vorwort 4

Die smaragdgrüne und die rubinrote Kugel 5

Der „Ens a se" 13

Das Kind in der Krippe, die Hostie im Tabernakel . . . 19

Aus Kirchengeschichte und Bibel 22

Gott in der Richtung zum Kleinsten 23

Der Pater May 34

Heiraten 41

Eiskristall 46

Dorfchronist 51

Reisender Handelsmann Gottes 53

Wächter vor dem Tor der Kirche 57

Kampf für Kirche und Christentum 62

Im Schatten des Breslauer Domes 66

Briefe des Breslauer Bischofs 71

Das Gleichnis von der Windfahne 84

Das Milligramm Gott 87

Im Schlegler Krankenhaus 94

Die Madonna von Lourdes 100

Ein neues Unglück 108

Meine „Erklärung" und der Breslauer Generalvikar . . 110

Der betrübte Pfarrer 118

Ein ungeschriebener Brief 122

Der Teufel los 126

Zu Jesus Christus! 131

Der Zimmermann Joseph von Nazareth 136

Maria 147

Verkehr mit Engeln 153

Das Magnifikat 159

Der „Irrsinnige". Die große Entdeckung 166

Der wandernde Gott. Der Geliebte 179

Die Truhe des himmlischen Vaters 187

Marcion 192

Was ich will 194

Der „Herr der Welt" 196

Brautgeschenke 204

Die Brautkrone 214
Wiedergewinnung der Kirchlichen Heimat 218
Verlust der irdischen Heimat und Habe 222
In westfälischen Krankenhäusern 224
In der Göhrde 227
Nachwort 230
Horst-Klaus Hofmann:
Wachstum aus Stille und Sturm 233

EUGEN DREWERMANN

GLAUBE ALS EINWURZELUNG ODER: EINE BIRKE IM WINTER

Wer *ist* Joseph Wittig, *so* muß man fragen, nicht: wer *war* Joseph Wittig. Denn nicht nur gibt es viele, die überhaupt erst jetzt, in einem Abstand von mehr als einem halben Jahrhundert, seinen Namen zum ersten Mal hören werden. So konsequent und so wirksam hat die Zensur der katholischen Kirche einen Mann totzuschweigen vermocht, der als Dozent für Kirchengeschichte in Breslau im Jahre 1922 mit seinem „Hochland"-Aufsatz *Die Erlösten* das „Verbrechen" beging, die Gesetzlichkeit und Starrheit der katholischen Beichtpraxis als seelsorglich eher schädigend denn hilfreich hinzustellen. Es ist vor allem, daß Joseph Wittig in seinem Kampf um eine seelsorglichere Kirche mit dem Schicksal seines Lebens und der Kraft seiner Persönlichkeit für ein Problem steht, das an Aktualität und Brisanz bis in unsere Tage hinein auf fast dramatische Weise zugenommen hat.

Nur vordergründig geht es dabei um die Beichte. In diesem Punkte hat die weitere Entwicklung Joseph Wittigs Mahnungen so sehr bestätigt, daß sie fast schon überholt sind. Die Kirche hat bis weit in die 60er Jahre hinein nicht davon lassen wollen, vor allem in den Fragen der Sexualität bereits den Jugendlichen nicht endende Angst- und Schuldgefühle einzupflanzen; sie hat die veräußerlichte Mechanik der „Beichtspiegel"-Beichterei nicht aufgegeben, und sie hat inmitten einer Epoche sich überstürzender Veränderungen um so mehr geglaubt, ihre Schwarz-Weiß-Moral der „klaren", objektiven Wertung weiterpflegen zu müssen. Das Ergebnis ist danach. Seitdem die Kirche ihre Macht zur Verbreitung von Schuldgefühlen in der Kindererziehung zunehmend eingebüßt hat, haben die Beichtstühle sich zunehmend geleert. Nicht vom Prie-

I

ster mehr erwartet die Mehrheit der Bevölkerung Hilfe und Verständnis in ausweglos erscheinenden Lebensfragen, das kirchliche Leben insgesamt ist aus dem Zentrum des kulturellen Bewußtseins an den Rand gedrängt worden. Was der Faschismus nicht vermocht hat, ist in gewissem Sinne der katholischen Kirche selber gelungen. Joseph Wittig hat diese Entwicklung kommen sehen. Doch nicht dies ist das Entscheidende. Entscheidend ist, wie er auf seine eigene Einsicht reagierte, und vor allem: wie er zu seiner Sicht der Dinge kam.

Da ist als erstes *die Seelsorge* zu nennen. Jede wirkliche Herausforderung in der Kirche geht nicht von „Theologen" aus, sondern von Menschen, die gelernt haben, die Welt zu betrachten mit den Augen derer, die am meisten weinen. Der Anlaß zum Streit mag gering erscheinen, er wird entscheidend, wenn er zum Symptom einer Kirche wird, die sich den wirklichen Nöten und Sorgen der Menschen verschließt: die Ablaßfrage in den Tagen Martin Luthers, der Laienkelch in den Tagen des Jan Hus, die Beichte im Jahre 1922. Es ist im Strom der Zeit fast gleichgültig, an welcher Stelle der Protest Gestalt gewinnt. Die Krankheit ist stets die gleiche: ein kirchengebundenes, weisungsabhängiges, autoritär tradiertes, unter der Strafe des Kirchenausschlusses verpflichtend gemachtes Sprechen von Gott, das nicht der Erfahrung der Gläubigen, sondern den Gedanken der „Schriftgelehrten" entstammt. Joseph Wittig hat lange gebraucht, um zu begreifen, worum der Kampf seines Lebens sich wirklich drehte: nicht um die Beichte, sondern um den (richtiger: um *das*) *ens a se*,* um den Gott der Theologen, der mit dem Glauben des „einfachen" Volkes, mit seinen Bildern und Kapellen, seinen Gebeten und Liedern kaum etwas zu schaffen hat. Für Joseph Wittig ist es dieser griechisch bestimmte Gott, der wie ein böser Dämon den Vater Jesu verdrängt und die Kirche des Christus an den Machtwillen der Caesaren ausgeliefert hat. Einzig im Namen dieses Begriffsgespenstes einer sich unfehlbar dünkenden Theo-

* (Lat.: das an sich Seiende; philosophische Definition Gottes)

II

logenzunft ist es möglich, die Kirche als eine Verwaltungs-
bürokratie zu betreiben, die es zur Pflicht erklärt, den
selbstverständlichsten Anliegen der Menschlichkeit nach
dem Beispiel des Breslauer Kardinals Bertram tapfer die
Stirn zu bieten und lieber von einem alten Mann, dem Vater von vier Kindern, die Trennung von seiner Frau und
von seinen Kindern zu verlangen als darüber nachzudenken, von welch einer Art eigentlich ein Kirchenrecht ist,
das derlei Ungeheuerlichkeiten vor- und festschreibt.

Und was am schlimmsten ist: Das schriftgelehrte Dozieren von Gott, das nicht einmal mit dem eigenen Leben
und Glauben etwas zu tun haben muß, lockt die Gläubigen
selbst in die Irre; es gaukelt ihnen einen Herrn der Welt
vor, der all ihre Gebete erhört, der allgegenwärtig ist, der
allmächtig ist – und der dennoch ungerührt zusieht, wie
Menschen leiden und sich quälen. Dieser Gott, diese
„Ursache ihrer selbst", ist erkennbar die Ursache zahlloser
Enttäuschungen, Verbitterungen und Verzweiflungen, er
ist die Ursache für den Atheismus ganzer Generationen
von Naturforschern, er ist die Ursache für die Entfrem-
dung der Menschen von der Religion und der Kirche vom
Leben. Er ist für Joseph Wittig der Anfang und das Ende
eines einzigartigen Irrweges der Theologiegeschichte im
Abendland. Er sagt nicht: eines einzigartigen Verrates an
der Botschaft Jesu, doch genau das meint er. Und so macht
er sich auf die Suche nach einem anderen Gott, der gar
kein „Gott" mehr ist, sondern ein Vater, der arm und ohnmächtig, mitleidend und begleitend, gütig und verstehend
ist, aber eben nicht der „König der Könige" (oder der Vater der Väter, der pater patrum, der Papa persönlich). Dieser „neue" „Gott", dieser Vater Jesu Christi, ist nur erreich-
bar durch das Nadelöhr des „Atheismus", durch den Mut,
den erklärten Gott, der alles erklärt, aufzugeben und sich
schutzlos der Rätselhaftigkeit des Lebens auszuliefern. An
den Vater Jesu Christi zu glauben ist nur möglich, indem
man die Armut des Geistes, die Nervosität des Leids, die
Gebrochenheit des Daseins akzeptiert, mit der jede wirklich „göttliche" Wahrheit auf dieser Erde bezahlt werden
will. Ausgehend von der Frage der Beichte wurde Joseph

Wittig zu dem Propheten eines unbekannten und doch höchst vertrauten Gottes, der erst zu sprechen beginnt, wenn die Stimmen der Theologen verstummen, und der nur zu uns kommt, wenn wir die Höhlen falscher Geborgenheit verlassen. Wahr zu sein ist unter den Augen dieses Gottes wichtiger als die Kunst der richtigen Redensarten, und, gebe es Gott: menschlich zu sein, ist sein einziges „Gebot".

Wie redet man von einem solchen „Gott", der selber seinen Thron verläßt, um der Vater und Bruder (die Mutter und Schwester) der Menschen zu sein? Es gibt nur eine Art, die Sphäre der Abstraktionen zu verlassen und das Göttliche im Menschlichen aufscheinen zu lassen: *die Sprache der Dichter.* Jesus hat sie gesprochen. Joseph Wittig hat versucht, sie zu sprechen. Selbst seine wissenschaftlichen Arbeiten umspielte der Schimmer eines Dichters, und es war seine eigentliche Berufung, menschliche Erfahrungen so zu schildern, daß mitten im vermeintlich Unscheinbaren ein Strahl des Himmels aufleuchten konnte. Es ist keinesfalls eine bloß literarische Manier, wenn wir Stelle um Stelle beobachten, wie Joseph Wittig seine Gedanken mit den Schilderungen von Verwandten und Bekannten, von Begebenheiten und Gegebenheiten wortwörtlich „begründet". Für ihn ist es ein Argument, die Marienbilder seiner Heimat oder die Christusschnitzereien seiner Dorfbewohner zu malen: so glauben die Menschen, und wo wäre der „Vater" anders als in dem Herzen seiner Kinder? Der Text des „Hohenliedes", das Bild der Taube, alles, was in seiner Kleinheit und Schwachheit nur darauf wartet, von einem Dichter entdeckt zu werden, wird zu einem möglichen Offenbarungsort göttlicher Nähe. Das geht so weit, daß Joseph Wittig schließlich Gott nicht mehr als ein Sein, sondern als ein Glauben versteht, nicht als einen Gegenstand, sondern als einen Zustand der Seligkeit in der menschlichen Seele. Von diesem verborgenen Gott Kunde zu geben ist nicht möglich, ohne die eigene Existenz dabei aufs Spiel zu setzen, und so gewöhnt Joseph Wittig sich Zug um Zug die gegenständliche Sprache der Theologiedozenten ab, um die innige, warme

IV

Sprache gläubiger Dichtung und wahrer Selbstmitteilung zu üben. Um zu verstehen, was er sagen will, stellt er deshalb jeweils die Situation vor, in der er schreibt: seine Krankheit, seine Armut, sein Zimmer, die Tageszeit – alles ist von Bedeutung, wenn man mitvollziehen will, wie die Wahrheit eines Menschen zustande kommt. Joseph Wittig kennt nicht den Existentialismus, nicht die existentiale Hermeneutik, nicht die Fragen der Situationsethik, aber er weiß, daß Leben nichts anderes ist als ein ständiges Atemholen der Seele und daß der Gott Jesu Christi gerade darin am stärksten geglaubt wird, daß man die Wahrheit des heutigen Tages tut und für die Wahrheit des morgigen Tages offen zu sein versucht.

Joseph Wittig hat kein Programm aufgestellt. Doch was er mit seinem Leben und Werk vorwegnimmt, ist ein völlig neuer Typ von „Theologie": kein entmündigendes Dozieren von oben nach unten mehr, sondern eine Form dichterischer Selbstaussage und Existenzmitteilung. Für diesen neuen Typ von Theologie bedarf es keines Apparates von Beamten und „Gebildeten", wohl aber einer Sensibilität bis zur Grenze oder im Gefälle seelischer Krankheit, einer „Briefwaagen"-Feinnervigkeit bzw. einer ungeschützten Dünnhäutigkeit, der die Rüstigkeit der gußeisernen Begriffe unter dem Schmerz der Erfahrung wie abhanden gekommen ist und die nur noch das Zeugnis der Liebe als Kriterium der Wahrheit gelten läßt. Gerade vor der Unabhängigkeit und Ungebundenheit, vor der lyrischen Subjektivität und Unmittelbarkeit, vor der emotionalen Kraft und Verbindlichkeit einer solchen Dichterexistenz aber hat die katholische Kirche sich stets gefürchtet und immer wieder mit Erfolg ihre Hoftheologen ins Treffen geschickt, um mit absurden Häresieverdächtigungen auszumerzen, was wenigstens ein bißchen von dem Geist des Mannes aus Nazareth atmete, der mit der Art seiner Dichtung poetisch genug war, den Menschen die gestohlenen Träume ihres Lebens zurückzugeben und sie in der Stärke ihrer eigenen Wahrheit zu heilen. Nur „Maler" zu sein erklärte Joseph Wittig schließlich für das Ziel seines Lebens. Er hätte wohl leidenschaftlich dem Entschluß

V

Vincent van Goghs zugestimmt: „Von jetzt an male ich nicht mehr Kirchen und Kathedralen, sondern die Gesichter von Menschen. Aus ihren Augen leuchtet mir hell und klar die Offenbarung Gottes."

Was Wunder daher, daß Joseph Wittig ein gläubiges Leben wesentlich als *Wanderung* versteht! Gewiß, das ist die Sprache und der Erfahrungsraum der Jugendbewegung, der auch seine wunderbare Frau Bianca entstammt. Aber es ist zugleich die Erfahrung alttestamentlicher Prophetie, es ist die Lebensart Jesu selbst. Gott ist nicht seßhaft zu machen; er ist flatternd wie ein Schmetterling, zitternd wie das Licht über dem Wasser, ungreifbar wie eine Wolke am Abendhimmel, belebend wie ein Windhauch, der Kühlung in den Dunst ungelüfteter Kammern bringt. Gott selber ist ein Wanderer. Man kann ihm begegnen, aber man kann ihn nicht halten. „Ich bin da, als der ich da sein werde", antwortete Gott auf die Frage des Moses am brennenden Dornbusch. „Gott ist kein Gott der Toten, sondern der Lebenden", meinte Jesu, als er diese Stelle im Gespräch mit den Sadduzäern ins Feld führte. Dieser Gott des Rufs und Aufbruchs in die Freiheit, diese Feuersäule des Exodus, dieser Gott notfalls auch der Vertreibung und der Flucht wird mehr und mehr der Gott des Joseph Wittig.

Und doch ist die Wanderung gerade das Bild, das seinem ganzen Wesen am meisten weh tut und trotz allem am wenigsten ihm entspricht. Denn ganz im Gegenteil ist der Glaube des Joseph Wittig ein stetes Bemühen um *Einwurzelung*. Seine schlesische Heimat, das Haus seines Vaters, die smaragdgrüne und rubinrote Kugel, die Tage der Kindheit – sie sind und bleiben der bindende Boden, aus dem das Glauben und Hoffen dieses Mannes erwächst. Das ganze Wesen des Joseph Wittig gleicht einem Baum, der niemals mehr den Ort zu verlassen vermag, an dem der Zufall der Geburt ihn als Samen eingepflanzt hat – keine deutsche Eiche wie der Mann Martin Luther, eher eine Birke: mit zittrigen Blättchen und silbrig schimmerndem Stamm, nicht hoch hinaus, sondern windgeduckt, die feingliedrigen Zweige weithin gestreckt, wie um zu be-

VI

[handschriftliche Randnotiz:] Gottes-verständnis

schirmen, was unter ihnen wachsen möchte. Über diese Birke ist jäh und plötzlich der Winter gefallen, und er zwingt sie dazu, sich so tief in das Erdreich zu senken als möglich, bis hin zu den wärmeren Schichten, an welche der Frost nicht heranreicht. Diese wärmeren Schichten – das ist für Joseph Wittig vor allem das Bild seines Vaters. Zu ihm zurückzukehren, zu dieser armen, doch liebevollen Vorbildgestalt, das wird für ihn zunehmend im Alter der Sinn seines Daseins. Es war ein Fehler, erkennt er, es war eine Sünde, sich jemals von ihm getrennt zu haben. Am Ende will Joseph Wittig nichts weiter mehr sein als das, was er immer war: ein Arme-Leute-Kind, das die Zeit des Ausnahmeschülers der Jugend, des früh promovierten Theologen der Seminarzeit, des gefeierten, aus Rom zurückgekehrten Kirchengeschichtlers und Dichterdozenten für ein bloßes Intermezzo, für einen Seitensprung, ja, buchstäblich für Teufelsdienst hält, für den er jetzt, Gott sei Dank, büßen muß, um den eigenen Ursprung wiederzufinden. Es ist das Problem all der genial begabten Kinder, die, aus armen Schichten stammend, auf der Woge des Erfolges nach oben getragen werden, die aber die Eiseskälte der Höhenluft nicht vertragen und die sich am Ende bestraft sehen für den „Verrat", den sie begingen, indem sie mitten in den Palästen der Prälaten, Bischöfe und Professoren Partei ergriffen für die Gedanken der Tischlermeister, Bergleute und Bauern, ihrer Herkunft und Heimat.

Nur in dem Bild einer Birke, die sich gegen die Kälte des Winters immer tiefer in den Boden verwurzelt, dem sie entstammt, versteht man vor allem, warum Joseph Wittig einer Kirche die Treue hielt, die ihn erkennbar nicht wollte. Als sie ihn verstieß, nahm er sich das Recht, die längst schon liebgewonnene Jugendführerin zu heiraten, und diese mutige Frau nahm lieber die Verwerfung durch die eigenen Angehörigen in Kauf, als dem verworfenen Geliebten nicht angehören zu dürfen. Sie wird ihr Leben lang sich gegen eine Kirche zu wehren haben, die es zur Bedingung der Versöhnung erhebt, die Bande der Liebe wieder aufzuheben. Doch Joseph Wittig wird die Schönheit des Zölibates und der Jungfräulichkeit preisen und in bewegenden Worten die allzu irdische Mühsal des Ehelebens schildern. Ihm ist die Teilnahme an den Sakramenten der Kirche verwehrt, und er leidet darunter, zu sehen, wie die frommen Krankenschwestern seine körperliche Schwäche auszunutzen suchen, um doch noch die „Bekehrung" des Exkommunizierten und Indizierten zu erwirken. Und dennoch hört er nicht auf, sich als Vertreter und Anwalt dieser Kirche zu verstehen, als sei es ihm vergönnt, besser zu wissen, was katholischer Glaube sei, als die katholische Kirche in den beamteten Vertretern ihres unfehlbaren Lehramtes selber. Ja, er will nicht begreifen, daß dieser sein Glaube für seine Behörde nichts weiter ist als eine neue Form des Unglaubens.

Man muß sich an dieser Stelle in aller Entschiedenheit dagegen verwahren, aus Joseph Wittig eine neue Heiligenlegende zur Bestätigung der „einen, heiligen, katholischen Kirche" zu machen, für die jedes Opfer zu bringen immer verdienstvoll und manchmal sogar pflichtgemäß sein könnte. Selbst wenn die katholische Kirche sich einmal geirrt haben sollte, so bleibe man ihr doch zu ewiger Treue verpflichtet, denn sie sei die Mutter der Völker, die Arche der Rettung, die Hüterin der Wahrheit, der eschatologische Vortrab der Heilsgeschichte Gottes mit den Menschen. So hat Joseph Wittig nicht gedacht. Gewiß, er hat an den Oberflächlichkeiten und Flachheiten der Kirche an Tiefe gewonnen und an ihren Niedrigkeiten an Größe. Doch das spricht für Joseph Wittig, nicht für die katholische Kirche. Er fand seine Kirche in den einfachen Menschen seiner schlesischen Heimat und in den gefühlsstarken Bildern seiner eigenen Kindheit. Er blieb katholisch, weil die katholische Kirche der Boden war, in dem er aufgewachsen war. Das war der einzige Grund: sein Vater, seine Mutter waren auch katholisch. Nein, Joseph Wittig war gerade kein Wanderer. Er war zutiefst konservativ. Und hier muß man beginnen, in der Vergangenheitsform zu sprechen, indem man erkennt, wie eng die katholische Kirche selbst einen Mann von solcher Güte und Herzensweite wie Joseph Wittig machen konnte. Ganze Kapitel seiner Schriften erscheinen heute als ein schier unverdaulicher Teil der Erbauungsliteratur eines vergangenen Jahrhunderts. Es gibt zu seiner Zeit bereits seit über 30 Jahren die Entdeckungen der Formgeschichte des Evangeliums, doch Joseph Wittig spekuliert über den realen Umgang der Mutter Gottes mit den Engeln oder über die Gründe, warum sie ihre Jungfräulichkeit so lange vor ihrem Gatten verschwieg. Doch wie will man das dem Breslauer Priester vorwerfen, wenn es heute noch Bischöfe und Exegeten von Namen gibt, die erklären, es sei nicht katholisch, wer nicht an die biologische Jungfräulichkeit Mariens glaube, und man könne das späte Auftauchen von Erzählungen wie in Lk 1,2 am besten damit erklären, daß es sich hier um eine alte Tradition der heiligen Familie handele, die über solch intime Dinge zu reden über lange Zeit hin verständliche Scheu gefühlt haben? Es herrschte damals die Zeit des Antimodernismus, es herrschte der verspätete Geist des Kulturkampfes, es herrschte die Gettomentalität der allein seligmachenden Kirche, und Joseph Wittig hat in diesem Punkte den Geist des Katholizismus der 30er Jahre nie überschritten. Auch das gehörte zu der notvollen Art seiner Einwurzelung –, es liefert kein Argument zugunsten einer Kirche, der zuliebe jedes Opfer gerechtfertigt wäre. Wirklich, derselbe Joseph Wittig, dessen Güte und Menschlichkeit wie der milde Schein eines warmen Herbstlichtes aus seinen Schriften hervorleuchtet, bringt es fertig, bei der Lektüre von Karl May darüber nachzusinnen, wie viele Völker es doch gibt, die von der Botschaft des Christus noch nie etwas gehört haben. Kein Gedanke des römischen Kirchengeschichtlers Wittig, daß er als Religionsgeschichtler von den alten Ägyptern, als Religionskundler von den Hindus, Muslimen und Buddhisten, als Ethnologe von den heutigen Stammeskulturen für das Christentum etwas zu lernen hätte. Er erlebt den Zweiten Weltkrieg; er lebt unter Kardinal Bertram; und doch erscheint die Gesamtperspektive des Joseph Wittig merkwürdig verengt, so als sei sie immer noch stehengeblieben spätestens im Jahre 1926, als man diesen frommen, sensiblen Priester „dem Teufel überantwortete".

In der Tat: Die Exkommunikation bedeutete für ihn eine Art Querschnittlähmung, von der er sich niemals erholen sollte. Aus dem Kirchengeschichtler wurde der Dorfchronist, und bitter notiert er selber von sich: „Die römische Kirche hat mich als Schriftsteller wirklich totgekriegt". (52) Sie hat noch viel mehr „totgekriegt": vor allem den Geist des Protestes – Joseph Wittig wagte nie den offenen Bruch, allein schon aus Sorge, all die vielen in der katholischen Kirche zu enttäuschen, denen seine Schriften als Wege des Glaubens erschienen waren –, aber auch den Atem des Dichters, der Joseph Wittig war; er hatte nie den Mut, anders zu schreiben als in katholischem Sinne „erbaulich", und selbst dort noch, wo er sich als „Atheisten" und „Häretiker" fühlt, steht er erkennbar dem kindlichen Glauben der Frommen weit näher als den wirklichen Zweiflern und Leugnern. Man vergleiche den Abstand: Am 22. Februar 1942 nimmt Stefan Zweig in Rio de Janeiro zusammen mit Lotte Altmann sich das Leben, weil er das ewige Gejubel über brennende Tanker und gewonnene Schlachten schlechterdings nicht mehr hören kann. Was hilft es da, von Joseph Wittig zu erfahren, daß ohnehin der Teufel diese Welt regiert! Wie lebt man in einer Welt, in der die Menschen schlimmer sind als die Teufel? Das ist die Frage, und man findet eine Antwort darauf nicht mehr in den Schriften Joseph Wittigs, wohl aber auf einem der letzten seiner Photos. Schaut man in das wunderbare Gesicht dieses Mannes, so sieht man einen Menschen vor sich, der priesterlich war, wo das priesterliche Amt ihm abgesprochen wurde, der prophetisch war, wo die Priesterkirche sich weigerte, das mahnende Wort eines hellsichtigen Sehers zu beherzigen, und der ein überaus liebenswürdiger, freundlicher und humorvoller Mensch zu bleiben vermochte, wo die Zeit in Haß, Gewalt und Fanatismus zu ersticken drohte. Joseph Wittig konnte weder die Probleme seiner Zeit noch seiner Kirche lösen. Doch was es heißt, sich loszulösen von allem Unerlösten, das hat er uns gezeigt. Was es heißt zu lieben inmitten einer Kirche, welche die Liebe ihrer Kleriker verbietet, das kann man von ihm lernen. Und was es bedeutet, in einer gott-

X

verlassenen Welt den Glauben an einen väterlichen Gott nicht zu verlieren (oder ihn überhaupt erst zu gewinnen!), das läßt sich lernen an dem Priester und Familienvater Joseph Wittig, der nicht aufhören wird, uns das zu sein, was er immer sein wollte: ein väterlicher priesterlicher Freund.

VORWORT

Dieses Büchlein ist in kranken Tagen und Nächten geschrieben worden. Eine Zeile reihte sich an die andere, wie der Tag sie in das Reigenspiel meiner Gedanken entließ. Die Tage wechseln wie der Wind. Die Gedanken des einen Tages sind nicht die des anderen. So ist das Büchlein ein Tagebuch geworden; jede Seite müßte ein Tagesdatum tragen. Aber alle Tage waren durchstürmt von der Frage nach Gott. Wir wurden so unglücklich, daß wir unseren treuen Herrgott nicht mehr wiedererkannten. Es geschah so Schreckliches, daß immer wieder gefragt wurde: „Wie kann Gott solches zulassen?" Selber an Leib und Seele zerschlagen, stand ich mehr auf der Seite der Fragenden als der Antwortenden, bis mir die Antwort kam: „Fragt nicht nach Gott! Wir haben keinen Gott; wir haben einen Vater im Himmel, und dieser ist nicht der Herr der Welt. Der Herr der Welt ist nach dem eindeutigen Zeugnis Jesu der Fürst der Welt: der Teufel. Jesus, der Sohn des lebendigen Gottes, hat nur eine kleine Herde aus der Welt herausgerufen. *Der Teufel spielt sich indessen als Gott auf!"* So beginnt dieses Büchlein mit einem den Atem verhaltenden Kampf gegen den falschen Gott, der auch den Frommen noch als der richtige Gott gepredigt wird. Darum wirkt die erste Hälfte des Buches sehr anstößig. In der zweiten Hälfte öffnet sich das gütige Auge des Vaters im Himmel, des Geliebten unserer Seele, der auch mir zuletzt den Frieden gab.

Joseph Wittig

DIE SMARAGDGRÜNE UND DIE RUBINROTE KUGEL

Es war schon in den späten Morgenstunden eines Frühsommertages des Jahres 1945. Ich hatte erst wenige Stunden in tieferem Schlaf gelegen, fühlte mich aber nach vielen Monaten körperlicher und geistiger Erkrankung sonderbar frisch und wir zur Wiederaufnahme meiner schriftstellerischen Tätigkeit gerufen. Ich befreite das Fenster meines Schlafstübleins von der kriegsgemäßen Verdunkelung, öffnete die Fensterflügel und wurde sogleich von den Strahlen der vergnügten Morgensonne umfangen, so sanft und warm, wie man auch von dem allerliebsten und zärtlichsten unter den Menschenkindern kaum umfangen werden kann. Die keimende Saat, das sprossende Blatt, die Knospen der Blumen sind wohl sonst nur die Empfänger solcher Zärtlichkeit. Es gibt eine ganz wundersame Zärtlichkeit in der Natur.

Die Hände einer Mutter können sehr zart sein, aber zarter noch die Hände eines Vaters. Die Zärtlichkeit der Liebenden ist Barbarei und Gewaltakt dagegen.

Es mußte in der Nacht geregnet haben, denn schier an jedem Blatt des Birnbaums, der zu meinem Schlafstubenfenster emporgewachsen ist, hing ein Regentröpflein, schimmernd in der Morgensonne. Und diese Regentröpflein schimmerten wie die Perlen an den Ohrläppchen der kaiserlichen Prinzessinnen. Die Welt vor meinem Fenster war wie ein kaiserlicher Hof, und wie Prinzessinnen begrüßten mich die Zweige des Birnbaums, eine wunderliebliche Abordnung aus einem Kaiserreiche der Schönheit und der Liebe.

Und die Zweige hoben und senkten, teilten und vereinigten sich im leisen Morgenwinde. Ließen sie mich ein Antlitz schauen? Noch wenige Monate, erst gar Jahre zuvor hätte ich gemeint, es sei das Antlitz Gottes. Ich war früher öffentlichen Ansehens Priester der katholischen Kirche, Professor der Gottesgelehrsamkeit, jetzt nur noch insgeheim nach der Lehre von dem unzerstörbaren Charakter des Priestertums, jetzt ausgestoßen aus dem großen Kaiserreich Gottes, der Kirche, deren Offizier ich war, und ich hatte an jedem Morgen an den Stufen des Altars gerufen: „Ich will hintreten zum Altare Gottes, zu Gott, der meine Jugend erfreut!" Jetzt war mir Gott in das Nichts versunken, aus dem er die Welt erschaffen haben soll. Ich sah ihn nicht mehr, ich hörte ihn nicht mehr, ich liebte ihn nur noch mit jener Liebe, die man eine unglückliche Liebe nennt. Ich hatte es schon seit mehreren Tagen aufgegeben, mein Morgengebet zu sprechen, obwohl meine Knie sich immer wieder eigenwillig beugen wollten.

Jenseits meines Gartens, durch die sich hebenden und senkenden Zweige immer wieder sichtbar werdend, erhob sich der Schuppengiebel meines frommen väterlichen Hauses. Diesen Giebel hat erst meine Mutter zusammen mit meinem Studentenstüblein erbaut, als ich im zweiten Gymnasialjahre den Besuch eines Studiengefährten daheim empfangen und mit ihm nicht mehr wie bis dahin in der kleinen Voratskammer bei unserer Winterkohle und unter den Schweben, auf denen unsere Brote lagen, wohnen und schlafen sollte. Bis dahin war unser Schuppen noch nicht massiv, sondern nur ein ruinenhaftes, auf grauem Balkenwerk ruhendes, von Holunderbüschen umstandenes Schleppdach, ein sogenannter Anklatsch. Davor der Holzhackplatz. Die Schindeln des Schleppdaches waren schon vielfach zerstört und lückenhaft. Aber ich war oft auf dieses Dach gestiegen und hatte trotz der vielen rostigen Nägel dort die seligsten Stunden meiner Kindheit verlebt, hatte dort im Sonnenschein den kommenden Frühling erwartet und nach den ersten Staren Ausschau gehalten. Bis in mein Mannesalter habe ich mir ein Bild mit knospenden und blühenden Zweigen aufbewahrt, auf dessen Rückseite ich die in Seligkeit leuchtenden Worte geschrieben hatte: „Andenken an den Frühling 1888." Damals war ich noch ein frommes Kind der katholischen Kirche und sollte eben beginnen, am Beichtunterricht teilzunehmen. Der fromme Pfarrer liebte mich; er kannte mich, weil meine geliebte Tante Agnes, eine gottselige Jungfrau, sein Hauswesen versah und sein von einer Krebskrankheit halb zerstörtes Antlitz pflegte.

Dieser Pfarrer redete und predigte oft von Gott, aber ich glaube, es war nicht derselbe Gott, der mir jetzt in das Nichts versunken war, und dem ich nun in unglücklicher Liebe so sehr zürnte, daß ich nicht einmal mein Morgengebet an ihn richten wollte.

Ach, jener alte, zerfallene Schuppen! Ach, meine geliebte Mutter, die mit eigener Hand den Lehm aushob aus dem Boden, auf dem jetzt mein eigenes Haus steht; die den Lehm zu Ziegeln formte, diese zu einem regelrechten Ziegelofen aufschichtete und zu harten Ziegelsteinen brannte; die aus diesen Ziegeln mein Studentenstüblein und den neuen massiven Schuppen baute!

Als ich noch so klein war, daß meine älteren Geschwister alle zur Schule oder in die Handwerkslehre gingen, ich also allein bei der Mutter daheim war, kamen oft des Nachts heftige Regenstürme über unser Haus und unsere kleine Ackerwirtschaft, so daß wir meinten, der Sturm werde das Strohdach unseres Hauses aufheben und zerstören. Frühmorgens aber leuchtete wieder die Sonne, und alles war so unsagbar frisch und grün, als wohnten wir inmitten eines grünen Edelsteines. Da hingen auch Perlen an jedem Blatt, und die Äste und Ästlein schimmerten von Silber und Gold gleichwie Prinzessinnenarme mit goldenen und silbernen Reifen. Und die Mutter sagte: „Geh in die Erlenwiese. Der Sturm wird viele Äste abgerissen und niedergeworfen haben. Geh und sammle diese Äste und trage sie in unseren Schuppen, damit wir wieder Reisig haben für den Kochofen und den Backofen!" Und ich ging in die Erlenwiese, stolz, einen Auftrag von der Mutter zu haben. Und die Wiese war richtig vollgestreut mit abgebrochenen Erlenästen. Ein wunderbarer Duft entquoll den Bruchstellen und dem frischen Laube. Die Bruchstellen waren fein gerötet und dufteten wie himmlischer Balsam. Und ich dachte, sie sind wie heilige Wunden, wie die Wunden des Gekreuzigten, von dem die Eltern sagten, er sei der Sohn Gottes, für uns am Kreuze gestorben, „empfangen vom Heiligen Geiste, geboren aus Maria der Jungfrau, gelitten unter Pontius Pilatus, gekreuzigt und gestorben, auferstanden am dritten Tage, aufgefahren zum Himmel, wo er sitzet zur Rechten Gottvaters, von dannen er kommen wird zu richten die Lebendigen und die Toten."

Ich sammelte die Äste und barg sie in unserem Schuppen, mußte mehrmals den Steig von unserem Hause zur Erlenwiese gehen, ehe auch das letzte Ästlein geborgen war, und blieb wohl den ganzen Tag wie berauscht von dem Duft des Laubes und der Wunden der Erlen und der abgebrochenen Äste, wie verklärt von dem zarten Rot der Wunden. Und die Welt, die smaragdgrüne und sonnenvergoldete, wandelte sich in eine rubinrote.

Indem die Regentröpflein an den Blättern des Birnbaums vor dem Fenster meines Schlafstübleins, die Perlen an den Ohren der kaiserlichen Prinzessinnen, die mir einen Morgengruß brachten, dies alles in meine Erinnerung brachten und wieder gegenwärtig machten, obwohl inzwischen an die sechzig Jahre vergangen waren, überschattete mich auf einmal eine dunkle, schwere Wolke, oder es hatte sich aus dem Weltall ein Felsblock gelöst und rollte mit seiner Last und seiner Finsternis über mein Herz und mein Gemüt. Wohl sprangen sogleich mein Verstand und meine Gelehrsamkeit auf und versuchten, Last und Finsternis von Herz und Gemüt zu verscheuchen und wegzuwälzen, denn Wolke und Felsblock waren nichts weniger als Gott oder das, was mit diesem Namen benannt wird, ach das, dem ich mein ganzes junges Leben verschrieben hatte und von dem ich einst an jedem Morgen gerufen: „Ich will hintreten zum Altare Gottes, zu Gott, der meine Jugend erfreut." Aber vergeblich war das Bemühen des Verstandes und meiner Gelehrsamkeit. Ich sah, daß jene Last und Finsternis nicht nur mein eigen Herz und Gemüt unter sich begruben, sondern die ganze Welt und all meine Bruderschaft unter den Menschenkindern. Smaragdgrün und Rubinrot verfärbten sich in trostloses Grau und Schwarz. Was wir Gott nennen und was wir uns unter diesem Namen vorstellen, denken und aussagen, ist eine Qual und eine arge Bedrängnis für die Welt, auch für die durch kostbares Blut erlöste Welt, nicht ein Segen für die Welt, sondern ein Fluch für die Welt.

Und ich empfing in jener Morgenstunde den Auftrag, der Welt ein tröstendes und befreiendes Wort zu sagen.

Es war wiederum ein Weltkrieg zu traurigem Ende gekommen. Mein Volk war besiegt, mein Land von Feinden besetzt und gequält, mein Haus geplündert. Weib und Kinder mußten auf dem Fußboden schlafen, da uns alle Betten und Matratzen, alle Wäsche und Kleidung genommen worden waren. Der Revolver eines Soldaten war an die Stirn meines Sohnes gesetzt und richtete sich auch gegen das Bild des Gekreuzigten in unserer Wohnstube. Ich hatte krank gelegen. Drei Schüsse gingen über meinen Kopf; einer durchbohrte das süße Bild der Madonna von Murillo über meinem Bette; ich fand die von der Wand abgeprallten Kugeln nachher in meinem Bette. Meinen Nachbarn wurden die Kühe aus dem Stalle entführt, die Schweine erschossen und geschlachtet. Fremdes Volk fraß sich satt an den Früchten unserer Felder, und wir begannen, mit unseren Kindern zu hungern. Millionen unserer jungen Männer sind im Kriege gefallen oder schmachten in Gefangenschaft. Tiefstes Elend, Verzweiflung, die zum Selbstmord treibt! Das schlägt dem, was wir von Gott gehört und gepredigt haben, ins Gesicht. Er soll ein starkes, allmächtiges und allgütiges Wesen sein. Wie kann er solch schreckliche Dinge zulassen und schweigend ertragen? Wir können ihn nicht mehr ertragen, da er solches ertragen kann.

Auch nach den vorigen Weltkrieg (1914—1918) waren die Gemüter der Menschen schwer bedrückt. Aber die Menschen hielten ihren Gott noch frei von Schuld an dem auch damals maßlosen Elend. Sie fragten vielmehr: „Was haben wir getan; was haben wir angerichtet?" Nichts mehr verspürte die Menschheit von einer Erlösung, seufzte vielmehr und war schwer bedrängt von eigener Verschuldung. Ich stand damals noch im priesterlichen Amte und fühlte mich verpflichtet, den Menschen zu helfen, ergriff also die Feder und schrieb eine Osterbotschaft mit dem Titel „Die Erlösten", schrieb, daß die furchtbaren Geschehnisse nur soweit den Menschen zuzurechnen seien, als sie mit Wissen und Willen und mit dem Einverständnis des Herzens daran beteiligt waren. Alles übrige schob ich dem

Geheimnis der Allwirksamkeit Gottes zu, ohne dessen Willen keine Flinte und keine Kanone losgehen kann. Da ging ein Aufatmen durch die gläubige Welt; eine Freude sondergleichen leuchtete auf in der deutschen Christenheit. Viele Menschen wurden wieder fromm, selig über die Botschaft, daß der ehrlich gute Wille und der schlichte Glaube hinreiche, um das ewige Leben zu gewinnen: „Wer glaubt, der wird nicht gerichtet; wer glaubt, der hat das ewige Leben"; nicht die Beichte mit ihren Vorbedingungen, sondern der Glaube macht's; macht den Frieden mit Gott; die Beichte gehört dazu wie der Friedensschluß zum Frieden; der Frieden aber wird bewirkt durch den Glauben.

Ach, ich merke es diesen Zeilen an, daß es jetzt, nach mehr als zwanzig Jahren, nicht mehr möglich ist, auch nur einen Schimmer des freudigen Lichtes und der seligen Wärme zu wiederholen, die von dem kleinen Aufsatz in der Zeitschrift „Hochland" ausgingen. Es war damals wie ein neues Evangelium, oder vielmehr das alte in wiedererweckter Urkraft. Es war die hohe Zeit der Jugendbewegung. Die Jungen und Mädel trugen die Botschaft durch alle deutschen Lande. Bei nächtlichen Lagerfeuern wurden „Die Erlösten" gelesen. Benachbarte Gruppen hörten und eilten herbei. Alle Jugend erwartete eine Erneuerung des Christentums, nachdem es in seiner alten Sprache im ersten Weltkriege, wie man vielfach sagte, „versagt" hatte.

Ein gleiches Werk zum zweiten Male zu vollbringen, wie könnte ich es mir anmaßen! Und doch erging der Ruf an mich. Gott ruft jeden Propheten nur einmal, und ich bin inzwischen alt geworden, nicht mehr so kühn und tapfer wie damals. Und doch muß ich wieder ans Werk, ich muß! Damals galt es nur, das gläubige Volk zu erlösen von seiner Sündenangst und von der erdrückenden Last der Verantwortung für das, was geschehen war im Einzelleben wie im Leben des Volkes. Es galt zu verkünden, daß das Christentum in Wahrheit ein erlöstes Volk sei. Ich habe gesät, und die Saat ist in tausend und abertausend Seelen aufgegangen. Das von mir geliebte deutsche Volk wandte sich aber anderen Propheten zu, Propheten der Macht und der Gewalt, und ich hätte ihm wohl zurufen wollen: „O mein Volk, wie wollte ich deine Kinder sammeln wie die Henne ihre Küchlein unter ihren Flügeln! du aber hast es nicht gewollt, weil du die Stunde deiner Heimsuchung nicht erkannt hast!"

Und doch muß ich von neuem ans Werk gehen. Die dunkle Wolke und der sich über uns wälzende Felsblock muß in letzter Stunde aufgehalten werden! Wieder muß ich, so sehr ich mich sträube, eine Erlösung verkünden. Diesmal aber nicht von Sündenangst und Verantwortung, sondern — ach Himmel! — von Gott selbst, von dem Gott, der aus dem griechisch-römischen Heidentum in das Christentum eindrang und die wunderselige Botschaft des Evangeliums aufhob und ins Gegenteil verkehrte, von dem unverständlichen und bedrückenden, entzweienden und quälenden blutleeren, von Philosophen erdachten Gottesbegriff, dem ens a se. Wie die ersten Christen von den Griechen und Römern „Atheisten" gescholten wurden, zu solchen Atheisten möchte ich und muß ich unser Volk machen. Der alte Gottesbegriff mag in der Philosophie und in der Dogmatik seine Heimstatt behalten; in unseren Herzen aber soll ein anderer Name Geltung, alleinige Geltung haben.

Ich will nicht zu den Gottesleugnern alter Sorte gehören; ich bin Christ und als Christ empfange ich den Auftrag, der mir selber ungeheuerlich erscheint. Aber was wäre christlich, was nicht ungeheuerlich und selig erschreckend wäre!

Als in der Literaturgeschichte die neue Form der Großerzählung, das Epos in Prosa und in der gewöhnlichen Sprache des Volkes, also nicht in den klassischen Sprachen, entstand, nannte man die neue Form „Roman" von der romanischen Volkssprache. Wie das Volk es verstand, so wollte man erzählen. Kühn löste man sich von den alten Fesseln der epischen Darstellung, auch von der Fessel irgendwelcher historischen Wahrheit und Grundlage. Man erzählte, was beglückt, was aufregt, was mit großer Gewalt die Menschenseele hineinzog in den seligen Strom der Dichtung, in das erdichtete Schicksal von Romanhelden.

Diese Weisheit von der Entstehung der Erzählungsform des Romans habe ich aus irgendeinem Literaturlexikon bezogen. Ich hatte bis dahin geglaubt, der Roman habe seinen Namen davon, daß seine frühesten Erzählungen in den romanischen Ländern spielen. Suche ich aber eine Namenserklärung bei den alltäglichen Romanlesern, so höre ich, der Roman sei meistens eine umfangreiche Erzählung ungewöhnlicher Menschenschicksale mit der unentbehrlichen Zutat einer aufregenden, beglückenden oder schmerzlichen Liebesgeschichte, ein Buch, in dem am Schlusse zwei Menschen verschiedener Geschlechtlichkeit, ein „er" und eine „sie", einander kriegen oder nicht kriegen, heiraten oder töten oder in schmerzlicher Entsagung für immer zu meiden gesonnen sind.

In diesem volkstümlichen Sinne möchte ich dieses Buch von Gott einen Roman nennen. Er soll die Geschichte und den Ausgang meiner unglücklichen Liebe zu dem, was man gewöhnlich Gott nennt, erzählen.

Die meisten Romane sind aber ohne Verbindlichkeit geschrieben. Der Dichter oder Schreiber solcher Romane hält sich gänzlich außer dem Spiele und verpflichtet sich nicht, für den Inhalt seines Buches einzustehen. Ich nenne mein Buch darum auch ein „Bekenntnis", weil ich mich zu dem Inhalt persönlich bekenne, und weil mich die Leser aus dem Inhalt erst richtig kennen lernen sollen.

Ich habe schon viele Bücher geschrieben, in denen ich von Gott geredet habe, zwar in dem Sinne, daß ich mich zu dem, was man gewöhnlich Gott nennt, auf Leben und Tod bekenne und meine Leser zu gleicher Haltung anzuleiten versuche.

Ich bin aber nun in einem Alter, in dem die Menschen gewöhnlich ihr Testament machen, ihren „letzten Willen" erklären. Früher verstand man unter „Testament" auch einen Bund, z. B. den „Alten Bund", den „Neuen Bund", die Begründung einer Menschengemeinschaft durch eine Handlung oder ein Schriftwerk. Was ein Gott oder ein Mensch den anderen Menschen zu sagen hat und endgültig sagen will, dies kurz zusammengefaßt und deutlich ausgesprochen nennt man heute ein Testament. Da ich in früheren Büchern den Anschein erweckt habe, als sei ich im Sinne der frommen Menschen und der unfrommen Welt gottesgläubig ohne jeden Zweifel und ohne jeden Abzug, und weil dies vielleicht eine große Lüge ist, will ich nun über meinen religiösen Nachlaß das Testament machen. Ich glaube, viele Erben zu haben. Alle Menschen sollen wissen, wie es um meinen religiösen Besitzstand steht. Vielleicht ist manches darunter, was ihnen für Leben und Tod nützlich sein kann. Denn darin bin ich mir immer gleich geblieben, daß ich meine Mitmenschen fromm machen und zum ewigen Leben bereiten will. Dieses Buch wird unfromm wirken, will aber nur frommen Wust beseitigen und den Weg zu einem wahrhaft frommen Leben frei und fröhlich machen und durch Unfrömmigkeit frommen.

DER „ENS A SE"

Was ist mit mir? Bin ich wahnsinnig geworden? Es wäre kein Wunder. Seit Jahren nicht mehr recht gesund, seit einem halben Jahre ausgesprochen gemütsleidend, infolge einer falsch geführten Herzspritze gelähmt am linken Arm, verkrüppelt an der linken Hand, voller Nervenschmerzen am ganzen Körper, das Augenlicht getrübt, seit fünf Monaten der Feind im Lande, mein Haus siebenmal geplündert, keinen Rock mehr zum Anziehen, kein Hemde zum Wechseln, kaum mehr ein Topf oder Säcklein Vorrat in der Speisekammer, der Tisch aufs äußerste mager, die Kinder schon böse vor Hunger, wir Alten selber hungrig, nach der Mahlzeit nicht viel weniger als vor der Mahlzeit! Außer den sechs Personen unseres eigenen Haushaltes sitzen noch drei Flüchtlinge an unserem Tische, schon seit dreiviertel Jahren: eine junge Soldatenfrau mit ihrer 83 jährigen Schwiegermutter und deren 73 jähriger Freundin, nicht selten angewiesen auf unsere kärglichen Vorräte und von meiner guten Frau immer mitbeteiligt an der Ausbeute unserer Bettelgänge. Einst als Professorenfamilie einigermaßen wohlhabend, nun Bettelvolk, das für eine Schnitte und ein Glas Milch unter Tränen dankt in den Häusern der Nachbarn, die einige Morgen Land besitzen, und denen noch nicht alle Kühe aus den Ställen von den plündernden Feinden entführt worden sind. Und der Winter nahe, der Hungertod in Aussicht! Ach die armen Kinder! Es ist in Wahrheit zum Wahnsinnigwerden. Und kein Freund kann helfen. Die hilfreichen Freunde sind ja selber verarmt. Und kein Gott regt sich vom Himmel her; keiner der Engel, der Gottesboten, die noch bis vor wenigen Jahren unser Haus und Leben betreut haben, zeigt sich uns. Kein Gott und kein Engel, keiner von den hilfreichen Heiligen scheint mehr zu existieren oder hat nie existiert und lebte nur in unseren frommen Einbildungen.

Und dies alles nach sechs Jahrzehnten treuer himmlischer Betreuung eines ehrenvollen und trotz allen Kampfes glücklichen Lebens!

Es waren verhältnismäßig glückliche Tage, an denen Weib und Kinder mit den drei Flüchtlingsfrauen auf die erreichbaren Erntefelder gingen und nach der Einfuhr der Nachrechte die zurückgebliebenen Ähren auflasen. Viel tausend Male bückten sie den Rücken und brachten immerhin mehr als einen Zentner Körner zusammen, die ein freundlicher Müller mahlte. Auch die Tage, an denen nach warmem Regen Pilze aus dem Waldboden wuchsen und zum Sammeln lockten, waren noch einigermaßen glücklich. Wir konnten einige Wochen von Pilzsuppen und Pilzgerichten leben. Aber jetzt ist ein kalter Herbst gekommen. Die Erntefelder sind umgepflügt, kein Pilz gedeiht mehr. Jetzt sitzen die drei Flüchtlingsfrauen von Morgen bis Abend in der Stube und tröseln alte Wollsachen auf, Pullover, Schlüpfer, Strümpfe, um die Wolle noch einmal zwischen die Häkelnadeln zu nehmen und neue Wollsachen zu häkeln. Da kräuselt und verwirrt sich ein Haufen Wollfäden nach dem anderen vor meinen Augen. Und nicht selten verfilzen und verwirren sich die Fäden, und es dauert lange, sie zu entwirren und auf neue Knäuel zu wickeln.

Ich kann es gar nicht leugnen, daß solcher Anblick meinen Geist stark beeinflußt und verwirrt. Auch ich will alte Sachen auftrennen. Auch mir reißen die Fäden immer wieder ab, kräuseln sich, verfilzen sich, und ich werde kaum

14

einen Gedanken unzerrissen aufwickeln und neu verarbeiten können. Aber es muß gedacht und geschrieben sein. Der Befehl ist mir in mehr als hundert Nächten klar geworden.

Dazu kommt, daß ich seit Monaten des beruhigenden Pfeifentabaks entbehre, dem ich für meine früheren Bücher viel Anregung und Ausdauer verdanke. Wohl hängt mir die Tabakspfeife immer noch zwischen den Zähnen und entläßt Wolkenschwaden in die Luft meines Arbeitszimmers. Aber es ist kein Tabak mehr, der darin brennt und raucht, sondern allerlei Haustee, Pfefferminze, Schafgarbe, Laub von der schwarzen Himbeere und vom Sauerkirschenbaum, ohne Einwirkung auf geistige Arbeit, nur eine Beruhigung der Saugmuskeln, die seit der Entwöhnung von der Mutterbrust und vom Nuckeldaumen allmählich nach der Zigarre, der langen Pfeife und schließlich nach der Schägpfeife verlangten.

Unter solchen Umständen mag ich für mein Buch weder den Anspruch auf Wahrheit und Klarheit, noch auf logischen Zusammenhang und künstlerische Darlegung erheben. Halb wahnsinnig und ganz geistesarm schreibe ich alle Ungeheuerlichkeiten nieder, die mir in langen, schmerzensreichen, schlaflosen Nächten eingekommen sind.

Und den Kern aller dieser Ungeheuerlichkeiten bildet die Aussage: der Gott, den ihr euch vorstellt und von dem die meisten von euch längst abgefallen sind, und von dem sie, wenn sie überhaupt noch etwas wissen wollen, nichts mehr wissen wollen, der Gott existiert nicht. Ihr braucht ihn nicht zu fürchten und nicht erst zu leugnen; er existiert nicht! Ich will mit euch ausgehen und suchen, was überhaupt noch existiert, und ob es noch verständig ist, die Hände zu falten und den Blick nach oben zu richten.

Der Gott, von dem ich soeben gesprochen habe, und von dem ich unser Volk erlösen will, ist in dem Erdenwinkel, den ich meine Heimat nenne, nur schulbekannt, nicht aber hausbekannt. Meine Nachbarn glauben nur, daß man gegen ihn nichts sagen dürfe, wissen aber auch über ihn nicht viel zu sagen, nur daß sie an ihn glauben sollen. Sie glauben auch an ihn, soviel sie können, aber das ist herzlich wenig. Ihr Herz gehört einem anderen, von dem ihnen allerdings gepredigt worden ist, daß er von Natur derselbe sei wie jener Gott, immerhin eine besondere, von jenem zu unterscheidende Person.

Eines der ältesten massiven Gebäude unserer Häuserschaft gehörte in meiner Jugendzeit dem nun längst verstorbenen Heinrich Herden. Heute ist aus seinem Wirtschaftsgebäude ein großer Bauernhof mit neu aufgerichteten Mauern geworden. Damals bestand das Wohngebäude nur aus einer sehr feuchten Wirtschaftsstube. Die Wände waren nicht gegen die Feuchtigkeit des Erdbodens isoliert und troffen von steigenden und fallenden Gewässern. Phantasiebegabt, wie ich war, sah ich manchmal in besonders feuchten Zeiten ganze Landkarten an den Wänden mit viel mehr Strömen, Nebenflüssen und Zuflüssen, als die Landkarte meines deutschen Vaterlandes aufwies. Wurden die Zeiten etwas trockener, so setzte sich überall Schimmel an, und der Wandputz verfärbte sich und zerbröckelte, so daß überall merkwürdige Gestalten und Gesichter zum Vorschein kamen, so als ob uralte Fresken die Wände bedeckt hätten, die etwa das jüngste Gericht mit allen Seligen und allen Verdammten darstellten. Sah man genau zu, so entdeckte man an der Giebelwand ein altersgraues Kreuzlein mit einem roh geschnitzten Gekreuzigten, dessen Gliederwerk und Antlitz nicht wenig an die ungeschlachte Gestalt des Heinrich Herden erinnerten. Das war das „Herrgottlein" des Herden Heinrich.

Ich habe schon einmal erzählt, wie mein Bruder, damals Tischlergesell, den Auftrag bekam, die Stubenfenster des Heinrich Herden von neuem weiß zu streichen, und wie Herden Heinrich, da noch ein wenig Farbe übrig war, meinem Bruder sagte: „Streichen Sie nur auch unser Herrgottlein mit an!" Mein Bruder tat es, obwohl das Weiß der Fensterfarbe eben keine Fleischfarbe ist. Und ich habe erzählt, wie ich mir etwas rote Farbe beschaffte und damit die Wundmale des Gekreuzigten überreichlich rot anmalte und dafür von meinem Bruder eine Ohrfeige erhielt.

Auch wir hatten ein Herrgottlein in unserer Stube, aber nicht geschnitzt, sondern lithographiert. Es stammte aus der

16

Neuroder Bilderfabrik, war zwar ein Fehldruck, so daß mein Vater ihn umsonst bekommen hatte. Dieses unser Herrgottlein war ein schöner Jüngling, offenbar ein Zimmerlehrling. Denn hinter ihm stand bei Beil und Säge der Zimmermann Joseph von Nazareth, neben ihm saß Maria, die Jungfrau, die wir die Gottesmutter nannten.

Um von vornherein Klarheit zu schaffen, will ich gleich sagen, daß ich gegen dieses Herrgottlein, weder in der Form, wie ich es bei Heinrich Herden sah, noch in der schönen Gestalt, wie bei uns in der Stube, nichts habe. Es ist vielmehr das Höchste und Liebste, das ich liebe und anbete auf dieser Erde.

Einen großen Gedankensprung muß ich machen, um von diesem unsern Herrgott auf jenen Gott zu kommen, der aus dem Heidentum und Judentum in unser christliches Volk eingedrungen ist. Schon der Name Gott gehört zu den fremdesten Wörtern und unverständlichsten Namen unserer Sprache. Es haben sich mit diesem Gott auch meist nur die Philosophen und die scholastischen Theologen abgegeben. Dicke Bücher, mächtige Folianten haben diese über ihn geschrieben, meist unter dem Titel De Deo uno, „über den einen Gott". Sie haben sich die Köpfe zergrübelt und zerbrochen über das Wesen und die Eigenschaften dieses Gottes. Was sie über das Wesen aussagen können, ist herzlich wenig und ganz und gar ungenießbar. Es geht zurück auf eine angebliche Selbstoffenbarung dieses Gottes an das jüdische Volk. Diesem hat er gesagt: „Ich bin, der ich bin", ein Wort, das die Philosophen und Theologen als eine philosophische Aussage Gottes über sich auffaßten — als wenn die Juden etwas davon verstanden hätten, würde Gott sich als den Seienden, das Sein schlechthin offenbart haben. Für die Philosophen wurde er durch diese Aussage über sich der Endpunkt und der Gipfelpunkt aller Spekulation über das Sein und schließlich das Grab, in dem sich alle Philosophie für immer begraben konnte.

Etwas ganz Großes glauben die Philosophen und Scholastiker dadurch geleistet zu haben, daß sie das Wesen Gottes als „Ens a se", als ein „Sein aus sich selbst" bestimmten und die ganze Lehre von Gott auf die „Aseität", auf das

„Von-sich-selbst-sein" aufbauten. Ich frage nun, was um Himmels willen hat die hungernde Menschenseele davon? Diese Kost genügt nicht einmal zu einem kärglichen Frühstück, viel weniger für den ganzen Tag und für die lange, sehnsuchtsvolle Nacht. Da ist uns schon ein Ens ab alio oder eine Causa causata, ein Wesen, das von einem anderen Wesen stammt und verursacht ist, wie etwa die Tochter eines Bettelmanns, lieber, so etwa wie mein Großvater die Tochter eines Mittelsteiner Bettlers, meine allerliebste und noch im Tode hübsche und rotwangige Großmutter, zur Frau genommen hat.

Im übrigen beschäftigen sich die Philosophen und Scholastiker damit, die Attribote Gottes, die Eigenschaften Gottes, näher zu bestimmen. Sie nehmen dazu möglichst unsere eigenen und schönsten Eigenschaften, wie sie etwa ein Idealmensch haben könnte, etwa „mächtig", „heilig", „gütig", „gerecht" und dergleichen. Solche Attribute treiben sie nun soweit als möglich in die Höhe, Breite und Tiefe, wie zum Beispiel „urmächtig", „allmächtig", „übermächtig", und bekennen dann in erheuchelter Demut, daß sie mit solchen Übertreibungen keineswegs an Gott heranzureichen sich einbilden. Sie gehen also immer tapfer in der Richtung auf das Große und bedenken gar nicht, daß Gott vielleicht nur in umgekehrter Richtung zu finden und einigermaßen richtig zu bestimmen ist. Nie fänden sie den Weg zum Herrgott des Herden Heinrich, zu dem armseligsten Gottesbilde, das ich je gesehen habe. Nie auch zu dem hübschen Zimmergesellen in unserer Stube daheim.

Leider hat die Welt und auch die Christenheit den Gottesbegriff der Philosophen und Scholastiker sich ganz zu eigen gemacht und den also begriffenen Gott entweder angebetet oder geleugnet, wodurch die Menschheit in zwei feindliche Lager gespalten wurde und viele Menschen an Gott und der ganzen Religion irre werden. So entstehen Ausrufe: „Ich kann Gott nicht verstehen!" oder: „Wie kann Gott dies oder jenes zulassen?", was wiederum eine ganze Wissenschaft notwendig macht, nämlich die Theodizee oder die Rechtfertigung Gottes.

DAS KIND IN DER KRIPPE
DIE HOSTIE IM TABERNAKEL

„Thomas, da du gesehen hast, hast du geglaubt. Selig, die nicht sehen und doch glauben!" Ich kenne dieses Wort und habe mich sechzig Jahre lang daran gehalten und bin in der Tat nicht immer, aber doch mitunter selig gewesen, indem ich glaubte. Viele sind freilich der Meinung, daß der, dessen Mund jenes Wort gesprochen, selber nicht gesehen und doch geglaubt hat, geglaubt sogar, daß er der Sohn Gottes sei. Nun ist es aber so: Wenn ich sechzig Jahre lang einem mächtigen und gütigen Könige gedient habe, freilich ohne ihn je gesehen zu haben, und wenn ich dann in größter Not des Leibes und der Seele zu dem Könige hingehen und ihn um Hilfe anflehen möchte, und man sagt mir genau, wes Wesens er sei, und an welchen Attributen man ihn erkennen könne; wenn ich nun überall nach ihm suche und selbst die raffiniertesten Mittel der Wissenschaft anwende, um ihn zu erkennen und ihn zu finden, und ich kann ihn nirgends sehen oder hören oder spüren, so sehr ich nach ihm taste, dann wird mir niemand verübeln, wenn ich sage, dieser König existiert überhaupt nicht; man hat mir seine Existenz nur vorgeredet, und ich habe mir nur eingebildet, daß er in Wahrheit existiere und für mich vorhanden sei. So geht es mir seit Jahren mit dem Gott der Philosophen. Ich bin schließlich ein wissenschaftlicher Mensch und durfte zwar in der Jugend allerlei Irrtümern und Einbildungen folgen, muß aber wenigstens in den Jahren der Altersreife ganz offen bekennen, daß ich mich geirrt habe, und daß ich nicht an „Wahrheiten" festhalten darf, die nur den Wert von Arbeitshypothesen haben.

Wie es seit Jahren um mich steht, würde ich bedenkenlos in das Lager der Gottesleugner und Atheisten übergehen, wenn ich gegen diese Leute nicht ein Gefühl der Abneigung hätte: sie sind fast alle in zu jungen Jahren, ohne genügende Erfahrung und Herzensnot, oft um ungehindert gewissen Lebenstrieben folgen zu können, Gottesleugner und Atheisten geworden. Ihnen bedeutet der Schritt zum Atheismus nicht einen so schmerzlichen Verlust wie mir. Ich wäre lieber gestorben, ehe ich dieses schlimme Buch schreiben mußte.

Und ich weiß ja, wie die Theologen und Philosophen teils hohnlachen werden über das, was ich hier schreibe, teils mit Leichtigkeit ganze Batterien von Beweisen und Widerlegungen dagegen aufführen werden, falls sie das Buch überhaupt beachten. Ich war immerhin bisher ein einigermaßen angesehener, wenn auch nicht immer geschätzter Zunftgenosse von ihnen. Soweit ich ihnen lieb war, ist es mir recht unangenehm, daß ich jetzt so schreiben muß. Im übrigen bin ich es gewöhnt, verachtet zu werden, und es verschlägt mir gar nichts, wenn man das Buch vielleicht als eine pathologische Erscheinung verwirft.

Ich gehe aber in weitem Bogen um das Lager der Gottesleugner und Atheisten herum. Es ist doch überall in der Welt ein merkwürdiges Leuchten in allen Dingen und allen Geschehnissen, besonders in den kleinen, unscheinbaren, unbedeutenden. Wo ich gehe und stehe, ist etwas in meiner Nähe, es umflattert mich wie ein goldener Falter oder begleitet mich wie ein treuer Hund, ganz leise, unhörbar, unsichtbar, und ich kann verstehen, daß man auf den Gedanken kann, es müsse ein Gott, es müsse der Gott sein, was da den Menschen umgibt und begleitet. Und wenn man daraus nicht ein solches Ungeheuer gemacht hätte, würde ich mich dieses aufkeimenden Gedankens herzlich freuen, wenn er auch in keiner Weise genügt zum Aufbau einer wissenschaftlichen Gotteslehre, ja nicht einmal zur Füllung der ersten Seite eines Traktates „De Deo uno".

Ich will nun auch das merkwürdige Leuchten in der Welt, das an allen Dingen hängt wie die Regentröpflein an den Blättern meines Birnbaums, wie die Perlen an den Ohren der kaiserlichen Prinzessinnen, und was so duftet wie Laub und Bruchstellen der vom Sturm herabgebrochenen Äste unserer Erlen, ach, alles Smaragdgrün und Rubinrot jener unvergeßlichen Frühmorgenstunden meiner Kindheit, will das Höchste und Liebste meines sehnsuchtsvollen Herzens aus Mangel an einem anderen Namen zunächst meinen Gott nennen und mich anbetend vor ihm verneigen. Aber es muß etwas unendlich Kleines und Elendes sein, elender noch als der angeschimmelte Herrgott vom Heinrich Herden. Nicht allmächtig, nicht allheilig, nicht allweise, nicht allgerecht, sondern unendlich klein und zart und schwach, flatternder als der goldene Falter und zerstörbarer als der Farbenstaub auf dessen Flügeln. Ich kann gar nicht sagen, wie tief ich in das unendlich Kleine und Schwache vordringen möchte, um eine „adäquate Vorstellung“ — wie die Dogmatiker zu sprechen belieben — dessen zu vermitteln, was sich mir als Gott geoffenbart. Der schöne Zimmergesell auf dem „Bilde der Heiligen Familie“ in unserer Stube ist schon viel zu groß und herrlich. Das frierende Kindlein in der Krippe von Bethlehem, auf Heu und auf Stroh, kommt schon eher in Betracht. Ich neige mich vor ihm und bete es an als meinen Herrn und Gott, gleich den Hirten und den Weisen aus dem Morgenlande. O was hatten diese für ein feines Gespür! Sie wußten, wie klein und arm und zart Gott ist. Aber ich denke noch weiter. In den Tabernakeln der katholischen Kirchen steht ein goldenes Gefäß. Darin liegen kleine Scheibchen Brot, aus Oblaten ausgestampft, alle so fein und leicht, daß ein Windhauch sie verwehen könnte. Der Priester hat über diese Brötlein ein wunderbar verwandelndes Wort gesprochen. „Aus Brot wird Leib, aus Wein wird Blut.“ Wenn nun das Fronleichnamsfest kommt oder eine Segensandacht gehalten wird, so setzt der Priester ein solches Scheibchen konsekrierten Brotes in eine goldene Monstranz. Sechs Männer kommen und halten darüber einen Baldachin, den sie Himmel nennen. Und nun geht es an der Spitze allen frommen Volkes hinaus aus der Kirche, mitten ins Dorf oder gar zwischen die Felder, wo vier Altäre aufgebaut sind. Und wenn jemand einen aus dem Volke fragt: „Was ist das, was der Priester in goldener Monstranz trägt, eben das kleine, weiße, hauchdünne Brot? Warum knien die Leute nieder, sobald die Prozession an einem der vier Altäre angelangt ist? Wem zu Ehren erklingen die jubelnden Lobgesänge, schmettern die Trompeten, dröhnen die Trommeln?“ so erhält er

21

selbst von dem kleinsten, unmündigen Kinde wie von dem ehrwürdigen Greise die Antwort: „Das ist unser lieber Herr und Gott in Brotsgestalt!"

Weiter! Gott ist noch viel kleiner. Er ist so klein wie das winzigste Partikelchen von diesem weißen Brote. Seht nur, wie achtsam der Priester mit dem Brote umgeht! Ist ein Partikelchen auf der Patene, der Speiseschale, liegen geblieben, so liest er es mit der feuchten Fingerspitze auf und führt es anbetend zum Munde.

Man hat solange nach der Urzelle des Lebens auf dieser Erde geforscht und gemeint, sie müsse aus dem Weltall auf die Erde gefallen sein, und aus ihr sei all das reiche Leben der Erde entstanden. Diese Urzelle, das Protoplasma des irdischen Lebens, ist unendlich klein und zart zu denken wie jede Zelle des organischen Lebens, die nur vermittels des Mikroskopes erkennbar ist. So aber und nicht anders, nur noch unendlich winziger, schwächer und zarter, ist der Gott meines Gottesbegriffs. Es sei dabei den Theologen und Philosophen zuliebe nicht von vorn herein an räumliche Kleinheit oder Größe gedacht, denn dies vertrüge sich nun gar nicht mit der herkömmlichen Aussage, daß Gott ein reiner Geist, also unkörperlich und unräumlich sei, was übrigens niemand genau wissen, eben nur philosophisch erschließen kann.

AUS KIRCHENGESCHICHTE UND BIBEL

Wir wollen ein wenig aufatmen und uns nach soliden Grundlagen unseres Denkens umsehen.

Zu unserer Überraschung erfahren wir, daß die Christen der ersten drei Jahrhunderte als Atheisten gescholten wurden, weil sie den Gottesbegriff der Römer ablehnten. Noch überraschender ist, daß auch der Meister von Nazareth, Jesus hochgebenedeit, in seinen von der Kritik nicht angetasteten Reden kaum dreimal das Wort „Gott" verwendet und immer nur von seinem „Vater im Himmel" spricht. Ich las vor vielen Jahren in einem Buche, daß die Entdeckung des Väterlichen unter den jenseitigen Gewalten die weltgeschichtliche Tat Jesu sei. Sicherlich ist die Verkündigung des Vaters die Herzensmitte des Erlösungswerkes Jesu. Und es wird wohl hohe Zeit sein, daß wir uns dessen erinnern und bewußt werden.

GOTT IN DER RICHTUNG ZUM KLEINSTEN

Die vorchristlichen Religionen haben alle ihren Gott oder wenigstens ihren höchsten Gott in ihrer Vorstellung zu einem Koloß von Größe und Macht anschwellen lassen, und meines Wissens hat keine in der umgekehrten Richtung, in der Richtung auf das Kleine und Schwache nach ihrem Gott gesucht. Anfänglich scheinen sie alle henotheistisch gewesen zu sein, also an einer starren Einheit ihrer Gottheit festgehalten zu haben. Sie gerieten aber bald in einen bunten Polytheismus, also in Vielgötterei, ein Zeichen dafür, daß die menschliche Natur den einen Koloß nicht ungeteilt ertragen konnte. Es muß ja doch schließlich eine Entsprechung zwischen Gott und der menschlichen Tragfähigkeit vorhanden sein. Ein Gott, der gar nicht zum Menschen paßt, wird wohl auch dem Philosophen undenkbar sein. Der Mensch ist das Maß aller Dinge, lautet ein alter Spruch. Irgendwie ist er auch das Maß seiner Gottheit. Als Jesus von Nazareth ganz wunderbar lehrte und ganz merkwürdige Krankenheilungen und andere Wunder vollbrachte, hatten seine Zuhörer und Zuschauer nicht viel Schwierigkeiten und Bedenken, ihn den „Sohn des lebendigen Gottes" zu nennen, obwohl sie als Angehörige des jüdischen Volkes streng henotheistisch waren. Das war wohl eine polytheistische Infektion, aber man sah den Sohn des lebendigen Gottes nicht als einen zweiten Gott an. Sie waren ja keine pedantischen Logiker und sahen in Vater und Sohn eine strenge Henas, eine Einheit, nicht eine Zweiheit.

Für diese aus zwei göttlichen Personen bestehende Einheit war aber der Ausdruck Henotheismus zu scharf. Man begann, von Monotheismus zu sprechen und zu philosophieren: Gott ist keine Henas, wie der jüdische Jahwe, sondern eine Monas. Vielleicht war dies eine Wortklauberei, die nicht ganz nach unserem Geschmack ist, aber es ist immerhin ein Ausweg für das gefangene Mäuslein der menschlichen Vernunft. Der christliche Gottesbegriff wird seitdem monotheistisch genannt. Er läßt eine Mehrheit von Personen in der Henas der göttlichen Natur zu. Durch die Gemeindepredigt, vor allem durch die Taufpraxis, und weil eben „aller guten Dinge drei sind", kam später zu den zwei Personen des Vaters und des Sohnes noch eine dritte, der Heilige Geist, hinzu, eine Entwicklung, die erst im ausgehenden vierten Jahrhundert vor allem durch die Theologie der drei großen kappadozischen Kirchenlehrer Basilius von Caesarea, Gregor von Nazianz und Gregor von Nyssa zum Abschluß kam.

Wird da nicht der Himmel lichter und blauer? Nicht ein unverständlicher Ens a se, nicht eine causa sui stellt sich uns als unser Gott dar, sondern ein Mensch, wohl der liebenswürdigste von allen Menschen, die irgendwann oder irgendwo gelebt haben, Jesus von Nazareth, der junge Zimmermann, der Sohn einer Jungfrau namens Maria, der Pflegesohn des Zimmermanns Joseph von Nazareth! Und zwar nicht nur in der Vollreife seines Menschentums, sondern schon als neugeborenes Kindlein, in Windeln eingewickelt und in einer Krippe liegend! Es sind zwar gelehrte Männer gekommen, Irrlehrer, die Arianer, die da behaupteten, erst als Jesus sich von Johannes im Jordan taufen ließ, habe ihn Gott seinen Sohn genannt und sozusagen adoptiert. Es wäre dann nur ein Adoptivgott gewesen. Aber schier die gesamte Christenheit erhob sich gegen diese Irrlehre und verwarf sie in feierlichen Bischofsversammlungen. Das Kind Jesus wurde vollwertiger Gottesbegriff. O wie schön war dieser Weg in der Richtung zum Kleinen, Winzigen, Schwachen, Zarten, zum Tief-Menschlichen! Als Kind können wir Gott verstehen und lieben. Da verstehen wir sogar alle Unar-

ten, Ungerechtigkeiten und Willkürlichkeiten. Da bedarf
es keiner Theodizee mehr. Wir schämen uns nur noch
unserer Altersklugheiten und Altersgewohnheiten. Dem
Kinde verzeiht man alles und findet an ihm alles liebens-
würdig.

Und dieser unser menschennaher Gott hat alles durchgemacht, was wir im Leben durchzumachen haben. Er
wurde verraten und verkauft; er kam vors Gericht. Am
Ölberg geriet er in solche Not und Angst, daß er Blut
schwitzte. Und am nächsten Tage wurde er nackt an die
Geißelsäule gebunden und grausam gegeißelt. Ach, und
dann hing er am Kreuz und krümmte sich wie ein Wurm.
Gott wie ein Wurm — wie weit ist diese wahre Vorstellung entfernt von allen Traktaten De Deo uno, vom
Ens a se! Er konnte sich nicht helfen; er war nicht allmächtig und nicht allweise, nur sehr gütig war er, noch am
Kreuz.

Ja wenn die Christenheit bei diesem Gottesbegriff geblieben wäre! Es kamen wieder gelehrte Männer, Irrlehrer, die Sabellianer, die da behaupteten, Jesus sei nichts
anderes als der eine Gott, der nur zum Schein die Men-
schennatur angenommen, nur zum Schein gelitten habe
und am Kreuz gestorben sei. Zwar wurde auch diese
Irrlehre von der Christenheit verworfen, aber sie drang
doch ein in die christliche Frömmigkeit und in die christliche Kunst. Immer mehr echte Menschlichkeit wurde von
Jesus abgestreift, bis er gedacht und abgebildet wurde
wie ein Olympier, erhaben über alles Kleine, Schwache
und Zarte. Wieder war der Menschheit das Beste des
neuen Gottesbegriffes geraubt. Jesus wurde so vergöttlicht, daß er sogar Gott-Vater zu verdrängen im Stande
war.

Für die großen feierlichen Gottesdienste blieb Jesus in
der hohen übermenschlichen Würde, in die man ihn klei-
dete, aber das fromme Christenherz suchte weiter nach
dem Geringeren, Schwächeren und Zarteren, das es zu
lieben und anzubeten fähig war, und fand zuerst sein
volles Genüge in der Liebe und Verehrung der Mutter
Jesu, Maria.

Man sagt, die Marienverehrung sei in Ephesus entstanden, wo der Kultus der Magna Mater, der „großen Gottesmutter" der Ägypter von je im Schwange war und nun verchristlicht werden sollte. Lassen wir den Gelehrten ihren Stolz über dieses Fündlein! Nicht Ephesus, sondern das nach seinem Liebsten und Höchsten suchende Christenherz hat die Marienverehrung begonnen.

Was ich hier schrieb, habe ich gestern nacht von 11 bis 2 Uhr hungernd geschrieben, so hungernd, daß ich fürchtete, vor Hunger nicht einschlafen zu können. Deshalb wird wohl all dies nicht wahr sein, denn um etwas Rechtes und Wahres zu schreiben, muß man einigermaßen gesättigt sein. Auf Hungerleider hört man nicht gern. Aber so sehr haben die Feinde unser Land ausgezehrt, daß ich nicht, wie früher in manchen Nachtstunden, in der Küche und Speisekammer etwas Nahrhaftes zu finden hoffen durfte außer trockenem Brote, aber auch dieses so spärlich und von meiner Frau für die nächsten Tage so eingeteilt, daß es ein Unrecht gewesen wäre, etwas davon wegzunehmen. Glücklicherweise war es mir am Tage gelungen, die durchgeschlagene Sicherung unseres Pumpenmotors zu flicken; wir hatten wieder Wasser, und ich konnte meinen Hunger wenigstens mit einigen Schluck Wassers mildern. Und am Tage hatte mir ein Nachbar, der auf irgend eine Weise zu einigen Prisen Tabak gekommen war, mein Pfeiflein mildtätig gestopft. Dieses Pfeiflein konnte ich nun in der Nacht noch rauchen, indem ich dazu Wilhelm Raabes „Hungerpastor" las. Das übrige taten zwei spärliche Medikamente, die mir von Arzt und Apotheke zugebilligt waren. Ich fand Schlaf und hätte vielleicht etwas Rechtes und Zuverlässiges schreiben können, wenn nicht eine Halsentzündung meiner lieben Frau dem Arzte diphterieverdächtig erschienen wäre, so daß ich den Krankenfahrstuhl aus dem Krankenhause kommen und meine Frau in die Isolierstation des Krankenhauses fahren lassen mußte. Eine liebreiche Freundin unseres Hauses, „Rote Kreuz-Schwester", besorgte mir dies. Aber wie verlassen und elend blieb ich in meinem

Neusorger Häuslein zurück! Ich weinte mir schier die Augen aus, warf mich voller Resignation und Bitterkeit schon um halb elf Uhr in Kleidern ins Bett und — o Wunder — ich schlief ein, ohne jegliches Schlafmittel, wie wohl schon seit Jahren nicht mehr. Jetzt bin ich wieder aufgewacht und will — nulla dies sine linea (kein Tag ohne eine Zeile) — wieder einige Zeilen weiterschreiben.

Ach ja, die Marienverehrung! Es wird oft mit ziemlicher Giftigkeit gesagt, daß wir in der katholischen Kirche nicht Gott allein anbeten, sondern auch Maria. Das ist eine Verkennung unserer Frömmigkeit. Jedes katholische Kind wird den Vorwurf zurückweisen, indem es eingelerntermaßen sagt: „Gott allein beten wir an; Maria verehren wir und bitten sie um ihre Fürsprache bei Gott". Aber ich muß schon eingestehen: Für das schlichte Volk ist Christus schon zu sehr erhoben, zu sehr vergöttlicht. Er ist nicht mehr einer von uns, sondern einer von Seiten Gottes. Er wird uns als Herr und Richter gepredigt. Er ist nicht mehr in der Richtung des Gottesbegriffs auf das Kleine, Schwache und Zarte zu finden. Da findet das Volk eben Maria, die holdselige Jungfrau, die schmerzensreiche Mutter. Das Volk ist weit davon entfernt, sie anzubeten. Es umjubelt und benedeit sie nur; es sucht bei ihr Hilfe und Zuflucht. Da wird ganz abseits vom klaren Bewußtsein und vom formellen Protest Maria eben das, was wir sehnsuchtsvoll in Gott suchen. Sie erfüllt unseren harmlosen Gottesbegriff. Gott wird nicht vergessen, Christus wird nicht vergessen; aber das Herz, das Herz schlägt Maria entgegen als unserem Seligsten und Liebsten. Wunderbares, Allerliebstes möchte ich von unserer Marienfrömmigkeit erzählen. Aber die Geschichte unseres Gottesbegriffs schreitet ohne meinen Willen weiter. Auch Maria wurde von Jahrhundert zu Jahrhundert höher erhoben, nicht vergöttlicht, aber aus unserer armen Menschlichkeit entfernt. Man pries sie als die Königin des Himmels, und wir sind soeben dabei, sie als Vermittlerin aller Gnaden anzusehen. Seit Jahrhunderten ist sie schon das hohe, herrliche, apokalyptische Weib, Erd und Mond zu ihren Füßen, die Sterne als Kranz um ihr Haupt.

Wir singen das Lied „Wunderschön prächtige, heilige Mächtige" mit den Strophen:

> Die Sonn begleitet dich,
> es unterbreitet sich
> zu deinen Füßen der silberne Mond!
> Kein' Unvollkommenheit
> mindert dein' Herrlichkeit,
> um dein Haupt ziehen die Stern' eine Kron'.
> Zu einer Zufluchtsstatt
> dich Gott berufen hat
> für alle Sünder und Elender insgemein.
> Du bist die Helferin, du bist die Retterin,
> so groß auch immer der Jammer mag sein.
> In allen Gefahren wirst du uns bewahren,
> ein ganzes Feindheer vertilgen alsbald
> durch die dir verliehene göttliche Gewalt.

Strophen, die übrigens von einem protestantischen Christen gedichtet sein sollen.

Weithin bleibt Maria in dieser Stellung am Himmel der katholischen Volksfrömmigkeit, ich muß schon sagen: von einer Gottheit nur durch frommen Protest und dialektische Kunstfertigkeit zu unterscheiden.

Aber der Zug zum Kleinen, Zarten blieb auch in solcher Verehrung bestehen. Sang nicht jüngst vor unserem Marienbilde an der Weide im Wiesengrunde ein Sängerlein die Filigrane folgender Verse:

> Kommst von den Bergen du,
> V'leicht von den Zwergen du,
> kleine Madonna du,
> g ö t t l i c h e Frau?

> Flichtst mit den Fingerlein
> glitzernden Sternenschein
> mir in die Seele ein,
> leuchtend wie Tau!

> All meine Schwere sinkt,
> wenn sie dein Hauch durchdringt;
> aus deinen Augen winkt
> Sonne mir zu.

> Und dieser Sonnenschein
> leucht' mir ins Herz hinein,
> macht mich von Sünden rein,
> Göttliche du!

Das ist Gott, auch wenn er Madonna genannt wird. Das ist der unendlich große Gott, auch wenn er kleine Madonna genannt wird, oder eben gerade deswegen! Und auch, wenn die Verse ursprünglich als ein Liebeslied gemeint waren. Ich singe sie oft in der Nacht, ganz leise, unhörbar. In der Nacht kann ich nämlich singen, obwohl ich am Tage unmusikalisch bin.

Leider ist der Ausdruck dieses Liedes etwas ganz seltenes. Viel häufiger die Übersteigerungen der Marienverehrung in das Göttliche früherer Sprachgewohnheit und alten Gottesbegriffs. Da ist zum Beispiel viel gebetet und in Vers und Ton gesetzt das berühmte Memorare des heiligen Bernhard: „Gedenke, o gütigste Jungfrau, daß es auf Erden nie gehört worden ist, daß jemand, der zu dir seine Zuflucht nahm und dich um deinen Beistand anfleht, von dir verlassen worden sei . . ." Da ist eine dicke Lüge zum Gebet gemacht. Tausend Bitten und Anrufungen an Maria blieben unerhört, selbst wenn ich nur meine eigenen rechne. Wie ja sehr viele Stellen der frommen Kirchenlieder nur wegen des Verses, des Reimes, des sprachlichen Klanges aufgenommen sind, der blutenden Erfahrung des menschlichen Herzens aber ganz und gar widersprechen. Ich denke zum Beispiel an die Verse, die den fürsorglichen Gott preisen wollen:

> Was er tut und läßt geschehen,
> das nimmt ein gutes End!

Ach, tausendmal hat es ein schlechtes Ende genommen! Natürlich reden sich die Frommen aus, in der Ewigkeit nehme alles ein gutes Ende. Aber wer kann das so gewiß wissen, daß er es so singend vor einer ganzen Gemeinde behaupten dürfte! Sogar manche von den Evangelien dem Gottessohn zugeschriebenen Aussprüche stehen hart an der Grenze der Täuschung, z. B. der Ausspruch: „Alles, was ihr den Vater in meinem Namen bitten werdet, wird er euch geben". Das widerspricht all unserer Erfahrung, und man muß an dem Wort schon stark herumexegesieren, um es aufrecht halten zu können. S c h l i c h t e Wahrheit ist es nicht!

Da hat sich nun die wahrheitsliebende menschliche Frömmigkeit weiter auf Wanderung und Suche begeben, um den Gott zu finden, der sich der Not des Menschenherzens erbarme. Sie hat nicht nach dem Grundsatz gehandelt: „Verbrenne was du angebetet hast und bete an, was du verbrannt hast!" Sie hat alles stehen lassen und nichts geleugnet, ist nur weiter geschritten in der Richtung auf das Kleine, Unbedeutende und noch nie Beachtete. Sie flehte zuerst zu den heiligen Märtyrern, zu den heiligen Jungfrauen und Bekennern, die noch keinen Schimmer von Göttlichkeit hatten. Sie glaubte schließlich, ein gutes Ziel gefunden zu haben in Anna, der Mutter Marias und Großmutter Jesu und als solche ein wenig legitimiert. Eine begeisterte Sankt-Anna-Verehrung begann im hohen Mittelalter. Es war, von den Theologen, zuerst zwar sehr umstritten, die These aufgestellt worden, daß Maria um des Gottessohnes willen „unbefleckt, ohne den Makel der Erbsünde" empfangen worden sei. Die Stätte dieser Empfängnis war nun der Schoß Sankt Annas. Hier war man bei der untersten Wurzel der Erlösung angelangt. Es ging ja auch von der Großmutter Jesu eine ganz wundersame Wärme aus. Zu ihren Kapellen und Altären pilgerte das Volk in großen Scharen (Vgl. mein „Leben Jesu", Kapitel 2). Oder die christliche Frömmigkeit wandte sich an die Person des Zimmermanns Joseph von Nazareth. Da dieser den Haushalt von Nazareth geleitet hat, wurden ihm alle häuslichen Sorgen anvertraut, wie die Beschaffung des notwendigen Geldes und der täglichen Nahrung. Und da man aus den Evangelien schloß, daß er unter den Händen Jesu und Mariens verstorben sei, wurde er als Fürbitter um eine selige Sterbestunde hochverehrt. Unvergeßlich und immer noch tröstlich bleibt mir eine Geschichte, die ich als lesehungriges Kind gelesen habe: An der Pforte eines Priesters klopfte es eines Nachts. Als der Priester öffnete und nach dem

Begehr fragte, erhielt er die Antwort: in einem abgelegenen Hause liege ein Sterbender, der der Wegzehrung bedürfe. Der Priester rüstete sich zum Versehgang, aber der Mann an der Pforte war verschwunden. Es kam nur heraus, daß der Kranke oft zum hl. Joseph um eine glückliche Sterbestunde gebetet habe.

Ich kann nicht alle Gestalten sichtbar machen, die in der Geschichte der christlichen Frömmigkeit an die Stelle Gottes traten. Manche davon waren im übrigen gänzlich unbekannt und unbedeutend wie zum Beispiel der hl. Judas Thaddäus, der besonders vertrauensvoll als „Helfer in letzter Not" angerufen wird. Er soll nämlich der Bräutigam bei der Hochzeit von Kana gewesen sein, dem durch das Weinwunder Jesu in großer Verlegenheit geholfen worden ist.

Ich habe nicht die Aufgabe, die katholische Kirche gegen irgendeinen Vorwurf in Schutz zu nehmen. Aber die immer wiederkehrende Behauptung, die katholische Kirche sei durch ihre Heiligenverehrung einer Art von Vielgötterei verfallen, grenzt so nahe an Lächerlichkeit und kulminierenden Unverstand, daß man, selber lächerlich und unverständig, unwillkürlich die Füße zurückzieht, um nicht auf die Zehen getreten zu werden. Man sollte doch endlich den Unterschied zwischen Anbetung, die Gott allein zukommt, und Verehrung, die jeder ehrwürdigen Person erwiesen werden darf, einsehen. Die katholische Kirche hält unveränderlich fest an ihrem Monotheismus. Selbst „Vater, Sohn und Heiliger Geist", sind ihr nicht drei verschiedene Götter, sondern ein Gott in drei Personen. Wohl wird Maria in manchen Liedern „die göttliche" genannt. Das ist aber nur eine Übersetzung des mehrdeutigen lateinischen Wortes Divus oder Diva, das oft nicht mehr bedeutet als unser „Heilig" oder „Ehrwürdig".

Was will ich denn da mehr? Ich will nur unseren alten, kalten, armseligen Gottesbegriff bereichern aus der Fülle der Schönheiten und Gütigkeiten, die das Volk in der Richtung auf das Kleinere und Zartere und Unbedeutendere entdeckt und wahrgenommen hat; will nur zeigen, daß da, wo im Blick des Menschenherzens Gott stehen sollte, ganz anderes steht, und daß dieses andere uns erst zeigt, was eigentlich göttlich ist.

Göttlicher als die „Majestas Domini", als der, der da thronet zur Rechten des Vaters, ist das Kindlein in der Krippe von Bethlehem. Vertrauter als der schöne Gottesknabe von Nazareth ist das Stücklein konsekrierten Brotes im Speisekelch des Tabernakels. Näher als der mit sämtlichen Eigenschaften, Ur-, All- und Übervorzügen ausgestattete Gottessohn bringt uns das Göttliche seine Mutter, das Mädchen von Nazareth, die Mater dolorosa unter dem Kreuze. Göttlicher als das apokalyptische Weib, als Maria mit dem silbernen Mond zu ihren Füßen, ist ihr demütiger Bräutigam und Beschützer, der Zimmermann Jeseph von Nazareth, sowie all die demütigen Heiligen Sankt Anna und Judas Thaddäus und die „Vierzehn Nothelfer" und all die „Kleinen Heiligen", zu denen das Volk in Not seine Zuflucht nimmt. Aber der Gott der kirchlichen Theologen und scholastischen Philosophen der katholischen Dogmatik, den alle anerkennen müssen, bleibt der Ens a se.

Innerhalb des irdischen Lebens ist die katholische Kirche die vollbemächtigte Stellvertretung Gottes auf Erden. Sie kann zwar keinen Donner und keinen Blitz erzeugen, kein Hälmlein aufkeimen, keine Blume erblühen lassen. Die Natur ist immer noch in der Gewalt Gottes. Nur insoweit der menschliche Wille in die Natur einzugreifen befähigt ist, da greift auch die Hand der Kirche ein. Ohne den Segen der Kirche sollte sich kein Mann zu seinem Weibe finden, sollte kein Kindlein erzeugt und geboren werden. Bis an die Schwelle des Todes reicht die kirchliche Gewalt; sie kann binden und lösen, segnen und verdammen; sie kann ihre Gläubigen an die Pforten des Himmels führen oder sie „dem Satan übergeben". Erst nach dem Tode hat Gott die endgültige Entscheidung und ist der letzte Trost derer, die von der Kirche verurteilt werden.

Es ist aber falsch, nur an diesen Anblick der Kirche gebannt zu bleiben. Man kann Wunderschönes an der

Kirche sehen und von ihr mit ehrlichem Herzen aussagen: Sie ist eine Helferin und Trösterin in mannigfachen Nöten der Seele und auch des Leibes. Wunderbar erhebt sie den Menschen in ihren Gottesdiensten und Andachten. In ihren Mauern ist die soziale Frage gelöst. Da kniet der Arme neben dem Reichen; beide sind zum selben Tisch und selben Mahle geladen. Ganz wunderbare Männer befinden sich in der Zahl ihrer Priester und Diener, demütige und stolze, liebtörichte und weise. Diese Priester sind ihre Offiziere, oft angesehen und geehrt wie Fürsten und Könige. Und der ärmste Knabe kann den Weg zum Priestertum finden, kann sich aus der niedrigsten sozialen Lage emporheben lassen zu wahrhaft fürstlichem Stande. Mir selber ist solches, freilich auch anderes, widerfahren. Kind ganz armer Eltern, wurde ich von der Kirche zum Studium der Wissenschaften geführt, wurde Priester, erlangte freilich keine der stolzen Ehrenstellen an der Kathedrale, wurde aber zugelassen zur Lehrtätigkeit an der Universität, wurde auf einen ehrenvollen Lehrstuhl berufen als Professor der Theologie. Oft habe ich gesagt: Reiche Menschen haben keine Kirche notwendig, aber uns Armen ist sie die einzige Erhebung und Ehrung auf dieser Erde. Ich, der Sohn eines armen Zimmermanns mit dem Einkommen von einer Mark täglich und einer Weberin, die von Morgengrauen bis Mitternacht fast ebensoviel verdiente, geboren in einem abgelegenen, strohgedeckten Häuslein, fast immer nur von geflickten und zerrissenen Kleidungsstücken bedeckt, hätte ja sogar Bischof oder Papst werden können. Zunächst schien es freilich so, als sollte ich zu dem Tischlermeister Fiedler in die Lehre gehen, bei dem auch mein elf Jahre älterer Bruder gelernt hatte.

An der Südwestseite meiner kleinen väterlichen Ackerwirtschaft läuft ein Feldrain entlang, dessen unterstes, vom Hause am meisten entferntes Stück ich immer im Verdacht hatte, als ob dort der Herrgott, m e i n Herrgott, öfters auf und ab gehe oder gar dort zelte. Es war ja auch lange Zeit der einzige Fleck in der ganzen Gegend, auf dem die goldenen Himmelsschlüsselchen wuchsen. Noch jetzt wachsen sie dort, haben sich aber weiter auf den von mir begangenen Wegen, Steigen und Rainen verbreitet. Ist Gott so groß wie eine Keimzelle oder ein Samenkörnlein, so ist es leicht denkbar, daß er auch einmal als Blume an unserem Wege steht oder als frisches grünes Gras dem Wanderer sich als Lagerstätte, dem lieben Vieh als Weide anbietet. Ach gar die Roggenfelder, die Weizenfelder! Ich denke an die hauchdünnen Scheibchen konsekrierten Brotes in den Speisekelchen der Tabernakel. „Brot vom Himmel hast du uns gegeben, o Herr, das alle Süßigkeit in sich enthält!" Steht nicht an den Tabernakeln: „Hier ist wahrhaft das Zelt Gottes", und beten wir nicht die geweihte Hostie an als unseren Herrn und Gott?

DER PATER MAY

Ist Gott wie eine Keimzelle, von der ewiges Leben ausgeht, so ist er wohl nicht nur die Keimzelle der Blumen und der Gräser, sondern vor allem der Menschen. Mancher Menschen, möchte ich verbessernd sagen, denn vieler Menschen Keimzelle ist wohl doch der Teufel. Aber manche Menschen sind so veranlagt oder gar so gestaltet, daß man sie lieben muß wie Gott. Wir kommen mit solchen Gedanken vielleicht dem tiefsten Geheimnis der Liebe nahe und blicken auf den tiefsten Grund der Liebe, besonders solcher Liebe, die uns sonst ganz unverständlich ist, der Liebe, die uns mit göttlicher Gewalt erfaßt und mit göttlicher Seligkeit erfüllt; der Liebe, die in unser Leben eingreift und es regiert und beherrscht, oft bis zum Tode. Was drängt den Freund zum Freunde, den Mann zum Weibe, das Weib zum Manne? Es gibt dicke Bücher über die Physiologie der Liebe. Keines dringt zum Urgeheimnis der Liebe vor; keines läßt erraten, daß Gott selber die selig anlockende und beglückende Kraft der Liebe ist, ihre Keimzelle, ihre Blütenpracht und ihr Fruchtstand. Ich rede hier nicht von gewöhnlicher Liebelei, nicht von der gesellschaftlichen Liebe, nicht von jenen soziologischen Elementen, die zur bürgerlichen Ehe führen und allein daraus ihre Berechtigung herleiten. Lieber spräche ich von verbotener Liebe, weil da alles klarer würde.

Es lebt etwas im menschlichen Antlitz, im Auge, in der Sprache, in der ganzen Gestalt, in den Bewegungen, was durchaus menschlich unverständlich ist, obgleich man allerlei, zum Teil sogar obszöne Benennungen dafür hat. Mit besonderer Gewalt ist es ausgestattet in der Geschlechtlichkeit der Menschen. Die Frauenhand, von anderen Teilen des weiblichen Körpers ganz zu schweigen, ist keine gewöhnliche - Menschenhand. Die ganze Fülle Gottes ist in ihr. Im Frauenschritt schreitet Gott vor den Augen des Mannes. Was man Geschlechtsorgane nennt, ist etwas ganz Zweitrangiges und Unbedeutendes. Man kann gar nichts davon wissen und gar nicht daran denken und kann doch die ganze Fülle und Seligkeit der Liebe haben. Es ist sogar eine schönere, wundersamere Liebe, die gar nichts davon weiß und gar nicht daran denkt. Es braucht überhaupt keine Frau zu sein, die der Mann liebt; es kann auch ein Mann oder ein Kind sein. Freilich ist das Menschengeschlecht so verdorben, daß es die Liebe von Mann zu Mann, von Weib zu Weib, von Mann zum Kinde nur noch unter dem Gesichtspunkt des Verbotenen sehen kann. Mann und Mann oder Mann und Kind dürfen sich nur nicht lieben wie Mann und Weib, denn sonst würde die Liebe strafbar. Die Liebe muß immer die von Gott zum Menschen und die vom Menschen zu Gott sein, gleich der Liebe der Engel zueinander, die nicht freien und nicht heiraten.

Als ich das zweite Jahr in die Dorfschule ging, gaukelte durchs Dorf ein merkwürdiges Wesen, das sich als der neue Hilfsgeistliche des erkrankten Pfarrers ausgab. Er nannte sich Pater Heinrich May, stammte aus dem Grafschafter Städtlein Landeck, las fast nur Jean Paul und englische Bücher und war erst kürzlich in Prag zum Priester geweiht worden, da sich der preußische Staat dermaßen vor jungen katholischen Geistlichen fürchtete, daß es in seinem Gebiet unmöglich war, eine regelrechte Priesterweihe vorzunehmen. Im übrigen sah Pater May wohl in dem köstlich-bissigen Professor und Kalendermacher Alban Stolz in Freiburg im Breisgau sein Vorbild und hatte ungefähr dieselbe Meinung über die Freimaurer, wie die Liberalen und manche klugen Staatsmänner. Wie aber an den meisten Vögeln mehr Gefieder als Fleisch und Knochen ist, so war auch an ihm mehr Kleidung als Fleisch und Knochen, und mit den flatternden Schößen seines schwarzen Rockes glich er am meisten einer Schwalbe. Während es sonst wahr ist, daß eine Schwalbe noch keinen Sommer macht, so muß ich von ihm sagen, daß er mir tatsächlich den Sommer meines Lebens gemacht hat. Ich habe ihn zärtlich geliebt, und er mich. Das kann einen, der ihn und mich kannte, einigermaßen wunder nehmen, denn er war eher ein Kinderschreck als eine Kinderlockung. Während ich ein hellblonder Junge war und die schwarzbehaarten Menschen immer im Verdacht hatte, daß sie mit Judas Iskariot verwandt seien, der den lieben Heiland an die Juden verriet, war er ganz ausgesprochen schwarzhaarig, nicht nur am Schopf, sondern auch an den Backen und am Kinn, wo die Bartstoppeln dem gewissenhaftesten und regelmäßigsten Rasiermesser zu spotten schienen, so üppig drängten sie sich an das Licht des Tages.

Und er war von einer Hagerkeit, die etwas Dämonisches an sich hatte. Gute Menschen sind immer etwas rundlich. Später erfuhr ich, daß er seinen Ehrgeiz darein setzte, möglichst ohne Essen und Trinken auszukommen. Das wäre ihm in seiner nächsten Kaplanstelle, in Mittelsteine, beinahe gelungen, da die dortige Pfarrwirtin eine geizige Person war und die Kapläne wohlwollend hungern ließ. Hier in Schlegel, wo meine Tante Agnes Pfarrwirtin und meine Tante Berta Tafeldeckerin war, wurde ihm ein Riegel vor diesen Ehrgeiz vorgeschoben. Hier mußte er jenes Quantum Nahrung zu sich nehmen, das meine Tanten für die geistliche Würde und Wohlbeleibtheit als notwendig festgesetzt hatten. Sie hatten auch bald heraus, wo sie den Hebel ansetzen mußten, um den jungen Geistlichen aus seinem asketischen Eigensinn herauszuheben. Denn in Wahrheit hatte der Pater May sehr großes Wohlgefallen an einer Tasse Bohnenkaffee, wenn daneben einige dünne, gut mit Butter geschmierte Brotschnitten, die sogenannten Paterschnittchen, lagen. Wohl stand sein Sinn nicht auf Völlerei, Schweinebraten, Klöße und Sauerkraut, aber für etwas Leckerfetziges wie eine gebratene Niere oder ein gebratenes Täubchen hatte er doch seine schwachen Seiten. Immerhin blieb er grausig mager. Hoch stand seine Stirn zum Himmel, scharf strich zwischen zwei zwar guten, aber scharfen und blitzenden Augen eine etwas gekrümmte Nase zur Erde. Um den Mund wetterten ständig Spott, Ironie, Satire. Dabei schob sich die Unterlippe unheimlich breit vor. Als er später seinen achtzigsten Geburtstag feierte und die hohe Geistlichkeit des Ortes mit wohlgesetzten Reden gratulieren kam — es war niemand eingeladen außer mir, seinem ersten Schüler, bei dem die Aufnahmeprüfung in die Tertia (4. Klasse) des Gymnasiums gelungen war, — sagte er, seinen Kopf wie ein stoßender Ziegenbock drehend: „Was geht denn das euch an, daß ich achtzig Jahre geworden bin?" So war er nicht nur ein Kinderschreck, und dies am wenigsten, sondern vielmehr ein Schreck für alle wohlmeinenden und salbungstriefenden Menschen, insbesondere für seine geistlichen Mitbrüder, die seine ätzende Lauge und seinen Spott fürchteten. Sie haben ihn nicht durchweg gut und brüderlich behandelt.

Kurz und gut, lang und besser, wenn jemand auf Erden außer meinem zarten, lieben Vater bei mir die Stelle Gottes vertrat und mir als wirkliches Gottesbild erschien, wenn zwischen jemandem und mir die wahrhaft göttliche Funktion der Liebe einsetzte, also Gott selber in mein Leben trat (da ja auch nach der alten Dogmatik Gott und seine Liebe eins, Gott mit seinen Attributen gleichzusetzen ist), so war dies der Pater May. Ich habe im übrigen schon in meinem Leben-Jesu-Buche das Notwendigste von ihm erzählt, aber vielleicht nicht alles.

Er hatte natürlich erfahren, daß ich der Neffe der Pfarrwirtin sei, und ich führte darauf, nicht auf irgendetwas Liebenswertes an mir, zurück, daß er ein sichtbares Interesse an mir nahm und meine Antworten im Katechismusunterricht, den er uns erteilte, für gut und gescheit hielt.

Von dem schönen Nachmittagsbesuch bei ihm habe ich schon erzählt, und schließlich auch von seinem Abschied und der schönen Kaffeetasse mit der Inschrift „Dem lieben Kinde" und mit siebzig Pfennigen darin. Ach, er kam leider fort aus unserem Dorfe, und ich muß ihm wohl gesagt haben, daß er doch bleiben solle, und daß unser Dorf doch hübsch genug für ihn sei und wir ihn doch innig liebten. Denn er gab mir eine Antwort, die mir tief in die Seele ging und noch heute darin wohnt. Er sagte: „Wir Priester sind wie Soldaten der Kirche. Wenn die Kirche uns sagt: Gehe dahin, gehe dorthin, so gehen wir in heiligem Gehorsam!" Ach, er hat später nicht immer so fromm und gefügig von der Kirche gesprochen. Man hat ihn nämlich arg betrogen. Man hat ihn auf die ärmste und entlegenste Pfarrei gesetzt, wo nur Holzäpfel und Holzbirnen reif wurden, und hat ihm versprochen, daß es nur auf eine kleine Weile sein sollte, hat ihn aber sein Leben lang zwischen den öden Bergen sitzen lassen, während er sich doch so sehr sehnte nach einer lieblichen Gegend, von wo es näher wäre in die weite, schöne Welt, in die Alpen, nach Italien, nach Spanien! Er war doch nicht nur wegen seiner Rockschöße einer Schwalbe gleich, sondern auch wegen seiner Sehnsucht in die Ferne.

Er kam aber oft noch nach unserem Dorfe vorgestoßen, war manchmal eingeladen zu einem geistlichen oder weltlichen Fest in der Nähe. Da stahl er sich von der schönsten Festtafel weg, nicht nur sich, sondern auch irgend einen Leckerbissen, um hier „seine Jungen" zu besuchen und zu erquicken. Ich glaube, wir waren ihrer nur zwei, die sich in unserem Dorfe „seine Jungen" nennen durften. Von dem zweiten weiß ich den Namen nicht mehr, aber ich glaube, er hieß Alfons. Er war sehr zart und noch viel blonder als ich, jedenfalls feiner als ich und von besserer Herkunft. Er wohnte in dem Hause des Großkaufmanns Franz Richter, das so hart an die Pfarrgasse grenzte, daß nur ein bis zwei Meter für ein Hausgärtlein blieben. In diesem Gärtlein war ich einst mit dem Geistlichen und dem anderen Jungen, also mit Alfons, zusammen. Ich war wohl dorthin ins Dorf gerufen worden. Der Pater May war unheimlich schnell und flink in seinen Bewegungen, besonders in seinem Auftauchen und Verschwinden. Auf einmal war er da im Dorfe, und kaum gesehen war er wieder verschwunden. Einmal holte er mich vom Kirmisplatz herunter, vom schönsten Karussellpferde, verschwand aber dann nicht plötzlich, sondern nahm mich bei der Hand und ging mit mir einen schönen Waldweg bis heraus zu unserer Häuserschaft Neusorge. Damals spürte ich, daß er nur meinetwegen ins Dorf gekommen war, während ich mir sonst Gedanken machte, wen er wohl lieber hätte, jenen Alfons oder mich: Jenes eine Mal, da wir uns in dem schmalen Gärtlein an der Pfarrgasse getroffen hatten, war er schnell wieder fort, und ich blieb noch eine Weile mit Alfons allein. Da offenbarte mir Alfons seine geheimsten Gedanken über den Pater May. Am meisten beschäftigte ihn die Frage, ob dieser Pater und gleicherweise die anderen geistlichen Herren Männer seien wie andere Männer, und ob sie die menschlichen Bedürfnisse ebenso verrichteten wie die anderen Männer und wie wir Jungen. Ich war um die Antwort nicht verlegen, obwohl mir eine solche Frage sehr fern gelegen hatte. „Natürlich!" antwortete ich, aber es blieb ein Rest der Frage in meiner Seele stecken, wie wenn man durch Dorngebüsch gegangen ist und dann merkt, daß manches Dörnlein in Arm, Hand oder Gesicht stecken geblieben ist. Das hat irgend etwas mit unserem Gottesbegriff zu tun, ich weiß nur noch nicht, was.

Auch das hat mit unserem Gottesbegriff zu tun, daß der Pfarrer May immer genau wußte, wo er seine Jungen träfe. Wenn einer zu ihm unterwegs war, spürte er es so genau, daß er ihm weit, weit entgegen ging und ihn, obwohl die Wege durch die waldigen Gegenden zwischen der Stadt Landeck und seinem Pfarrdorf keineswegs eindeutig waren, auch wirklich traf. So traf er mich oft so überraschend, daß ich fragte: „Wie konnten Sie wissen, daß ich gerade hier kommen würde?" Er gab nie eine Antwort darauf. Er hatte wie andere Männer alle natürlichen Bedürfnisse, aber er besaß Kräfte und Eigenschaften, die andere nicht haben, so zum Beispiel auch einen unfehlbaren Spürsinn für die Nähe eines geliebten Menschen und für den Ort, an dem er diesem begegnen könnte.

Obwohl ich diesen Mann sehr liebte und er mich auch, war ich doch ganz anderer Art als er. Er erzählte mir, daß er nur ein einziges Mal in seinem Leben und da auch nur wenige Tage für ein Mädchen geschwärmt und sogar ein Gedicht auf sie gemacht habe. Im übrigen war er jeder Frauenliebe fremd geblieben. Er hatte die Anna Mittmann aus Landeck gern, weil sich gut mit ihr diskutieren ließ, und weil sie ebenso wie er daheim war in alter schöner Literatur und Kunst. Dieses Gernhaben kann zu einer gewissen Verehrung und auch zum Gernsehen geführt haben, aber von Liebe war keine Spur. Sie selbst war zwar hübsch genug dazu; sie hatte unendlich gute, schöne, liebe Augen. Aber er, der Kinderschreck mit seinem mangelnden und merkwürdig huschenden und sich biegenden Körper, mit seiner schaufelförmig vorgeschobenen Unterlippe, seinen bissigen Reden gegen das weibliche Geschlecht war gar nicht zum Liebhaben für ein solches feines, schönheitsbegieriges Jungfräulein, wie es Anna Mittmann, die Landeckerin, war.

Dagegen ich, ich war schon ein Jahr zuvor, ehe ich den Pater May kennen lernte, von dem blondesten und feinsten Mädchen der Klasse für den ihr liebsten Jungen öffentlich vor dem fragenden, gleichfalls sehr verliebten Lehrer erklärt worden und betete gerade damals, die Liebe der Blonden vergessend, auf den Wegen von der Schule nach Hause manches Paternoster für eine Schülerin meiner Klasse, die ich eigentlich nie recht von vorn, sondern nur von hinten gesehen hatte; sie hatte so herrliche, kräftige Schultern, und ich bat den Herrgott, er möge mir dieses Mädchen einmal zur Frau geben. Was hatte ich denn an ihr Schönes gesehen? Nur die kräftigen Schultern? Ach, ich muß Gott gesehen haben, so sehr liebte ich dieses Mädchen. Ich muß die Urzelle des Lebens gespürt haben. Denke niemand, daß mich sinnliche Lust bestrickte! Ich wußte ja noch gar nicht, was es mit einem solchen Mädchen sei, wenn man sie von vorn sieht, wußte nichts von Frauenbrust und Frauenschoß und von den Seligkeiten, die dort verborgen sind.

Diese Seligkeiten sind Tatsachen, die wie die Sterne nur solange leuchten, als sie gesehen werden. Ohne das lichtempfindliche Auge wären die Sterne nur dunkle, unheimliche Ballen, die im Himmelsraum stehen oder umhersausen. Es gibt solche Ballen, aber man nennt sie nicht mehr Sterne. Auch um die aus dem Mädchen und der Frau sprühenden Seligkeiten zu erkennen und zu empfinden und sie nicht zu leugnen und sich frei davon zu rühmen, muß man für sie empfänglich oder empfindlich sein. Das sind aber viele Menschen nicht, oder noch nicht, oder nicht mehr. Nicht sind es die Menschen gleichen Geschlechts. Die Menschen ungleichen Geschlechts beantworten aber solche Seligkeiten mit ähnlichen Seligkeiten, die aus ihnen sprühen. Um einen Stern zu sehen, braucht man nicht selber ein Stern zu sein. Aber um die aus einem Menschen sprühenden Seligkeiten selig zu empfinden, muß man selber solche Seligkeiten sprühen können. Alter Mystiker Lehre ist, daß Gott nicht bestehen könne, sondern ein Nichts sei, wenn er nicht von einem Menschen geglaubt werde. Um Gott zu erkennen, braucht man nicht selber Gott zu sein, sowenig man Stern sein muß, um einen Stern zu sehen. Aber Vorsicht! Um ein Weib zu erkennen, muß man Mann sein; man muß gleiche Seligkeiten austauschen können, auch Gott gegenüber. Wer nicht so ist, daß er Gott selig machen kann, kann auch von Gott nicht selig gemacht werden.

HEIRATEN

In Urzeiten muß ein breiter Strom an der Nordwestseite meines väterlichen Ackerbesitzes entlang gerauscht sein, dort, wo jetzt die Erlenwiesen mit einem winzigen

Bächlein dem „Langen Grunde" zuflößen. Denn noch heute sieht man ziemlich beträchtliche Hochufer, die noch in meiner Kindheit recht steil waren, jetzt aber durch allerlei Aufschüttungen zum Teil eingeebnet sind. So ist alles Erdreich aus den Fundamenten meines Hauses den steilen Wiesenrand hinabgeschüttet worden, so daß dieser nur noch ein sanftes Gefälle hat. Da ist endgültig begraben und verschüttet die Stätte, an der ich mit meiner Mutter ein wichtiges Gespräch über das Heiraten hatte. Die Mutter hatte die Sense ergriffen und begann die Heuernte in unserer Wiese, gerade an jenem Wiesenrande. Schon dufteten die tausend Gräserwunden, die von der Sense geschlagen waren. Schon reihten sich die Schwaden abgehauenen Grases aneinander. Ich war wieder einmal trunken von den Düften der aus der Erde zu den Grasspitzen drängenden Säfte, sielte und räkelte mich zwischen den frisch gemähten Schwaden. Wer meine Mutter Gras heuen sah, hatte ein Bild vollendeten Menschentums. Die starken Schultern, die kräftig ausschwingenden Arme, das übersonnte Antlitz, der prüfende Blick, ach meine Mutter war schön in der Arbeit; sie soll auch schön im Tanze und am Webstuhl gewesen sein, schön, wenn sie auf dem Kirchenchore das Gloria und das Credo sang. Auf dem Kirchenchore hatte mein Vater, ein Mann von großer Herzenszartheit und rotwangiger Schönheit, zum ersten Male sein Auge auf das bleichere, aber doch glühende und sprühende Antlitz der frommen Sängerin geworfen.

„Mutter, wieviel Jahre muß ich noch warten, ehe ich heiraten kann?"

„Wie alt bist du denn jetzt?"

„Ich werde im Januar acht Jahre."

„Da kümmerst du dich aber sehr zeitig um das Heiraten."

Die Mutter muß dies mit einem Anflug von Wehmut und Bekümmerung gesagt haben. Ich erwiderte ihr nur ausweichend: „Ach ich dachte halt bloß!"

„Dein Bruder, der elf Jahre älter ist als du, hat aber bisher noch nie eine solche Frage gestellt. Du wirst mir doch keinen Kummer machen!"

„Ach nein, Kummer machen will ich Euch nicht. Ich denke mir bloß, es müßte sehr schön sein, verheiratet zu sein. Ich werde wohl noch zwölf Jahre warten müssen."

Es kamen die Jahre, in denen ich über die merkwürdigen und keineswegs von mir als schön empfundenen Vorgänge im verheirateten Stande aufgeklärt wurde. Herden Bernhard, der Junge von einem Nachbarn, hatte durch das Schlüsselloch ein beim Nachbarn einquartiertes junges Ehepaar des öfteren am Abend beobachtet. Es gingen auch in der Schuljugend allerlei Verse und Reime um, die mich belehrten, daß auch Leute, die nicht verheiratet waren, Vergnügen hatten an dem, was Verheiratete taten. In der Familie Bothe liefen Eltern und Kinder oft splitternackt in der Stube herum und hatten ihren Spaß an den verschiedenen Gestaltungen des menschlichen Körpers. Bei uns zu Hause wäre das alles als Schweinerei angesehen worden. Es bildeten sich unter der Schuljugend kleine Cliquen und Gesellschaften, die sich sehr merkwürdig mit Mädchen abgaben. Die Bauernmägde leisteten ihnen Unterschlupf und suchten ihr eigenes Vergnügen darin. Da ich nicht im Dorfe, sondern weit außerhalb des Dorfes wohnte und ohnehin wegen der Frömmigkeit meiner Eltern und wegen meiner Tanten im Pfarrhofe verdächtigt war, wurde ich zu diesen Mysterien nicht zugelassen und hörte nur davon wie ganz von weitem. Ach, mein Gott, ich hätte sonst sicher mitgemacht, denn ich war neugierig genug und überhaupt sehr gierig, die Welt und ihre Argheit kennenzulernen. Ein Junge brachte in die Schule einen Federhalter mit, darin eine Anordnung kleiner Linsen, durch die man absurde Nacktheit sah. Ich sah wohl einmal hinein, fand es aber so dumm und eklig, daß ich ein wenig von meiner Neugier kuriert war. Einmal freilich habe ich einen neugierigen Blick auf meine Mutter zu erhaschen versucht, sah aber nur Fleisch, nicht das große Wunder, das meine Mutter war. Ich habe diese Sünde leider bei allen Beichten meiner Kindheit zu beichten vergessen. Darum frißt sie mir jetzt noch manchmal das Herz ab. Ich war in jener Stunde ein schlechter Junge und bin es wohl bis heute geblieben. Möge mir Gott verzeihen!

In der Familie meines Vaters war wenig geheiratet worden; es herrschte durchaus der Geist des jungfräulichen Lebens. Von den drei Schwestern meines Vaters war eine ins Kloster gegangen, die anderen beiden dienten in dem geistlichen Hause des Dorfpfarrers und traten an die Spitze des von diesem gegründeten Jungfrauenvereins, und es war durchaus keine Maske, die sie sich aufsetzten. Unser Vater selber hat schwer im Gebet gerungen, ob er heiraten solle oder nicht. Die Lust zum Heiraten ist aus der Familie meiner Mutter in unsere Familie gekommen. In der Familie meiner Mutter grassierte sie üppig. Von den zwölf Kindern blieb nur ein Mädchen ledig, unsere gute Tante Marie, deren lediger Stand ein Segen für alle verheirateten Geschwister wurde, die samt und sonders ihrer Hilfe in allen Nöten, besonders des Kindsbetts, bedurften. Von den übrigen elf Geschwistern war meine Mutter am wenigsten heiratslustig. Obwohl selber nicht unglücklich verheiratet, redete sie allen Kindern das Heiraten mit leidenschaftlichen Worten aus. Es ist ihr zwar nicht durchweg gelungen, aber was sie gegen das Heiraten aufbieten konnte, bot sie auf.

Darum der Anflug von Wehmut und Kümmernis bei meiner Frage am Wiesenrande.

Obwohl ich gewissermaßen getränkt war mit Heiratslust, kam dann doch ein Jahr, in dem jedes Tröpflein davon von mir abgelaufen war und ich geradezu bestimmt schien für ein eheloses, jungfräuliches Leben. Das war das Jahr, in dem mir der Pfarrer May anbot, mich auf seinen Pfarrhof zu nehmen und in Latein zu unterrichten, damit ich später studieren könne. Ein Brief von mir hatte ihm so gut gefallen, daß er meinte, ich sei für einen geistigen Beruf erschaffen. Er dachte dabei nicht im mindesten an den geistlichen Beruf, an den Priesterberuf, aber Studieren und Priesterwerden war zu jener Zeit für einen armen Jungen dasselbe, da jedes andere Studium zuviel Geld kostete, für das niemand aufkam. Die Kirche aber hatte Geld für solche Zwecke, und fromme Personen spendeten reichlich bei, um ihrer geliebten Kirche einen frommen Priester zu verschaffen. Mir boten die guten St. Hedwigsschwestern in Breslau, bei denen nun all meine drei Tanten dienten, Herberge und Nahrung für die ersten beiden Gymnasialjahre in Breslau an. So war es bald eine ausgemachte Sache, daß ich Priester der katholischen Kirche werden sollte, und ich war freudig und gern damit einverstanden. Da katholische Priester zum Zölibat, d. h. zum ehelosen Leben, verpflichtet sind, gab ich alle Gedanken an Liebe und Heirat auf, nicht schweren Herzens, sondern so, als gehörten sie gar nicht zu mir, und als hätte ich nie an solche Dinge gedacht. Es waren schöne Jahre, hell wie frisches Quellwasser, blau wie der klare Himmel. Bei den Hedwigsschwestern wohnten freilich Pensionärinnen, junge, sehr hübsche Mädchen, und es wurde mir nach einiger Zeit komisch warm ums Herz. Ich habe ja schon davon erzählt. Und ich kam ja auch in die Jahre der Mannbarkeit. Mein Mannestum begann überzufließen. Aber wir waren damals des Glaubens, daß dies immer schwere Sünde sei, besonders wenn man irgendwie eingewilligt hatte oder wenn man mit daran schuld war, so daß es eben nicht zu unserem Wesen gehörte, sondern nur uns aufgezwungen war. Manche Beichtväter taten freilich so, als ob ihnen das nie passiert wäre, und als ob man wie ein Engel durch die stürmischen Jugendjahre gehen könne. Und manches Jahr lebte ich auch wie ein Engel, und der Beichtvater, dem ich zuletzt die Entscheidung über meine Berufswahl überließ, erklärte mir schließlich, ich dürfte mich mit gutem Gewissen zum Empfang der Priesterweihe melden. Ich hatte aber nicht vergessen, welche Qualen ich von seiten meines ängstlichen Gewissens und überstrenger Beichtväter durchgemacht hatte. Als junger Priester versuchte ich, den Beichtstuhl zu einer Stätte des Friedens, der Versöhnung und der Erlösung zu machen. Und in Wahrheit, es ist mir gelungen. Gar nicht mit Worten zu schildern ist das Glück der gequälten Herzen und die Liebe der echt priesterlichen Beichtväter, wie sie im hl. Bußsakrament gleich einem Strom himmlischen Segens in die irdische Wirklichkeit einfließen.

Ich blieb zunächst nur vierzehn Monate lang in der Seelsorge, als Kaplan, aber mit dem vollen Wissen um die Macht und den Segen meines Dienstes, so eigenwillig selbständig, daß die alten Seelsorger des Ortes und der Umgebung manchen Anstoß an mir nahmen, andere aber selber an meinem

Beichtstuhl niederknieten, um sich dem Gericht und der Barmherzigkeit jenes jungen, kecken Geistlichen zu unterwerfen, den sie im Grunde ihrer Seele lieben mußten.

EISKRISTALL

Nach jenen vierzehn Monaten wurde ich als kaiserlicher Stipendiat nach Rom geschickt, um dort mein Studium an den Monumenten der altchristlichen Kunst und Kultur zu erweitern und später in Breslau einen Lehrauftrag für christliche Archäologie an der Universität erhalten zu können. In Rom erhielt ich noch eine Kaplanstelle am deutschen Campo Santo mit einem willkommenen, wenngleich mäßigen Sondereinkommen, so daß das kaiserliche Stipendium nicht nur, wie ausbedungen, ein Jahr, sondern zwei Jahre reichte. In diesen zwei Jahren lebte ich das an Geist, Schönheit und Jugendlust reiche Leben eines jungen Gelehrten, veröffentlichte mehrere wissenschaftliche Bücher und Aufsätze, ging zwar oft selber zur hl. Beichte, versah aber kaum einmal das Amt des Beichtvaters. Das Glück war mir über die Maßen hold. Alle Mitglieder des deutschen Campo Santo liebten mich; ich war ein heller und sonniger Gesell. Der Rektor des Campo Santo, der alte, ehrwürdige Prälat Anton de Waal, wollte mich noch länger in Rom halten. Ich sollte Vizerektor des Hauses werden und wäre wohl auch bald Prälat geworden. Ach, wie anders hätte sich da mein Leben gestaltet, wenn ich Ja gesagt hätte! Aber mich zog es mit Allgewalt nach der schlesischen Heimat. Eine andere Anregung des greisen Prälaten schlug jedoch unbewußt tiefere Wurzeln. Er las eine wissenschaftliche Besprechung von mir für seine Zeitschrift, nahm sie gern an, sagte mir aber dann, ich solle auf eine andere Gabe Gottes achten. Der Aufsatz klinge wunderbar, ich solle doch nicht nur ein Gelehrter, sondern ein Dichter werden. Das war mir damals eine Überraschung, obschon auch der Pfarrer May sich manchmal ähnlich geäußert hatte.

In der Heimat hatte unterdes mein Universitätslehrer Professor Max Sdralek für mich gewirkt. Das preußische Kultusministerium wollte mir nach meiner Heimkehr einen außerordentlichen Lehrstuhl in der katholisch-theologischen Fakultät der Universität Breslau übertragen. Leider gelang es den Intrigen einer dem Professor Sdralek feindlichen Partei, den schönen Plan zu zerstören. Der Bischof von Breslau schickte mich von neuem in die Seelsorge. Über drei Jahre wirkte ich nun als Seelsorger zuerst in Patschkau, dann bei Sankt Maria auf dem Sande in Breslau. Und erst als ein Schlaganfall der Wirksamkeit und vier Jahre später dem Leben meines Lehrers Sdralek ein Ende bereitet hatte, durfte ich den Katheder der Universität besteigen, zuerst als Privatdozent, dann als außerordentlicher und schließlich als ordentlicher Professor für Kirchengeschichte, altchristliche Kunst und Geschichte der altchristlichen Literatur.

Als ich Privatdozent war, 1909 bis 1911, wurde die Lehrtätigkeit der Privatdozenten noch nicht staatlich besoldet. Um sein tägliches Brot zu haben, mußte man entweder vermögend sein oder einen anderen Brotberuf wie z. B. den ärztlichen ausüben. Mir verlieh der Breslauer Bischof, Kardinal Kopp, auf Drängen Sdraleks eine Benefiziatenstelle an der Kurfürstlichen Kapelle am Hohen Dom, die mit einigen gottesdienstlichen Verpflichtungen und seelsorglichen Obliegenheiten verbunden war. Es wurde mir ein Beichtstuhl im Dom zugewiesen, in dem ich jährlich etwa 2000 Beichtkinder aus allen Ständen priesterlich zu betreuen hatte, eine neue Gelegenheit, das Seelenleben katholischer Großstadtmenschen mit seinen Schönheiten, seinem ergreifend guten Willen, aber auch mit seinen Ängsten und Qualen kennen zu lernen.

Im Wechsel von Kindheit und jungem Mannestum, von Volksschule, Gymnasium und Universität — und dies will besagen: mit den theologischen Vorlesungen hatte sich die smaragdgrüne und rubinrote Kugel meiner Welt in einen Eiskristall verwandelt. Jenes unendlich Kleine, Zarte, Liebliche, das mich umflatterte wie ein goldener Falter und das mein Großvater als Christkindlein für seine große Weihnachtskrippe aus Lindenholz geschnitzt hatte, war zu einem Zeus von Otricoli, zu einem allmächtigen, allheiligen, allgerechten Gott geworden, aus dem Himmelsblau und dem Rosagewölk des Abendrots die schwere, schwarze Gewitterwolke, aus der Schneeflocke die Lawine, aus dem rieselnden Gestein der klotzige Bergfels. Während es sonst vom Verhältnis des Alten zum Neuen Testament heißt: Novum in vetere latet, vetus in novo patet, d. h. daß das Neue Testament schon wie ein Perlenschimmer im Alten leuchtet und das Alte im Neuen seine wunderbare Klarheit und Helligkeit findet, so war es damals umgekehrt: das Alte Testament, sein strenger, rächender Gott sprang plötzlich wie ein Teufel aus dem Neuen Testament, so etwa wie die von einer Feder regierte Fratze in den lustigen Kästlein, die man auf Jahrmärkten zu kaufen kriegt. Und ich Esel merkte den Unterschied nicht; oder ich hielt die smaragdgrüne und rubinrote Kugel für Poesie, für ein Erzeugnis meiner kindlichen Phantasie, den Eiskristall dagegen für die pure Wahrheit. Sprach doch auch alle Logik, die man auf Universitäten lernt, zugunsten des Eiskristalls. Desgleichen Thomas von Aquin mit seiner Summa und alle Scholastiker. Nur meinem von Natur aus gütigen Herzen verdanke ich es, daß ich meine Beichtkinder nicht mit dem Gott des alten Testamentes und der Scholastik quälte, sondern wie der barmherzige Samariter alle Mühe aufwendete, um die Wunden der Seele zu reinigen und zu verbinden. Ein Engel reichte mir himmlischen Balsam, der wunderbar heilte. Und wer schwer beladen und geängstigt in meinen Beichtstuhl kam, ging wieder frohen Herzens von dannen, ausgenommen jene, die meine Güte mißbrauchten wie der eine Gutsbesitzer, der alle Jahre nach dem landwirtschaftlichen Maschinenmarkt in meinen Beichtstuhl gekrochen kam. Immer hatte er sich mit den Breslauer Dirnen eingelassen und wollte dann daheim vor seiner Frau das reine, weißwollige Schaf spielen, das in Breslau sogar zur heiligen Beichte gegangen war. Oder wie jene dunkelgekleidete Betschwester, die daheim Vieh und Mann ohne Viehfutter und Frühstück brüllen ließ, um in Breslau eine reichliche Zahl heiliger Messen zu hören und noch dazu das Lob eines Beichtvaters einzuheimsen, ja sogar um jenes

Scheiblein weißen Brotes zu genießen, von dem das gläubige Volk sagt: „Das ist unser Herr und Gott! Selig das Volk, dem sein Gott so nahe ist!"

Als Professor der Theologie hatte ich keine Beichtstuhlverpflichtungen mehr. Aber ich las die heilige Messe in der Kapelle der Hedwigschwestern und wurde danach oft in den Beichtstuhl gebeten. Unter den Schwestern waren manche, die sich sehr unglücklich in ihrem Beruf fühlten und auch vor Sündenangst nicht ein noch aus wußten. Kein Beichtvater kam mit ihnen zurecht. Sie paßten nicht in das Schema des scholastischen Gottes. Eine nach der anderen fand nun den Weg zu mir, und ich tröstete sie mit allem Trost, den ich aus dem Bereiche des Kleinen, Unbedeutenden, Armseligen bezog. Ach, es waren selige Stunden, die ich den armen, gequälten Menschen schenken durfte. Keinen verurteilte ich, alle segnete ich, alle glaubten, und wer glaubt, der hat das ewige Leben; wer glaubt, der ist in Wahrheit erlöst.

Ich selber brauchte solchen Trost, denn es war inzwischen ein quälender Kampf zwischen meinem jungen Mannestum und dem Zölibatsgesetz der römischen Kirche entstanden. Immer war schließlich der Sieg auf meiner Seite, d. h. auf der Seite meiner kirchlichen Treue geblieben. Ich fand einen heiligmäßigen Beichtvater, dem die Seelsorge bei den Schulschwestern anvertraut war. Morgen für Morgen konnte ich mit reinem oder gereinigtem Herzen an den Altar treten.

Inzwischen war meine Feder gesegnet worden mit einem Segen, der nicht allen theologischen Professoren zuteil wird: Ich erhielt die Gabe religiöser Schriftstellerei. Ich hatte kaum angefangen, hatte für den mir befreundeten Schriftleiter des Sonntagsblattes, wenn er in Not war, wie er seine Seiten füllen sollte, einige religiöse Skizzen geschrieben, und kaum hatte dieser Freund ohne mein Wissen mit einem großen katholischen Verlag wegen einer Buchausgabe meiner Skizzen verhandelt — es entstand so mein Buch „Herrgottswissen von Wegrain und Straße" — da verbreitete sich merkwürdig schnell und weit mein Ruf, als sei ich einer der besten Volksschriftsteller des religiösen Deutschland.

Da ich mich als Diener der katholischen Kirche fühlte und ihr wirklich mit meinem Besten dienen wollte, gedachte ich, das Schönste zu schreiben, was man von einer Kirche schreiben kann, nämlich daß sie mit dem Schatz ihrer alten Lehren aus unserem Volke ein wahrhaft frommes und erlöstes Volk schaffen kann. Damals schrieb ich jene Aufsehen erregende Osterbotschaft „Die Erlösten", die zu Ostern 1922 in der angesehensten Zeitschrift des katholischen Deutschland, im „Hochland" des großen und edlen Reformators der katholischen Literatur, Carl Muth, erschien.

Welche Folgen dies für mein persönliches Leben hatte, ist allen bekannt, die damals mit offenen Augen und Ohren an der Weltöffentlichkeit Anteil nahmen. Ich geriet in einen schweren Konflikt mit meinem Bischof, dem Kardinal Bertram, und dann mit den höchsten Stellen des kirchlichen Lehramtes, wurde in katholischen Zeitschriften als neuerstandener Luther, „Luther redivivus", verschrieen, und als ich noch die beiden sehr frommen Bände „Das Leben Jesu in Palästina, Schlesien und anderswo" herausgegeben hatte, wurden eine ganze Anzahl meiner Bücher und Aufsätze auf den „Index der verbotenen Bücher" gesetzt. Ich sollte mein Schrifttum widerrufen, zukünftiges Schrifttum vor der Veröffentlichung dem römischen Amte zur Approbation vorlegen und alle die kirchlichen Eide, die ein Priester und Professor zur Bekundung seiner Rechtgläubigkeit abzulegen hat, wiederholen. Ich erklärte mich bereit, alle Sätze, die man mir als glaubenswidrig nachweisen werde, zu widerrufen und zu korrigieren, auch die Eide zu wiederholen, soweit man mich als Eidbrüchigen erweisen könne, wies aber im übrigen die ganze Disziplinierung ab. Daraufhin wurde ich ein Jahr später, 1926, aus der katholischen Kirche ausgeschlossen und „dem Satan überantwortet". Ich habe später das gesamte Vorgehen der Kirche gegen mich in einer vollständigen Veröffentlichung der Akten dargelegt und in meinem Buche „Höregott, ein Buch vom Glauben und vom Geiste", in erzählender, freilich scharf polemischer Weise darzustellen versucht.

DORFCHRONIST

Schon nach dem Verbot meiner Bücher wurde mir nahegelegt, mich von meiner Lehrtätigkeit an der Universität beurlauben zu lassen. Ich sah darin keinen Weg zum Frieden und bat die preußische Regierung, mich von meinem Lehramt zu entpflichten oder, wie der Fachausdruck lautet, zu emeritieren. Ich verließ Breslau und baute mir auf dem väterlichen Grundstück in Neusorge bei Schlegel, Kreis Neurode, ein Haus.

Ach, ach, ach, ach!

Leider wurde auch ein anderer, frommer Mensch in mein Schicksal hineingezerrt. Es war in diesen Jahren von einigen Freunden ein Buch über mein Leben, Wesen und Wirken herausgegeben worden. Das letzte Kapitel, „Wittig und die neue Jugend", war geschrieben von einem jungen Mädchen, das seit Jahren einen jugendbewegten Mädchenbund leitete und in seiner Vaterstadt sehr geliebt wurde. Von ihr verlangte nun der große katholische Frauenbund, daß sie sich von mir, dem Ketzer, lossage, und auch ihr Vater, ein alter Zentrumsmann, hielt es mit der Ehre des Hauses nicht vereinbar, daß seine Tochter mit dem verfemten Ketzer Freundschaft hielt, und wies sie, als sie in ihrer Treue standhaft blieb, aus dem väterlichen Hause. Offen gestanden, es war seit der Exkommunikation mehr als Freundschaft, was uns verband; es war Liebe auf Tod und Leben. Dabei dachten wir nicht an Heirat, denn wir wollten der katholischen Kirche treu bleiben und ihre Gesetze hochhalten, hoffend, daß uns dies mit Gottes Hilfe gelingen werde. Als mir freilich die Flammen über dem Kopf zusammenschlugen, bat ich sie, mich nicht allein zu lassen, und versprach ihr eine redliche Ehe. Wir warteten aber ein ganzes Jahr, immer wieder hoffend, daß die Kirche noch ein gutes Wort für mich finden werde. Aber diese Hoffnung erwies sich als trügerisch. Im Frühsommer 1927 gab ich dem treuen Mädchen meinen Namen. Der Herrgott segnete unsere Ehe. Im

Mai 1928 schenkte er uns ein erstes Kindlein, dem wir den Familiennamen der Vorfahren meiner Frau, Höregott, als Taufnamen gaben. Leider hatte der Arzt bei der Geburt die Zange falsch geführt; das Büblein mußte nach vier Tagen sterben. Es schickte uns aber vom Himmel 1929, 1931 und 1937 drei Geschwisterlein, zwei Jungen und ein Mädel.

In dem Jahre 1928, in dem uns der kleine Höregott geschenkt und wieder genommen wurde, schrieb ich das schon genannte Buch „Höregott, ein Buch vom Glauben und vom Geiste". Veranlaßt wurde dieses Buch durch einen theologischen Kollegen, der durch Städte und Dörfer zog, um Reden gegen mich zu halten. Auch andere Gegner konnten ihr böses Maul nicht halten. Da mußte ich mir und den Meinigen mit einigen scharfen Federzügen Ruhe schaffen. Und es gelang.

Die Welt, die sich brüstet, von der Gewalt und Macht der römischen Kirche frei zu sein, zeigte sich ihr in den nächsten Jahren so ergeben, daß meine einst so hochgepriesene Schriftstellerei keinen Heller mehr wert in ihren Augen war. Fromme evangelische Menschen kauften und lasen meine Bücher noch gern. Meine Mitarbeit wurde auch noch von Zeitschriften und Rundfunksendern erfreulich begehrt. Aber ehe noch das „dritte Reich" kam und meine Bücher auf einen schlimmeren Index setzte, als es der römische war, lagen meine Felder weithin brach. 1930 bis 1932 beteiligte ich mich an einem Zeichenlehr-Fernkursus, um dereinst meinem großen Jungen die Kunst des Zeichnens beibringen zu können. Mir war diese Kunst schon seit der Kindheit eine Herzenssache. Keine Blume und keine Staude, kein Getreidemäher und kein Holzhacker war mehr sicher vor meinem Stift. 1932 dichtete ich für einen Jugendhof Jahreslaufspiele, 1933 für meine Heimatgemeinde das Mirakelspiel „Die schöne Madonna von Schlegel". Aber genau besehen war ich aus der Bahn geschleudert; die römische Kirche hat mich als Schriftsteller wirklich tot gekriegt. 1935 erhielt ich den Auftrag, die Chronik der Stadt Neurode zu schreiben. Es wurde ein schönes Buch und brachte mir den Titel eines Ehrenbürgers der Stadt Neurode ein. 1937 begann ich, auch die Geschichte meines Heimatdorfes Schlegel zu schreiben.

Ich vollendete das Werk 1941, und es konnte auch in der Druckerei gesetzt werden. So lag es in der Druckerei, bis die Polen das Metall des Satzes einschmelzen ließen. —

REISENDER HANDELSMANN GOTTES

So war ich innerhalb von zehn Jahren vom akademischen Theologen zum Dorfchronisten herabgesunken. Ich war in das Reich des Unbedeutenden und Verachteten eingetreten und empfand zuerst sehr schmerzhaft die Demütigung, die in dieser Schicksalswendung lag, erkannte also noch nicht die Nähe des Punktes, von wo der rechte Gottesbegriff zu finden war. 1937 bis 1941 hob mich ein günstiger Wind noch einmal in die Höhe und in die Sphäre unerwarteten Glückes: Während ich mich bisher streng allen öffentlichen Auftretens enthalten hatte und um keinen Preis irgendwelcher Sensation verfallen wollte, wurde ich auf einmal nicht nur in kleine Zirkel, sondern auch zu großstädtischen Veranstaltungen eingeladen, um aus meinen Büchern Vorlesungen zu halten.

Es war an einem Januartage des Jahres 1938. Da standen vor einer Litfaßsäule der bücher-, geist- und genußreichen Stadt Leipzig zwei Provinzler mit kleinen Reisekoffern in den Händen auf dem Wege zu ihrer Herberge, zum Christlichen Hospiz. Es war reine Neugier, welche die Augen der Provinzler an die Säule heftete. Es ist ja schon ein Genuß zu lesen, was für Konzerte, Theater und Schauspiele eine Großstadt am Abend dem reisenden Publikum zu bieten hat. Auf einmal blieben die Augen an einem großen Plakat haften, welches besagte: „Joseph Wittig liest aus seinen Werken." Dazu Datum und Ortsangabe. Meine Frau stieß mich in die Seite und sagte: „Du, das sind ja wir!" Ich begriff es noch lange nicht. Dann aber schoß eine Welle Blut in mein Angesicht und rötete mir Backen, Schläfen und Stirn wie einem, der plötzlich den Gegenstand seiner Verliebtheit erkennt. Der Abend war reich besetzt mit lockenden, geistreichen

Vorträgen und Aufführungen. Uns sank der Mut. Wer wird
da Zeit und Lust haben, zu meinem Leseabend zu kommen?
Es kamen aber über 250 Leipziger und horchten mir derart
freudig und andächtig zu, daß ich sagte: „Das hätte ich
doch nicht gedacht!" Zehn Jahre waren vergangen, seitdem
mein Name durch ganz Deutschland ging und die Menschen
erregte. Daß sie jetzt noch Anteil an mir nehmen würden,
hätte ich doch nicht zu hoffen gewagt. Eine kleine, feine
Spielschar von Sängern und Flötenspielern umzierte meine
Vorlesungen, begann gleich mit dem alten Volkslied:

> Sankt Joseph, lieber Zimmermann,
> das Kindlein will ein' Wiegen han!

Mir standen die Tränen in den Augen. Das war ja das
Smaragdgrün und Rubinrot der Welt meines geliebten
Gottes! Das war ja der Gottesbegriff, den zu finden ich aus-
gezogen war!

So ging es dann in mancherlei Städten des deutschen Lan-
des; in Stettin, Schwerin, Berlin, Breslau. Ich kam im dunklen Kleid des katholischen Theologen mitten in lutherisches
Land, machte nirgends Hehl aus meiner Liebe und Treue
zur katholischen Kirche, fand aber überall unendlich viel
Liebe und Verständnis. Es war, als ob die deutsche Glau-
bensspaltung, die Reformation, endgültig liquidiert, als ob
über das ganze deutsche Land die „Una sancta ecclesia"
vom Himmel heruntergekommen wäre.

Besondere Liebe und Anhänglichkeit fand ich bei den
Geistlichen von Mecklenburg, für die ich pastorale Artikel
schrieb, die zu Tausenden von Durchdrucken vervielfältigt
und verbreitet wurden.

Von der letzten Vorlesungsreise im Dezember 1943 kam
ich krank heim, und ich bin außer in Sanatorium und Krankenhaus nirgends hin mehr gekommen. Auch die Feder
und die Schreibmaschine versagten mir ihren Dienst. Ich
mußte anfangen, mich zu fragen, was der Herrgott in all
den vierzehn vergangenen Jahren von mir gewollt hat und
was er mir jetzt nun an Erkenntnis darbieten will.

Ein alter knorriger Mecklenburger, von Beruf einst Land-
wirt, Gutspächter, sagte mir einmal:

„Wissen Sie, von all den geistlichen Kreaturen, die da zu meinem Sohne kommen, kann ich keinen leiden; sie sind alle Verräter; aber Sie — S i e habe ich gern." Sein Urteil über die Geistlichen war sicherlich zu scharf; es sind sehr ehrliche und ordentliche Männer darunter. Gemeint waren ja wohl die Geistlichen überhaupt, und man muß den Begriff des Verräters sehr vorsichtig fassen, aber irgendwie stimmt dann das Urteil; irgendwie verraten die Geistlichen alle den Gott ihres Herzens an die Philosophie und Scholastik, an den gespenstischen „Ens a se", an die keinem einfältigen Herzen verstehbare „Causa sui", verraten das Christkind an die schreckhaften Vorstellungen des Herodes.

Der alte Mann starb acht Tage nach meinem letzten Leseabend. Er hatte gewiß amtlich-geistlichen Trost an seinem Sterbebette, aber er ließ mir sterbend und grüßend sagen, die größte Freude und der größte Trost vor seinem Sterben sei ihm die Vorlesung meiner Weihnachtsgeschichte „Der gestohlene Christbaum" gewesen, ein Stück, das immer und überall Heiterkeit erweckte. In diesem Stück ist fast nichts von Gott oder Gottesbegriff gesagt, sondern nur das Erlebnis eines Dorfjungen erzählt, der keinen Christbaum kaufen konnte und sich darum einen aus dem nächsten Walde holte, und wie der Junge die Verzeihung Gottes vergeblich bei der Pfarrwirtin, seiner Tante, suchte, die ihm eine saure Gurke schenkte, die weder er noch der Hofhund des Pfarrers mochte, und wie er dann schließlich den gesuchten Trost bei seiner Mutter und ihrem wohlgeratenen Weihnachtsgebäck fand.

Wie kann so etwas zur Erbauung in einer Sterbestunde führen? Offenbar, weil Gott in solch alltäglichem Geschehen wortlos und unbegriffen lebt und wirkt! Der rechte Gottesbegriff ist außerhalb und überholt des ganzen Bereiches der Begriffe, Namen und Worte. Gott wirkt tröstend und liebend, wo er gar nicht genannt und gar nicht begriffen wird.

„Du hast geglaubt, weil du begriffen hast; selig, die da glauben, ohne zu begreifen!"

Sonst machte ich die Erfahrung, daß am tiefsten und erregendsten in die Menschenherzen eindrang mein Weihnachtsstück „Der rechte Gottesbegriff", in dem ich erzähle, wie ein alter liberaler Verwandter meiner Großeltern zu einem rechten Weihnachten kam, als ihm der Großvater das von ihm aus Lindenholz geschnitzte Jesuskind in die kranke Hand legte und ihm sagte: „Suche nicht in allen Philosophien nach dem Gottesbegriff; du wirst immer auf Widersprüche und Ungereimtheiten stoßen. Nimm dieses Kindlein in deine Hand und begreife Gott als Kind. Von einem Kinde wirst du nicht verlangen, was du sonst von Gott verlangen mußt! Ein Kind ist nicht klug und schafft nicht die beste aller Welten; ein Kind ist nicht gerecht, so daß sich alle Ungerechtigkeiten verstehen lassen. Verstehe ein Kind, dann verstehst du Gott! Nimm das Gotteskind, und du wirst Frieden haben!"

Es war wahrhaft herrlich, wie ein Handelsmann Gottes durch das Land zu fahren und vor großen Scharen von Menschen all die schönen Sachen auszukramen, die mir Gott zum Niederschreiben anvertraut hatte. Je einfältiger meine Skizzen und Geschichten waren, desto kräftiger ergriffen sie die Herzen der Menschen. Es dauerte aber sehr lange, bis ich einsah, daß dies mit meinem Gottesbegriff in ursächlichem Zusammenhang stand. Je kleiner ich Gott machte, desto stärker und mächtiger wurde er. Immer liebreicher wurde er auch für mein liebebedürftiges und sehnsuchtvolles Herz. Er wurde der Geliebte meiner Seele, der Bräutigam meiner Inwendigkeit, und es ging schon zu wie in Romanen, daß sich schließlich zwei, die sich lieben, auch kriegen. Hatte er am hohen Rand unserer Erlenwiese gesessen und gewartet, bis ich ihn finde? Hatte er mich von dem stolzen Lehrstuhle der Universität heruntergelockt und mir keine Ruhe gelassen, bis ich, von Welt und Kirche verlassen, an diesem Wiesenrande mir und ihm ein Haus baute? War es das kleine Mädchen aus meinem achten Lebensjahre, das ich nur von hinten gesehen hatte, das Mädchen mit den starken Schultern, das ich wohl gern geheiratet hätte, obwohl ich noch nicht einmal wußte, was es mit dem Heiraten ist? Oder war es der Pfarrer May, der mich zum Studieren und Geistlichwerden brachte? War es eine der bunten Blumen oder einer der blauen Berge, die mich in der Studentenzeit auf meinen Wanderungen so beglückten, daß ich immer meinte, Gott sei mir nahe? Saß er als Kardinal in jenem römischen Amte, das meine Bücher verurteilte und mich aus der Kirche ausschloß? Ach, es war wohl vielmehr jenes treue Mädchen, das um meinetwillen sowohl vom katholischen Frauenbund wie vom eigenen Vater verfemt wurde, so daß es in mein Haus kam und Mutter meiner vier Kinder wurde. Gewiß war es diese, denn wo Leben aufkeimt, da ist Gott!

WÄCHTER VOR DEM TOR DER KIRCHE

Abertausende, die vorgeben, an Gott zu glauben, werden nun über mich lachen, und die Kirche, die mich verfemt hat, wird in ihrer Überzeugung bestärkt sein, daß sie recht daran getan hat, als sie mich aus den Reihen ihrer Priester und Lehrer stieß: „Er ist soweit gekommen, daß er Gott in einem Weibe sieht!" werden sie schadenfroh rufen. „Er lästert Gott!" werden sie rufen. Ja, ich lästere den Gott, den sie predigen und dessen Namen sie mißbrauchen. Er ist nicht Gott; er ist ein Produkt des Heidentums und eine fixe Idee der Philosophen. Er ist der Ens a se, ein Unding für mein frommes Herz, eine schwere Bedrückung aller frommen Menschen.

Aber kein Mensch wagt mehr, diesem Gott ins Angesicht zu lachen, diesem Gott ins Angesicht zu schlagen. Denn er hat auf Erden ein mächtiges Reich gegründet; eine ganze Armee Männer wacht über seine Ehre und selbst die weltlichen Staaten, die angeblich die Gewissensfreiheit und die freie Meinungsäußerung zu schützen berufen sind, stellen sich nicht selten in den Dienst dieses Reiches und Systems von Männern, von denen Paulus sagt, daß sie den Glauben auf Menschenweisheit gründen, auf den „Verstand der Verständigen", aber nicht auf die „Torheit Gottes", die weiser ist als die Weisheit aller Scholastiker; dabei gibt man noch vor, dieses System der sogenannten christlichen Philosophie oder Weltanschauung sei von jenem liebenswürdigsten, zartesten und gewaltlosesten aller Menschen, von Jesus von Nazareth gegründet worden.

Wohl hat Jesus einst gesagt: „Ja, ich bin ein König, aber mein Reich ist nicht von dieser Welt." Es gibt also ein Reich, dessen Fürst und König Jesus von Nazareth ist, dieser Mann, der in einem Stall geboren ist und wie ein Wurm am Kreuze hing. Zu diesem Reiche rechne ich auch mich. Es ist verwandt mit dem Smaragdgrün und dem Rubinrot jener Frühmorgen meiner Jugendzeit. Es ist das Reich des winzigen, weißen Brotes im Speisekelch des Tabernakel. Es ist das Reich meiner Liebe und meiner Sehnsucht. Meine eigenen Kinder habe ich in die Gemarkung dieses Reiches geführt, und ich weiß keinen besseren Beweis dafür, als daß ich an dieses Reich glaube und selber ihm anzugehören von ganzem Herzen erstrebe.

Ich habe die längste Zeit meines Lebens geglaubt, daß dieses Reich irgendwie enthalten und verborgen sei in dem großen Weltreich Kirche. Und da mich diese Kirche ausgeschlossen hat, meinten viele meiner alten Freunde, ich sei auch aus dem Reiche Jesu ausgeschlossen und müsse dafür sorgen, daß ich dahin zurückkehren dürfe. Es war mir durchaus klar, daß auch das Reich Jesu, da es aus Menschen, nicht aus reinen Geistern gebildet ist, auch von Menschen in Stellvertretung Jesu regiert und verwaltet werden müsse, und daß wir diesen Menschen Ehrerbietung und Gehorsam schuldig seien. Ja, ich glaubte sogar, daß der Bischof von Rom als legitimer Nachfolger des Apostels Petrus die Kirche zu regieren habe, und ich kannte das Wort des heiligen Cyprian, des großen Bischofs von Karthago: „Wer die Kirche nicht zur Mutter hat, kann Gott nicht zum Vater haben." Da kann sich jedermann denken, welch große Not mir aus dem ausstoßenden Urteil des römischen Amtes erwuchs. Ich war aber auch soweit Kenner der Kirchengeschichte, daß ich deutlich sah, wie nicht nur das Reich Jesu, sondern auch das alte Imperium Romanum in die heutige katholische Kirche eingegangen und daß der Geist dieses Imperiums, der Geist der Cäsaren, zeitweise stärker als der Geist Jesu in der römisch-katholischen Kirche in Wirksamkeit ist. Ich war also bei aller seelischen Not vor die große, geheimnisvolle Aufgabe der Unterscheidung der Geister gestellt. Ich wollte nur dem Geiste Jesu, nicht dem Geiste der Cäsaren dienstbar sein und nur vom Geiste Jesu das Urteil über mein Verhalten annehmen. Leider hatte der Geist der Cäsaren all die süßen Lehren und die wundersamen Heilmittel Jesu in seine Gewalt gebracht, so das Heilmittel der Sündenvergebung im Bußsakrament und sogar das „Brot, das vom Himmel gekommen ist", Jesu Fleisch und Blut in den Gestalten von Brot und Wein, „das Medikament der Unsterblichkeit", das Wundersamste von allem Wundersamen, das der Erde zuteil geworden ist. So stand ich auf einmal seelisch völlig verarmt da und glich unheimlich dem alttestamentlichen Job auf dem Aschenhaufen seines Hauses, ein Bild des Erbarmens für alle meine noch wohlmeinenden Freunde. Freunde kamen zu mir und setzten mir mit ihren Diskussionen zu, genau wie jenem Job, und der einzige Unterschied war, daß sich mein Weib nicht wie das Weib jenes Job zu den Freunden gesellte und mit mir zu keifen begann, sondern sich treulich zu mir auf den Abfallhaufen meines einstigen kirchlichen Glückes setzte und nicht selten in die Diskussionen zu meinen Gunsten eingriff; sie hatte nur allzuoft Angst, daß ich unter dem Schwergewicht freundschaftlicher Zurede schwach werden und zusammensinken könnte, was mich nun wieder manchmal schwer verdroß.

Andererseits kamen viele von den alten Gegnern der römisch-katholischen Kirche zu mir, ehrliche und uns sehr freundlich gesinnte Männer, die entweder ihre ganze, bis an die Grenze der Ungerechtigkeit und Unwissenheit reichende Feindseligkeit gegen die „Mutter aller Kirchen" vor mir ausbreiteten oder wenigstens Aufklärung in vielen, immer wieder auftauchenden Fragen erbaten, mich also in die Netze der Kontroverstheologie einzufangen versuchten. Nun ist ja manches schlimm oder schwer verständlich an der römischen Kirche, aber vieles bei weitem nicht so schlimm und unverständlich, wie es ihre Gegner seit 400 Jahren mit einer merkwürdigen Hartnäckigkeit behaupten. Da mußte ich manch aufklärendes und berichtigendes Wort sagen. Ja es schien, als sei ich von Gott ganz außergewöhnlich zum Verteidiger der römischen Kirche berufen. Ich habe, als ich noch im kirchlichen Dienst stand und als „treuer Sohn der katholischen Kirche" galt, diese Kirche nie so oft und unter Aufbietung all meiner Kräfte verteidigen müssen, wie seitdem ich von ihr ausgeschlossen war und als Apostat galt. Wie schwer war es für mich, die Freunde, die so zu mir kamen, nicht zu enttäuschen und vor den Kopf zu stoßen. Mitunter geriet ich sogar in Gefahr, die Verteidigung im Sinne des Angriffs zu führen; und wenn ich angreife, gibt es gewöhnlich zersplitterte Lanzen. Aber diese Freunde waren so fein und edel in ihrem Charakter, daß die Diskussionen mir wie ihnen Gewinn brachten und die Freundschaft vertieften. Ich bin aber sonst ein Feind von Diskussionen und muß erst sehr gereizt werden, ehe ich mich darauf einlasse. Im übrigen lasse ich mit mir keine kirchenpolitischen Geschäfte machen; ich bin zu tief eingepflanzt und verwurzelt im Boden der Frömmigkeit meiner Heimat, und es müßte schon ein Engel vom Himmel kommen, der mich anders bekehrte und das Wesen der alten, volkstümlichen katholischen Frömmigkeit mir als Unwesen bewiese. Auch dann würde es gute Weile haben, ehe es gelänge.

So stand ich in den achtzehn Jahren seit meinem Ausschluß aus der Kirche wie ein Wächter an den Tortürmen der Kirche, freilich wie ein zorniger Wächter. Es kam oft vor, daß junge Geistliche den Entschluß faßten, Kirche und priesterliches Amt zu verlassen, meist um heiraten zu können, selten wegen irgendwelcher Glaubensschwierigkeiten. Sie wandten sich an mich um einen guten Rat, und ich schrieb ihnen, wie es mein Gewissen mir gebot. Die Folge war meistens, daß die betreffenden Geistlichen von ihrem Entschluß abgingen und in Kirche und priesterlichem Amte verblieben. Ein deutscher Bischof soll gesagt haben, es sei ihm bekannt, daß ich viele seiner Geistlichen bei der Kirche gehalten habe. Das änderte aber nichts an der Stellung der Kirche gegen mich. Ich galt weiter als der Exkommunizierte und als der Apostat. In unserem Dorfe und unserer Häuserschaft merkten wir außer den Regungen einer kleinen Clique in den ersten Jahren nichts von irgend einer Feindseligkeit. Es hieß allgemein, wir seien ja katholischer als alle Katholiken des Dorfes und seien nur deshalb aus der Kirche ausgeschlossen, weil ich zuviel Wahrheiten niedergeschrieben habe. Ein Nachbar sagte: „Ach, man hat ihm sechzig-siebzigtausend Mark gegeben, damit er das Maul hält!" Anders der Klerus unseres Ländchens. Er war mir ins Angesicht freundlich, hielt mich aber unter sich für einen Abtrünnigen. Einigen aus dem Klerus wurden indes doch manche meiner jüngsten Schriften bekannt; sie äußerten sich höchst erstaunt, daß ich „noch so katholisch" schreiben könne.

Als das „Dritte Reich" mit seiner strengeren Stellungnahme zum religiösen Schrifttum anhub und konfessionelles Schrifttum nicht mehr ganz ohne Gefahr gepflegt werden konnte, starb der Großdechant der Grafschaft Glatz, ein alter, sehr verdienter, würdiger und auch tapferer Herr, unter dessen Dekanat sogar ein Neudruck meiner „Erlösten" kirchliche Approbation erhielt. Da wollte der Herausgeber unseres Heimatkalenders den Verstorbenen durch einen Nekrolog ehren. Es fand sich aber keiner unter den Geistlichen bereit, den Nekrolog zu schreiben. Bis der Kalendermann sich mit seinem Anliegen an mich wandte. Ich antwortete, daß ich da doch als Apostat gälte und gar nicht in Betracht käme für diese ehrenvolle Aufgabe. Schließlich aber reizte mich mein Trotz, und ich sagte nach nochmaliger Wiederholung der Bitte zu, schrieb absichtlich alles Schöne und Gute, das ich vom Klerus wußte, in diesen Nekrolog hinein. Die Folge davon war, daß der Nachfolger des Verstorbenen, der neue Großdechant, sich meinen Artikel für das Dekanatsarchiv ausbat. Aber ich blieb weiterhin der Apostat; nur daß sich das Schwergewicht der klerikalen Unfreundlichkeit jetzt mehr darauf verlegte, daß ich, von der Kirche zur Vereinsamung verurteilt, die ja auch eine Art Tod ist, mir ein Haus mitten in meiner Heimat gebaut und eine Familie gegründet hatte.

An dieser klerikalen Unfreundlichkeit nahm übrigens unser alter Ortspfarrer, der mich schon als Schulbüblein gekannt hatte, keinerlei Anteil. Er verwies mich immer auf den Herrgott, dessen Macht ja größer sei als die Macht

Roms. Als er gestorben war, habe ich, der Außgestoßene, mir selber den neuen Pfarrer für das Dorf gewählt, indem ich den Kirchenpatron veranlaßte, einen meiner alten Freunde für die verwaiste Pfarrstelle zu präsentieren. Leider war dieser inzwischen menschenscheu geworden und, einst als Kaplan der Liebling der Gemeinde, enttäuschte er das ganze Dorf und auch mich, da er nur selten den Weg zu meinem Hause fand. Immerhin verdanke ich ihm die Äußerung, daß man bei mir nicht von der Notwendigkeit einer „Rückkehr zur Kirche" reden solle, da ich mich ja niemals von der Kirche abgekehrt habe. Er war auch der neuen, durch das „Dritte Reich" geschaffenen Situation der Gemeinde, dem Ansturm einer kirchenfeindlichen Bewegung, nicht gewachsen. Während er sich in sein Pfarrhaus einschloß, mußte ich, der von der Kirche Ausgestoßene, in den Versammlungen der Männer des Dorfes für die Ehre der Kirche und für unseren alten christkatholischen Glauben eintreten, was ja nicht ganz ohne Gefahr war. Der Pfarrer aber hat mir wenigstens rührend gedankt für mein mutvolles Auftreten, und das Dorf, soweit es noch gläubig ist, wird es auch nicht vergessen haben.

KAMPF FÜR KIRCHE UND CHRISTENTUM

Auf die Wahl des gegenwärtigen Pfarrers hatte ich keinen Einfluß, aber ich hätte wohl keine andere Wahl freudiger begrüßt als diese. Der erste Gemeindebesuch des neuen Pfarrers galt meinem Hause. Freilich war schon vor ihm der Bann, der die Ortsgeistlichen hinderte, mein Haus zu betreten, gebrochen worden von den Hilfspriestern und Vertretern seines schwer erkrankten Vorgängers, Angehörigen der offenbar von Gott mit besonderer Klugheit, Güte und geistigen Freiheit begnadeten Kongregation der Priester von den hl. Herzen Jesu und Mariä, vor allem von dem kindlich guten und fröhlichen Pater Felix, der sich in meinem und meiner Kinder Herzen ein unzerstörbares Denkmal der Liebe und Dankbarkeit gesetzt hat.

Wie gern war dieser Pater Felix zu uns herausgekommen, hatte mit uns gebetet, gelacht, gesungen, bald geistlich, bald weltlich, oft übermütig. Von dem Weihnachten, das er mit uns feierte, sagte er, es sei seit seiner Kindheit das erste richtige Weihnachten, das er erlebte. Er brauchte Kinder dazu, und unsere Kinder hingen an ihm mit ganzem Herzen, selbst der etwas herbe große Junge. Pater Felix hatte den Geist Jesu in solcher Reinheit und Fülle, wie ich ihn noch nie bei einem meiner früheren geistlichen Mitbrüder beobachtet hatte. Für ihn wie auch für seinen Nachfolger war ich nie der Apostat, sondern der Freund und Bruder älteren Jahrgangs. Leider wurde P. Felix kurze Zeit nach seiner Abberufung aus unserer Gemeinde von einem Herzleiden hingerafft. Mir ist sein Grab das Grab eines Heiligen.

Der neue Pfarrer schien mir nun ganz von demselben Geiste zu sein. Auch er ließ mich in keiner Weise spüren, daß ich aus der Kirche ausgeschlossen war. Um so offenherziger besprach ich mit ihm meine kirchliche Lage und sagte ihm, daß ich nicht ein Mann andauernden Trotzes, sondern ein Mann des Friedens sei. Wohl verstanden: mit meinem Herrgott lebte ich in Frieden und fürchtete mich weder vor Tod noch Gericht. Was mir am Herzen lag, war nur dies eine: ich wäre, wenn ich einmal stürbe, gern kirchlich begraben worden. Vor allem grauste mich vor dem Gedanken, von einer politischen Partei, von den sogenannten „Gottgläubigen" jener Zeit, begraben zu werden.

Ich hatte nie in meinem Leben irgend einer politischen Partei angehört. Nun aber war eine Zeit gekommen, in der man den Eintritt in eine politische Partei kaum vermeiden konnte. Jahrelang genügte die Beteiligung an der sozialen und karitativen Tätigkeit dieser Partei, der sogenannten NSV oder nationalsozialistischen Volkswohlfahrt. Bei einer Sitzung dieser Organisation war ich zum „Blockleiter" ernannt worden. Da ich laut einer schriftlichen Anweisung als Blockleiter in den benachbarten Häusern und Häuserschaften nur ungefähr das zu leisten hatte, was mir aus meinen Seelsorgerjahren zu einer lieben Gewohnheit geworden war, eben soziale und karitative

Fürsorge für das Volk, so habe ich mich dagegen nicht gesperrt. Erst ein halbes Jahr später erfuhr ich durch meinen Briefträger, daß ich nicht Blockleiter der NSV, sondern der Partei sei. Jetzt gab es leider kein Entrinnen mehr; aber ich mußte mich an der politischen Schulung beteiligen, mußte meine langen Glieder noch einmal in die alten Schulbänke zwängen, in denen ich zuletzt als dreizehnjähriges Bürschlein gesessen hatte. Unwillkürlich suchte ich die Schraubenlöcher und die Kerbschnitte, die ich viereinhalb Jahrzehnte früher hergestellt hatte. Eine weisere Regierung hätte mich wohl von solcher Unnatur befreit. Ein Professor, ist er auch noch so demütig, paßt eben nur noch auf den Katheder und nicht mehr auf die Schulbank. Und es war ein richtiger Elementarunterricht in nationalen und sozialen Dingen. Die Schulungsredner, wie sich die Herren Vortragenden nannten, stammten sonst wohl meist aus der Schicht der Volksschullehrer, bei uns aber meist aus anderen Berufen. Soweit sie mich kannten oder erkannten oder auf mich aufmerksam gemacht worden waren, genierten sie sich anfänglich ehrlich, vor mir ihre Weisheit in der unverfälschten schulkindlichen Methode auszubreiten. Mitunter zogen sie die Methode des Gespräches vor, und ich wurde manchmal zur Antwort zugelassen, z. B. einmal über den Unterschied von Kultur und Zivilisation, den ich mit dem Unterschied zwischen einem ehrlichen Filzhut und einem Zylinderhut zu erklären versuchte. Einer dieser Schulungsredner nahm eine derart freundliche Rücksicht auf mich, daß geradezu ein freundschaftliches Verhältnis entstand. Er bat mich sogar, ihm einige meiner Bücher zu leihen, und ich fühlte in seiner Nähe immer eine wohltuende Wärme. Als er heiratete und einen mehrwöchigen Heiratsurlaub erhielt, kam statt seiner ein Vertreter, um uns politisch zu schulen. Dies tat er nun, indem er uns nachzuweisen versuchte, was für eine elende Religion das Christentum sei. Man brauche sich nur taufen zu lassen und fleißig in die Kirche zu laufen, dann sei schon alles gemacht. Nichts von gegenseitiger Hilfeleistung! Ich hörte eine Weile zu. Dann stach mich doch etwas in den Hintern. Aber es kam von vorn. Es hing nämlich noch das alte Schulkreuz in dem Klassenzimmer und lenkte meinen Blick auf sich, sobald er dem fetten Antlitz des Schulungsredners ausweichen wollte. Ich dachte weniger an das Gleichnis vom barmherzigen Samariter als vielmehr daran, wie oft ich schon als Schulbub einem schmalbrüstigen Weber geholfen hatte, sein Wäglein mit dem Ballen gewebter Baumwolle über den hohen Krähenhübel zu ziehen, wenn ich auch ja dann ein oder zwei Pfennige dafür gekriegt hatte. Ich hatte wohl schon mehreren hundert theologischen Fakultätssitzungen und mehreren dutzenden Senatssitzungen der Universität beigewohnt und viel Blech klingen gehört, ohne einen einzigen Mucks zu tun. Aber jetzt sagte ich auf einmal, schier ohne es zu wollen: „Was Sie jetzt gesagt haben, ist nicht wahr. Ich bin schon mehr als sechzig Jahre Christ und weiß da besser Bescheid!" Der Redner stutzte, verlangte Beweise. „Ich will mit Ihnen nicht diskutieren; ich will nur Einspruch erheben gegen solch christentumsfeindliches Gerede! Wir sind ein christliches Dorf, wir sind christliche Männer. Wollen Sie darauf Rücksicht nehmen!" Ach, der Arme hatte ja sein vorgeschriebenes Konzept, er konnte nichts anderes, als das Konzept vorlesen. „Sie können mich ja bei meiner Behörde anzeigen!" — „Wir Schlegler zeigen niemanden an, lassen uns aber auch nicht alles gefallen. Ich sage Ihnen: Nur über meine Leiche geht der Strom des Antichristentums in unser Dorf. Sollte dieses Gerede nicht aufhören, dann bitte ich, mich aus Ihrer Liste zu streichen!" Es war schlimm, dem Redner war das Konzept verdorben. Der Leiter der Versammlung wies mich darauf hin, daß wir gekommen seien, um uns schulen zu lassen, nicht um zu widersprechen. Und als ich dies zurückwies, verpflichtete er die Anwesenden eidlich, im Dorf kein Wort von dem verlauten zu lassen, was „heute vorgekommen" sei. Am anderen Tage wußte es das ganze Dorf und freute sich, eine Woche später das ganze Ländchen; einen Monat später kamen Zuschriften aus Oberschlesien und aus Bayern.

Ich hatte manchen Grundgedanken der neuen politischen Bewegung als richtig erkannt, denn hier wurde ja nur gefordert, einander zu helfen und Rücksicht zu nehmen.

Schon als ich als Schuljunge die Kühe eines Nachbars auf die Weide trieb und den ganzen Tag über auf den Hügeln und Wiesen meinen Gedanken nachhängen konnte, erschien es mir als äußerst wünschenswert, daß einer aus dem Volke, einer, der ein so armer Junge gewesen wie ich, die Regierung des deutschen Volkes übernähme. Ja ich hatte auch oft mit dem Gedanken gespielt, daß der politische Leiter einer Gemeinde zugleich der Seelsorger, der Pfarrer wäre. Aber die Formen, die diese Träumereien jetzt in der Wirklichkeit annahmen, stießen mich sehr ab. Besonders die Art, wie die obersten politischen Gemeindeleiter jetzt Pfarrer zu spielen suchten und mit ihren Sonntagsfeiern die kirchlichen Gottesdienste zu ersetzen und zu verdrängen versuchten, zeigte die ganze Unfähigkeit des politischen Volkes und die gotteslästerliche Anmaßung der die Macht besitzenden Kreise, jetzt selber Kirche sein zu wollen. Manche politische Feiern wie z. B. die Vereidigungen waren lächerliche Nachahmungen kirchlicher Abendgottesdienste. Sogar die elektrischen Birnen um das Bild des „Führers" fehlten nicht, und Worte Jesu wurden mit unwesentlicher Umwandlung in den Mund des „Führers" gelegt, wie: „Ich bin der Weinstock, ihr seid die Reben; ich bin alle Tage bei euch..." Von solchen Lächerlichkeiten wollte ich mein Begräbnis um jeden Preis freihalten. Und dies war der Grund, aus dem ich vor einigen Jahren dazu neigte, wieder den Anschluß an die Kirche zu finden, aber nur, wenn die Kirche mich in vollen Ehren wieder aufnähme.

IM SCHATTEN DES BRESLAUER DOMES

In Breslau war einer meiner Mitschüler vom Gymnasium, mein Platznachbar, mit dem ich die Schrecken der Examensarbeiten für das Reifezeugnis geteilt hatte, und der mir von Herzen lieb war, Chefarzt eines großen katholischen Krankenhauses. Das Leben hatte uns weit auseinander geführt. Ich wußte aber, daß er meine Bücher

liebte. Vor etwa zwanzig Jahren, beim 25. Erinnerungs-
tage unserer Reifeprüfung, hatte ich eine Begegnung mit
ihm. Da erfuhr er, daß ich mir aus Geldmangel unser Abi-
turientenbild nicht hatte kaufen können. Er erbot sich sogleich, mir eines zu schenken, denn er habe ihrer zwei gekauft. Nur müsse ich es mir bei ihm selbst abholen. Ich
kam damals leider nicht dazu, ihn in seiner Wohnung aufzusuchen, behielt aber sein Angebot in dankbarer Erinnerung und Sehnsucht. Vor sechs Jahren schickte er mir das
Bild zu und begann mit mir einen Briefwechsel, der mit
zum Schönsten gehört, was mir auf Erden zuteil geworden
ist. Da er erfuhr, daß ich unter allerlei Schädigungen meiner Gesundheit zu leiden habe, bat er mich, einmal zu ihm
zu kommen und mich von ihm ärztlich untersuchen zu lassen. Diese Bitte wurde zu einer freundschaftlichen Forderung, als ich ihm im Frühjahr 1942 von einer ernstlicheren
Erkrankung schreiben mußte. In der Annahme, daß er die
ärztliche Untersuchung in seiner Privatsprechstunde vor-
nehmen werde, fuhr ich nach Breslau, erhielt aber sogleich
das zweite noch freie Bett in einem Krankenzimmer des
großen Krankenhauses angewiesen. Die katholischen Schwestern, denen die Pflege der dortigen Kranken oblag, ver-
hielten sich gegen mich, den sie ja wohl bald als einen „mit
der Kirche zerfallenen" früheren Priester erkannten,
mustergültig neutral, bald sogar erfreulich herzlich. Das
Krankenhaus stand aber in der Nähe des Domes, an dem
viele meiner früheren Mitstudenten und Amtsbrüder, zum
Teil in hohen geistlichen Würden, amtierten. Was meiner
Blödigkeit gar nicht zum Bewußtsein kam, was aber
meiner geliebten Frau daheim sofort klar war, hätte beinahe zu einer wirklichen Gefahr für meine Charakter-
festigkeit werden können: Die alten Freunde kamen
mich besuchen, wohl fast alle mit dem ausgesprochenen
Wunsche, mich zu „reuiger Rückkehr in den Schoß der
heiligen Kirche" zu bewegen. Ein guter Engel gab mir
Mienen und Worte, die eine solche Aussprache ver-
hinderten, bis auf den einen Abend, an dem mich ein
früherer Mitstudent, jetzt Geistlicher Rat, mit mehreren
anderen Freunden, die ich nun wirklich geliebt hatte, zu

einem Glase Wein einlud. Ach, es war zuerst sehr schön, und mir wurde ganz warm ums Herz; wer säße als Sechzigjähriger nicht gern einmal mit alten Knaben aus der schönen, schönen Jugendzeit zusammen! Leider kam nach zwei Stunden der Geist des alten Gottes über den Geistlichen Rat, den ich in der Studentenzeit besonders lieb gewonnen hatte. Und dieser Geistliche Rat begann nun einen richtigen Exerzitienvortrag über die einem jeden Priester notwendige Demut. Ich roch aber bald den Braten und unterbrach die schöne Rede. „Was?" sagte ich, „siehe, Du bist Geistlicher Rat geworden; dieser da ist Domherr geworden; dieser da Ehrenerzpriester, und Ihr wollt m i r von Demut reden, der ich alle Ehren und Würden verloren habe; der ich ausgestoßen und verfemt als ganz gewöhnlicher Mann an einem der Grafschafter Wiesengründe wohne, Ihr in schönen, großen geistlichen Häusern im Schatten des hohen Domes! Werdet Ihr erst so klein und verachtet, dann könnt Ihr mir solche Reden halten!"

So etwa und dergleichen redete ich die ganze Woche, während meine Exkremente medizinisch untersucht wurden. Ich konnte meiner Frau zum Troste sagen, daß ich den geistlichen Herren in Breslau deutlicher die Wahrheit gesagt habe als sie mir.

Ich durfte während der acht Tage ärztlicher Untersuchung nach der Visite des Chefarztes das Krankenhaus verlassen und spazieren gehen. Ich ging besonders gern in den Stunden nach dem Abendessen, da mir, dem gewohnheitsmäßigen Nachtarbeiter, die Abende ohnedies zu lang wurden. Mein Weg führte mich meist durch das Domviertel, in dem ich selbst jahrelang gewohnt hatte und nun besonders gern an den Fenstern meiner früheren Freunde vorbeistreifte. Ach, die liebsten davon waren verstorben oder anderwärts verzogen. Die anderen waren für mich tot. Ich hatte allemal den Eindruck, durch eine Gespensterstadt zu pilgern. Ach Du, mein geliebtes Breslau! Seit meinem ersten Gymnasialjahre, dreiunddreißig Jahre lang, war mir Breslau eine zweite Heimat gewesen, eine Heimat voll Liebe, Geist und Leben. Und jetzt eine Gespensterstadt! Die schönsten Jahre von den dreiunddreißig waren die der sogenannten Jugendbewegung, in denen ich auch meine ersten religiösen Bücher schrieb. Die Jugend, die von dem neuen Leben ergriffen war, scharte sich gern um mich. Sie hat meine Bücher durch das ganze deutsche Land getragen. Aus ihren Reihen kam ja auch das tapfere Mädchen, das nunmehr meine Frau ist.

Die Jugendbewegung verebbte schier zu der gleichen Zeit wie meine seelsorgliche und schriftstellerische Tätigkeit in Breslau. Der alte Gott, der Ens a se, hatte uns alle zu Tode gekriegt. Sein Breslauer Vertreter, der Bischof und Kardinal am Hohen Dom, streifte alle Formen des Lebens ab. Seine Gestalt verkrümmte, sein Antlitz versteinerte; er hätte sich zu den steinernen Figuren am Domportal und an den alten Epitaphien des Domes stellen können, und man hätte gemeint, er sei sein eigenes steinernes Denkmal. Es war mir längst glaubhaft berichtet worden, er habe eine solch starke Abneigung gegen mich, daß in seiner Gegenwart mein Name nicht mehr genannt werden dürfe.

Aber der Herrgott schickt keine Verzweiflung ohne ein Beigemisch oder nachträgliches Aufleuchten einer kleinen Hoffnung. Eines Tages schickte mir ein früherer Freund, der längst zu meinen Gegnern übergegangen war, eine Nummer des halbamtlichen Breslauer Pastoralblattes. Darin eine Abhandlung über die wissenschaftliche Fortbildung des Klerus, verfaßt vom Generalvikar des Breslauer Bischofs. Da war nun, mit allen meinen früheren Titeln, mein voller Name genannt, da ich vor Jahrzehnten einmal in einer Diözesansynode über das behandelte Thema sehr ausführlich und eindringlich gesprochen hatte. Ich glaubte, die Erde habe sich aus ihren Angeln gehoben: Mein Name in einer solchen Zeitschrift aus der Feder des fürsterzbischöflichen Generalvikars! War ich also doch nicht so verfemt, wie ich gemeint hatte? Durfte ich hoffen, daß für mich noch einmal eine Zeit kirchlichen Friedens und kirchlicher Ehre kommen werde? Ach ich Tor! Ich hatte vergessen, daß der einfache Geist wissenschaftlicher Genauigkeit und Vollständigkeit die Verschweigung meines Namens und meiner einstigen Beteiligung an den Fortbildungsbestrebungen des Klerus nicht dulden konnte! Nicht Liebe, sondern wissenschaftliche Akribie hatte die Nennung meines Namens durchgesetzt.

Jene Jugendbewegung war zum Teil aus innerer Schwäche, zum Teil am Widerstand der Alten gescheitert oder in der aufkommenden politischen Bewegung untergegangen. Aber es lebten immer noch einige treue Bannerträger ihrer Ideale, nun nicht mehr als wandernde Jungmänner, sondern als reife Männer in Amt und Würden. Einer von diesen meldete sich bei mir in der Breslauer Krankenhauswoche und bat um eine kurze Aussprache, die ich mit Freuden gewährte. Er wollte von mir nur wissen, ob ich bereit sei, von der Kirche einen ehrlichen Frieden anzunehmen. Überzeugt, daß mir unrecht geschehen sei, wollte er den Kampf um mein Recht aufnehmen. „Ich gehe bis zum Papst nach Rom", sagte er mir. Er hat sich aber ordnungsgemäß zuerst an den Breslauer Bischof gewandt, der die Angelegenheit seinem Generalvikar zur Bearbeitung übergab. Durch Zufall kam mir die Entscheidung des Generalvikars vor Augen. Welche Enttäuschung! Statt des leisesten Hauches von Menschlichkeit nur Paragraphen des C o d e x   i u r i s   c a n o n i c i ! Es wurden die verschiedenen Möglichkeiten einer Aussöhnung mit der Kirche aufgezählt, z. B. d a ß   i c h   m i c h   v o n   m e i n e r   F r a u   t r e n n e   u n d   d a s   F a m i l i e n l e b e n   a u f - g e b e ,   o d e r   d a ß   i c h   m i c h   a n   e i n e n   O r t   z u - r ü c k z i e h e ,   a n   d e m   n i e m a n d   m e i n e n   N a - m e n   u n d   m e i n   k i r c h l i c h e s   S c h i c k s a l   k e n n t. Ich las kaum über diese Zeile hinaus. Wo sollte ich einen Ort finden, an dem ich nicht bekannt, also geliebt oder verachtet würde? Ich gab das Blatt mit der Abschrift dem Freunde zurück, der es mir gezeigt hatte, und sagte nur: „Ich habe keine Lust, mich mit solchen kanonistischen Kindereien einzulassen." Und ich beschloß, fortan jede Diskussion meiner kirchlichen Lage zu vermeiden und für immer auf den Frieden mit der Kirche zu verzichten.

BRIEFE DES BRESLAUER BISCHOFS

Nun, es war nicht das erste Mal, daß es anders kam, als ich mir vorgenommen hatte. Gott hat mich allzeit Lügen gestraft. Ich brauchte bloß zu sagen: Dies oder jenes werde ich niemals tun oder unterlassen, da war es so gut wie sicher, daß eine Zeit kam, in der es doch geschah. Als junger Priester hielt ich es für gänzlich ausgeschlossen, daß ich jemals das Zölibatsgesetz verletzen und heiraten würde, und siehe, jetzt bin ich schon achtzehn Jahre verheiratet, und zwar sogar, was eine Seltenheit sein soll, glücklich verheiratet, und habe vier Kindern das Leben gegeben. Darum sollte ich eigentlich niemals mehr „Niemals" sagen, aber immer wieder sage ich es, mit dem gleichen Erfolg. Nur Gott ist treu und hält, was er verspricht. Uns hingegen zeigt er immer wieder, daß unsere Worte und Vorsätze nie gelten.

Da war also der neue Pfarrer in unser Dorf gekommen, und sein erster Gemeindebesuch hatte uns gegolten. Er war ein lebendiger, junger Mann mit wildwachsendem, schon etwas ergrauendem Kopfhaar, sehr gütigen Augen und einem zum Reden und zum Schweigen geschaffenen Munde. Er stammte aus der Heimat meiner Frau und hatte in dem Jugendkreise meiner nur wenige Jahre älteren Frau gern und tüchtig mit Theater gespielt, meist möglichst wilde Rollen, Räuber und dergleichen, was aber jetzt einer angenehmen geistlichen Würde und Gemessenheit gewichen war. Wenn er in der Kirche Osterbrot oder Kräuter weihte, schickte er uns von dem Geweihten mit freundlichen Grüßen. Nie aber verlor er ein Wort, das eine besondere Absicht seiner Freundlichkeit verraten hätte. Da er nun so anständig und zurückhaltend war, fühlte ich mich verpflichtet, zu ihm ganz offenherzig zu sein, und ich erzählte ihm alles, was ich in den letzten Jahren mit der Kirche erlebt hatte, verschwieg auch nicht meinen guten Willen, ihm als dem Seelsorger meines Heimatdorfes Freude zu machen. Er selbst hielt es offenbar für nicht allzuschwer, meine Sache mit der Kirche in Ordnung zu bringen. Zum mindesten glaubte er — und das entsprach ja auch dem, was ich selber gelernt hatte —, daß er mir im Falle meines Todes auf dem Sterbebette die kirchliche Lossprechung „von allen Sünden und Zensuren" (also auch von der Exkommunikation!) erteilen und daraufhin ein kirchliches Begräbnis gewähren könnte. Das war zwar nicht alles, was ich von Rechtswegen verlangen zu dürfen vermeinte, aber es war doch so viel guter Wille, daß ich mich gern damit zufrieden gab: Ich brauchte nicht zu befürchten, in der Selbstmörderecke des Friedhofs begraben zu werden.

Inzwischen hatte ein anderer, älterer geistlicher Freund, der Täufer meines jüngeren Bübleins, soviel Grimm gegen den Breslauer Bischof in seiner Seele aufgehäuft, daß er den Bischof mit Briefen aus Laienkreisen bombardieren ließ: Ich sei seit Weihnachten (1943) schwer krank. Mein tiefstes Leiden scheine aber der Bruch mit der Kirche zu zein. Eminenz (Kardinal Bertram) sei wohl der einzige Mensch, der mir jetzt in Hirtensorge und Hirtenliebe entgegenkommen könne. Dem Treuen sei der erste Schritt leichter als dem Entfernten. Man dürfe mich wohl der Hirtensorge und Hirtenliebe der Eminenz empfehlen.

Ich glaube nicht, daß alle Laienbriefe mit so weichen Sohlen in die fürsterzbischöfliche Kurie von Breslau geschlüpft sind wie dieser eine (aus Pirna — die Sachsen können ja nicht richtig grob werden!). Die Verbeugung vor der „Hirtensorge und Hirtenliebe" der Eminenz scheint mir mehr Ironie als Ehrerbietung gewesen zu sein. Aber dieser eine Brief bot dem Bischof eine Handhabe, sein böses Gewissen zu beruhigen und gewissermaßen „seine Pflicht zu tun".

Nach Neusorge kam ein Brief, der uns wie ein Wunder überraschte. Wie wenn ein vereister Schneemann plötzlich lebendig geworden wäre und zu mir väterliche Worte redete! Zu m i r , an meiner Frau vorbei! Aber meine Frau gehörte ja nicht zu seiner Diözese!

Der Erzbischof von Breslau

Breslau, den 9. März 1944

Verehrter Herr Professor!

Nanu! Ich hatte ja bisher oder wenigstens seit 24 Jahren nichts von einer Verehrung bemerkt, aber wir fanden beide, meine Frau und ich, diese Anrede überwältigend. Hätte ich ein wenig mehr an ihre Echtheit geglaubt, so wären mir wohl die Tränen gekommen.

Von einer mir nicht bekannten Dame . . . in Pirna sind mir die in Abschrift beiliegenden Zeilen zugegangen, die wohl einem spontanen Interesse für Sie oder Ihre literarischen Arbeiten entspringen. Ich weiß nicht, wie die Verfasserin des Briefes sich meine vermittelnde Tätigkeit in der Sie (nicht ihn, den verantwortlichen Bischof!) so tief berührenden Angelegenheit denkt, und ob das in dem Brief ausgesprochene Verlangen Ihren eigenen Intentionen entspricht. Die Verfasserin wird keine klare Kenntnis haben von den beiden großen Hindernissen, die aus der Stellungnahme zu der noch fortdauernden Zensurierung und aus der mit dem Zölibat unvereinbaren Lebenshaltung (gemeint ist meine Stellung als Familienvater) entspringen. Andererseits möchte ich eine so gut gemeinte Anregung nicht ganz unbeachtet lassen. Wenn dieses und das anliegende Schreiben Ihnen keinen Anlaß zur Stellungnahme bietet, bitte ich doch, meine Zeilen als Zeichen teilnehmenden Interesses, mit dem ein herzliches Memento (fürbittendes Gedenken beim hl. Meßopfer) sich verbindet, freundlichst betrachten zu wollen. Mit den besten Wünschen bin ich Ihr ergebenster

A. Card. Bertram

Viele Menschen werden nun sagen: Dieser Wittig ist doch ein schlechter Mensch! Wie kann er ein so gütiges Schreiben mit hämischen Glossen verhöhnen! Ja, ich bin ein so schlechter Mensch, ich laß' mir keine Güte vormachen, wo ich ganz klar, frostklar, eisige Kälte verspüre. Keine seelsorgliche Gewissenhaftigkeit, wo in gewissenloser Weise jede Regung des Gewissens mit brieflichen Redensarten ertötet wird. Ich antwortete dem Kardinal postwendend am 13. März 1944:

Hochwürdigster Herr Kardinal! Mein Bischof!

Aus dem Schreiben Ew. Eminenz vom 9. März leuchtet mir ein nicht mehr erwarteter Schein von Güte, und ich bin voller Dankbarkeit. Sobald ich wieder etwas gesünder bin und von der Verdunkelung des Gemüts befreit, will ich das Schreiben seiner würdig beantworten. Heute drängen sich nur einige Meinungen und Aussagen vor, und ich muß es Gott überlassen, sie verständlich zu machen und zu segnen.

Auch uns ist jene Briefschreiberin aus Pirna gänzlich unbekannt. Sie weiß aber offenbar, was uns bewegt. Ihr Brief verfehlt den rechten Ausdruck nur dort, wo er von einem „Zurück zur Kirche" spricht. Ich habe mich nie von der Kirche getrennt; ich bin kein Apostat! Was äußerlich wie eine Trennung wirkt, ist nicht von mir, sondern von der Kirche aus geschehen, indem sie mich vor 18 Jahren wegen eines Ungehorsams ausschloß, der in Wahrheit ein Gehorsam gegen mein vielleicht irrendes, aber doch auch so verpflichtendes Gewissen war. Diese verpflichtende Stimme meines Gewissens ist bis jetzt unverändert geblieben. Ich stehe noch so, wie ich in den Jahren 1925 bis 1927 stand, nicht unbußfertig, aber auch nicht charakterlos. Ich kenne schmerzlich die Unruhe und die Sehnsucht, die in manchen Kreisen des katholischen Volkes durch meine von mir nicht gewollte Trennung von der Kirche entstanden ist. Ich möchte vor allem im Glauben und in der katholischen Gemeinschaft meiner frommen katholischen Eltern und Voreltern sterben. Wenn nun etwas geschehen soll, kann es nicht von mir aus, sondern nur von der Kirche aus geschehen.

Ew. Eminenz nennen die beiden „großen Hindernisse": meine Stellungnahme zu der noch fortdauernden Zensurierung und meine „mit dem Zölibat unvereinbare Lebenshaltung", also meine Ehe, die erst infolge der Exkommunikation unter einem kaum mehr zu schildernden Zwang meines Gewissens, aber vor Gott dem Herrn und unter Mitteilung an das zuständige Pfarramt geschlossen wurde.

Aber die Kirche k a n n den Urteilsspruch gegen mich als durch Zeitumstände und durch heute unentwirrbare Mißverständnisse bedingt zurücknehmen, die Kirche k a n n unsere vor Gott geschlossene Ehe anerkennen oder, wie das Kirchenrecht sagt, in radice (in der Wurzel) sanieren.

An den Bestand unserer Ehe lasse ich nicht rühren. Wir führen sie nach dem katholischen Glauben und erziehen unsere drei Kinder im katholischen Glauben. Unsere Seelsorger anerkennen freudig den katholischen Charakter unseres Hauses. Ich habe aber auch aus der Ehe heraus die Notwendigkeit und Schönheit des Zölibats der katholischen Priester stets anerkannt und in meinen Büchern mehrfach gepriesen. Nur dem ernstlichen Gewissenskonflikt, in dem ich mich befand, mußte das Gesetz des Zölibats weichen vor dem höheren Gesetz der Erhaltung des Lebens. Ich bin nach wie vor aufrichtig bereit, nachweisbar irrige Stellen aus meinen Büchern auszumerzen oder zu widerrufen, aber die Bücher als Ganzes, meinen Glauben, kann ich nicht verleugnen. Wir müßten innerlich unwahrhaftig, lügnerisch und zerrissen werden, wenn wir den Eheschluß und den wesentlichen Glaubensgehalt meiner Bücher bereuen und rückgängig machen wollten. Es handelt sich in Wahrheit um das Leben meiner guten Frau, die für mich die schwersten Opfer gebracht hat, und meiner drei Kinder. Meine Frau würde sogleich in den Tod gehen, wenn ich sie verließe oder wenn ich meine Ehe mit ihr nicht voll aufrecht erhielte.

Die Kirche k a n n großherzig alles mit wenigen Federstrichen gut machen. Ich muß leider befürchten, daß sie es nicht w i l l. Da hat aber die Stimme Ew. Eminenz hohe Geltung, da Sie nicht nur als Bischof sondern als Kardinal ein „Cardo der Kirche" sind, um den sich alles Wendbare wenden kann, vor allem das auf Leben und Tod Notwendige. Ich habe die stille Hoffnung, daß Sie sich nun endlich väterlich unserer Not zuneigen und besten Willen haben, uns in großer Güte zu helfen. Es handelt sich ja auch nicht nur um uns, sondern um weite Kreise des katho-

lischen Volkes. W i r haben uns schon lange damit abge-
funden, daß wir dem Herrgott allein auf Gnade und Barm-
herzigkeit ausgeliefert sind. „In T e Domine speravi et non
confundar in aeternum"!*)

Was nun immer die unbegreiflichen Ratschlüsse Gottes
sind, was also kommen mag, es bleibt das stille Leuchten
aus Ihrem Briefe, und es bleibt meine Dankbarkeit für das
unerwartete, ach vielleicht bald wieder verlöschende Licht!

In tiefster Ehrerbietung, nicht allein, sondern mit der
mir anvertrauten Frau, deren Verbitterung sich beim
Lesen Ihres Briefes milderte, zeichnet Ew. Eminenz dank-
barer

Joseph Wittig

Mit dem Schlußsatz war meine Frau nicht einverstanden. Sie will nicht, daß ich von einer Not ihrerseits schreibe, denn sie empfinde keine Not. Ihr sei alles Freude, was Gott sie erleben ließ. Ich hatte das Wort Not wohl in anderem, objektiverem Sinne gemeint, und es wurde mir ja auch bald leid, daß ich der Eminenz einen Trumpf in die Hände gespielt hatte.

Um gegen den Bischof ganz ehrlich zu sein und ihn auch wissen zu lassen, daß und wie ich in den letzten Jahren auch mit anderen kirchlichen Gemeinschaften und Richtungen Verbindung gewonnen und genommen hatte, schickte ich ihm einige Wochen später noch mehrere von den pastoralen Abhandlungen zu, die ich für den damaligen evangelischen Bischof von Mecklenburg hatte schreiben dürfen, meines Erinnerns „Die Verewigten" und den „Dogmenglauben", welch letzterer so orthodox-katholisch geschrieben war, daß streng orthodoxe Katholiken ihre helle Freude daran hatten und auch äußerten. Es kam aber zunächst keine Antwort mehr von Breslau, weder auf meinen Märzbrief noch auf die Abhandlungen.

Inzwischen hatte meine Frau nach zwei Briefen des Theologieprofessors Dr. Krebs in Freiburg im Breisgau

---

*) „Auf Dich, Herr, habe ich gehofft, und ich werde in Ewigkeit nicht an Dir irre."

diesem von der Märzkorrespondenz geschrieben. Professor Krebs hatte die Meinung geäußert, daß er nur einer Äußerung der Reue meinerseits bedürfe, um die ganze Angelegenheit zu bereinigen. Jetzt wurden seine Briefe mehr pastoral, blieben aber durchaus freundlich, und der letzte stimmte dermaßen mit unserer Meinung überein und erweckte soviel Hoffnung, daß ich ihn am 29. August 1944 mit einem Begleitschreiben an den Kardinal Bertram schickte. Ich finde in meinen Akten leider keine Durchschrift oder Abschrift meines Begleitschreibens mehr vor. Es muß aber im selben Tone gehalten gewesen sein, wie der Märzbrief. Meines Erinnerns habe ich darzulegen versucht, in welchem Sinne ich sagen kann, daß ich mein Verhalten in den Jahren 1925/26, also meinen „Ungehorsam" „bereue". Ich legte mein Schreiben auch unserem neuen Pfarrer vor, und dieser schrieb am 5. September 1944 an den Kardinal folgenden Brief:

Eure Eminenz! In der vergangenen Woche übermittelte Herr Professor Wittig mir als seinem zuständigen Pfarrer das Schreiben, das er am 29. August an Eure Eminenz richtete. In diesem Schreiben sagt er von sich und seiner Frau: „daß wir überall als fromme Katholiken geachtet werden, besonders von unseren zuständigen Seelsorgern". Durch diese Worte fühle ich mich zu diesem Briefe an Eure Eminenz veranlaßt.

Vor einem knappen Jahre lernte ich Professor Wittig kennen und besuchte ihn öfters, besonders in den Monaten seiner schweren Erkrankung. In dieser Zeit konnte ich spüren, wie er mit heftiger Sehnsucht den äußeren Frieden mit der Kirche sucht. Wohl ist er vor Gott sicherlich gerechtfertigt. In dieser Überzeugung weiß ich mich mit manchen treukatholischen Menschen, die für oder gegen Wittig stehen, einig. Gerechtfertigt, weil er seinem Gewissen folgt, es mag irrig oder durch Erfahrungen und Veranlagungen voreinseitig sein. Sollte nicht jetzt die Stunde sein, in der ihm der Friede der äußeren Gemeinschaft mit der Kirche wiedergegeben werden kann? Umsomehr als diese Jahre der Trennung für Professor Wittig Jahre der Bewährung seiner ganz tiefen Kirchenliebe und Kirchentreue waren.

Obwohl ich weiß, daß Eure Eminenz darüber unterrichtet sind, will ich mir doch erlauben, auf einiges hinzuweisen. Dem Professor Wittig sind in all den Jahren Möglichkeiten und Stellen angeboten worden, die manch anderen wanken gemacht hätten. Er ist seinem Gewissen nicht untreu geworden. Gerade in diesen Jahren konnte er, wenn er Ruhm und Anerkennung in der Öffentlichkeit suchte, diese als kirchenfeindlicher Schriftsteller finden. Er ist im Gegenteil für die Kirche eingetreten. Man erzählt heute noch in Schlegel, wie Professor Wittig vor sechs oder sieben Jahren in einer Versammlung einem kirchenfeindlichen Redner scharf und erfolgreich entgegentrat. In gleicher Zeit erschien in einem Grafschafter Heimatkalender eine Plauderei aus Wittigs Feder, in der er einem aus einer falschen Lesung einer Chronik sich ergebenden und den Ruf der Geistlichkeit belastenden Irrtum entgegentrat. Und so wie hier, so auch bei vielen Gelegenheiten. Man kann wohl sagen, Professor Wittig hielt über alle Trennung hinaus seiner Kirche die Treue. Ich weiß, er hat auch manchen Geistlichen, der durch die Kriegswirren in Zölibatsschwierigkeiten kam und bei ihm Rat suchte, im Sinne der Kirche beraten.

Professor Wittig ist persönlich tief fromm, bis zu seiner Erkrankung täglicher Beter des Rosenkranzes. Diese Frömmigkeit ist in seinem Hause zu spüren. Obwohl er oft nichtkatholische Gäste hat — gar manchem von diesen öffnete er einen Zugang zum Verständnis der katholischen Kirche — verleugnete er niemals den katholischen Geist seines Hauses. Ebensowenig verbirgt er seine kindliche Marienfrömmigkeit. Seine Kinder sind religiös vorbildlich erzogen und nehmen sehr regen Anteil am kirchlichen Leben. Ich glaube, wenige Väter werden, wie es Professor Wittig allabendlich tut, ihre Kinder mit dem Kreuzeszeichen segnen. Sollte ihm für all dieses nicht der Lohn einer erneuten Gemeinschaft mit der Kirche zuteil werden können?

Wohl, es hängt von Wittigs Reuebekenntnis ab; und das im Briefe an Eure Eminenz gemachte Reuegeständnis erscheint zuerst in der gewählten Formulierung nicht genügen zu können. Aber es ist das Äußerste, wozu er sich in innerer Ehrlichkeit durchringen konnte. Die Nacht, in der

er den Brief an Eure Eminenz schrieb, war für ihn eine
schlaflose Nacht. Am Morgen traf ich ihn, nachdem er in
der Pfarrkirche der hl. Messe beigewohnt hatte, abgespannt
und doch glücklich, wie ich ihn schon lange nicht gesehen
habe.

Professor Wittig, der recht gehandelt zu haben glaubt
— und damit auch in seinem Gewissen gerechtfertigt ist —
der aber unter der Entwicklung der Ereignisse schwer leidet,
kann nur sagen: ich wünsche, daß manches anders gekom-
men wäre, damit ich auch anders gehandelt hätte. Sollte
eine solche Reue unter Berücksichtigung aller Umstände
nicht vor der Kirche genügen können?

Vor allem ist wohl zu berücksichtigen, daß m. E. hier kein
Ärgernis erregt würde, wenn schon zu Lebzeiten eine dem
Dekret der S. Poenit. Apost. vom 18. April 1936* entspre-
chende Lösung gefunden und Professor Wittig zur Laien-
kommunion zugelassen würde.   In tiefster Ehrfurcht . . . .

Ist dies nicht ein Brief eines wahrhaft würdigen, klugen
und frommen und echten Seelsorgers? So dachte ich auch,
als ich zum ersten Male eine Durchschrift davon las. Freilich
ging mein Verlangen weiter als auf bloße Zulassung zur
Laienkommunion. Die Kirche müßte, so meinte ich, die
Verurteilung meiner Bücher zurücknehmen und ihre Beicht-
und Bußpraxis in dem Sinne meines Osteraufsatzes „Die
Erlösten" umstellen. Aber da konnte ich ja schon zufrieden
sein mit dem, was ich erreicht hatte: Nach vielen Zuschriften,
die ich bekam, hatten sich viele Beichtväter seit der Veröffentlichung der „Erlösten" ganz wesentlich umgewandelt.
Es war schon wieder eine Freude geworden, zur hl. Beichte
zu gehen. Aber die Kirche, die von ihren Beichtkindern so
streng die volle Wiedergutmachung alles getanen Unrechts
fordert, müßte mir ja auch allen Schaden ersetzen, der durch
die Indizierung und Exkommunikation entstanden war.
Ich denke z. B. an den Verlust des akademischen Lehrstuhls.
Oder soll ich auch den Verlust eines ganzen Vermögens
nennen? Ich bin ja, trotz des großen Schadens, nicht ver-
hungert. Die Wiederzulassung zum Altardienst war ja

---

*) S. Poenit.

auch nach meiner Auffassung eine zur Zeit unmögliche Sache. Hatte ich doch selber noch nach meiner eigenen Verheiratung die Notwendigkeit des Zölibats für den sakralen Gemeindedienst (Meßopfer und Verwaltung der Sakramente) bejaht. Meine Freude an dem Briefe des jungen Pfarrers konnte also in Wahrheit ganz rein und ungetrübt sein.

Es wird nun jeder unvoreingenommene Mensch sagen, daß der Bischof mit Freuden auf diesen Brief eingehen und den darin beurkundeten, bescheidenen Wunsch erfüllen konnte, sofern er nicht ganz von Gott verlassen sei. Die Ausrede, daß dies nur mit Zustimmung Roms geschehen könnte, gilt nicht. Damals war die Verbindung mit Rom noch nicht wie gegenwärtig*) erschwert. Der Bischof von Breslau hat sich überhaupt keine Mühe gegeben, Rom über die Sachlage zu unterrichten. Und außerdem: Die Bischöfe sind doch nicht bloße Vollziehungsbeamte der römischen Kirchenbehörden! Es hat ein jeder von Christus die Vollmacht zu binden und zu lösen unmittelbar erhalten. Wir hatten auch die Überzeugung, daß der jetzt regierende Papst keineswegs Willens sei, alle Dummheiten und Unmenschlichkeiten früherer Zeit auf sein eigenes Konto zu übernehmen. Er war zur Zeit meiner Indizierung und Exkommunikation Nuntius in Berlin, und es war uns sehr glaubhaft zu wissen gekommen, daß er meine Disziplinierung nicht gebilligt hat. Zum mindesten hat er niemanden abgewiesen, der ihn bat, meine „verbotenen Bücher" lesen zu dürfen. Der Brief des jungen Pfarrers hätte Erfolg gehabt, wenn er zur Kenntnis des Papstes gekommen wäre. Denn dieser Papst gehört zu den Menschen, die Gott am „sechsten Tage" mit menschlichem Herzen erschaffen hat, nicht zu den Unmenschen, denen der Teufel das Herz gestohlen hat. Wohl ist er Inhaber einer großen Macht und Gewalt, und ich muß immer wieder beobachten, daß Macht und Gewalt die Menschen bis zur Unmenschlichkeit verdirbt. Für ein Quentlein Gewalt muß der Mensch sein ganzes Herz hergeben! Nun soll aber zur Entschuldigung des Bischofs auch gesagt sein,

*) Dies wurde unmittelbar nach Kriegsende in dem polnisch besetzten Schlesien geschrieben.

daß er zur Zeit des Briefwechsels schon 85 Jahre alt war. Wie kann ein Mensch sein Herz solange lebendig erhalten, wenn er den größten Teil dieser Jahre im Dienste der Macht und Gewalt und ihrer Paragraphen stehen mußte? Ich darf da gar nicht mitreden und urteilen, da ich zwar auch schon 65 Jahre alt war, niemals aber in meinem Leben zu Macht und Gewalt gekommen war.

Es ist mir ja auch nicht bekannt geworden, ob und wie der Bischof den Brief meines Pfarrers beantwortet hat. Ich kann es mir nur denken, denn ich bekam Ende September vom Kardinal einen Brief, der wohl die Antwort auf meinen wie des Pfarrers Brief sein sollte. Ich verglich ihn unwillkürlich mit dem so gütig klingenden Briefe vom März und hatte das Gefühl, daß ich mir jetzt die Winterhandschuhe anziehen müßte. Es war doch erst eine Woche vor Ende September. Woher kam auf einmal der Frost? Schon die Anrede war im Vergleich zu der des Märzbriefes kühler und frostiger:

Sehr geehrter Herr Professor!

Wir im Osten machen und fühlen einen Unterschied zwischen „verehrter" und „geehrter". „Geehrter" klingt kälter. Aber der Bischof stammt ja nicht aus dem Osten; er kam aus Hildesheim, war freilich schon 30 Jahre bei uns und konnte wissen, wie wir auf sprachliche Verschiedenheiten reagieren. Der Text des Briefes lautete folgendermaßen:

Indem ich Ew. Hochwürden den Brief des Herrn Professor Dr. Krebs vom 26. v. Mts. anbei zurückreiche, muß ich zu meinem tiefen Schmerze erklären, daß Ihre frühere und neuere Zuschrift nicht erkennen lassen, wie ich in Ihrer Angelegenheit vermittelnd tätig sein könnte.

Bezüglich der Zensurierung von Schriften durch den Hl. Stuhl würde es der Stellung des katholischen Autors zur höchsten kirchlichen Lehrautorität entsprechen und nicht als charakterlos erscheinen, daß er die Erklärung abgebe: er nehme zurück, was der Hl. Stuhl als der Glaubenslehre oder den kirchlichen Anforderungen nicht entsprechend erachte. Vor solcher Erklärung aber den Nachweis der Un-

richtigkeit des zensurierten Textes zur Nachprüfung durch den Autor zu verlangen, würde der einzig autoritären Stellung des von Christus bestellten höchsten Lehramtes nicht konform sein.

Was die Verletzung der Zölibatspflicht betrifft, so ist theoretisch richtig, daß der Hl. Stuhl von Bestimmungen kirchlichen Rechts dispensieren kann. In praktischer Hinsicht ist aber zu bemerken, daß noch Papst Benedikt XV. am 29. Januar 1920 (AAS. 1920 p. 58) erklärt hat: Apostolicam Sedem de coelibatus lege abroganda vel temperanda nunquam fore consensuram (daß der Apostolische Stuhl niemals einer Aufhebung oder Milderung des Zölibatsgesetzes zustimmen werde. Wohl gemerkt, Benedikt XV. war damals wie alle Urheber und besonders fanatischen Verteidiger des Zölibatsgesetzes ein alter Herr, und ich selber merke, daß man im Alter kein besonderes Interesse an der Aufhebung oder Milderung des Gesetzes mehr hat). *Außerdem ist zu beachten, daß der Hl. Stuhl an die Pflicht gebunden ist, Maßnahmen zu vermeiden, die zu Ärgernis Anlaß geben würden, was nach den Umständen des einzelnen Falles zu beurteilen ist. Welche Folgen aber die Sanierung einer nach kirchlichem Recht vor Gott ungültigen und in öffentlich ärgerniserregender Weise geschlossenen Priesterehe nach sich ziehen würde, darf nicht außer Acht bleiben.*

Es wird von Ihrem Bischof aufs herzlichste bedauert, daß Sie nicht von Anfang an jenen geraden Weg gegangen sind, den die Kirche jedem Priester in der Glaubensbekundungspflicht und in der Treue zur Zölibatspflicht vorschreibt. Da die im Juni 1926 und am 22. Juni 1927 bekundete Verweigerung des Gehorsams gegen die kirchlichen Auflagen unverändert fortdauert, sehe ich zu meinem schmerzlichen Bedauern keine Möglichkeit, zur Aufhebung der Folgen derselben Schritte zu unternehmen.

In treuem Memento beim heiligen Opfer verharrend, verbleibe ich Ihr ergebenster   A. Card. Bertram

So der letzte Brief des Kardinals. Was haben wir doch damals der Welt und der wahren Kirche Christi für ein trauriges Schauspiel gegeben, der Kardinal, der immer wieder versichert, daß er nicht kann (nämlich nach Christi Beispiel ein verlorenes Schäflein in den Dornen und Hecken der Welt suchen und finden), und ich, der schriftgewandte Professor, dem nicht eingefallen ist, die einfachste Formel der Unterwerfung zu finden, denn mein Weg war vielleicht dumm — gerade in jener Zeit hatte die preußische Regierung mich für eine vakante Domherrenstelle vorgeschlagen! Daß aber mein Weg nicht gerade war, könnte nur ein Heuchler behaupten. Im übrigen will ich die Lügen, die der Brief enthält, nicht aufdecken. Omnis homo mendax, jeder Mensch ist lügnerisch, auch ich — ich weiß es; ich habe lügen gelernt, als wir in Zeiten der Not die preußische Grenze überschritten, um uns im damaligen Österreich die erlaubten sechs Pfund Mehl zu holen, aber nur einer aus jeder Familie an jedem einzelnen Tage. Da habe ich sogar die eigene, mich begleitende Mutter vor den Grenzwächtern verleugnet und meinen ehrlichen Namen mit Pseudonymen verdeckt.

Als ich den Brief gelesen hatte, schämte ich mich meiner und schämte mich des Kardinals und schämte mich der Kirche, in der so etwas passieren konnte. Und es blieb mir lange Zeit genug, mich zu schämen, denn die folgenden Wintermonate blieben bis ins Frühjahr hinein ohne jede weitere Verbindung mit der Breslauer Eminenz. Im Dezember konnte ich noch einigen freundlichen Einladungen nach dem östlichen Oberschlesien zur Veranstaltung von Leseabenden folgen. Obwohl ich überall aufmerksame und dankbare Zuhörer fand, kann ich doch nicht sagen, daß es eine besondere Triumphfahrt für mich wurde. Nur am letzten dieser Abende erregte meine Weihnachtserzählung „Der rechte Gottesbegriff" einen sehr feinen hochgebildeten Theologen in ganz besonderer Weise. „Gott ist ein Kind", das war der Gottesbegriff, der meiner Erzählung zugrunde lag. Und ich hätte wohl schon damals erkennen müssen, welcher Weg mir gewiesen war, nämlich daß ich Gott nicht mehr im Bereiche des Großen und Hohen, des Allmächtigen, Allweisen, Allgerechten zu suchen habe, nicht mehr bei den Kardinälen, nicht in dem gewaltigen Weltreich der

Kirche, sondern in umgekehrter Richtung: beim Kleinsten, Schwächsten, Ohnmächtigsten, bei den Regentröpflein an den Blättern meines Birnbaums, beim abgebrochenen Aste in unserer Erlenwiese, bei dem neugeborenen Kindlein im Stall von Bethlehem, in der Wärme des Atemdunstes von Ochs und Esel, überall, woran Heidentum und Christentum stolz vorübergegangen waren, überall, wo weder Heidentum noch Christentum Gott gesucht und gefunden hat.

DAS GLEICHNIS VON DER WINDFAHNE

War ich nicht, obwohl schon reichlich gedemütigt, entmachtet, verarmt am Rande einer Grafschafter Erlenwiese wohnend und kaum höher als die benachbarten Bergleute und kleinen Wirtschaftsbesitzer geachtet, noch viel zu groß und herrlich und hohen Mutes, viel zu angesehen und hochgeschätzt, als daß jemand bei mir oder in meinen Büchern Gott finden konnte? Noch war ich so gesund, daß ich noch tagelang verreisen und an den Abenden öffentlich auftreten konnte; noch besaß ich ein gut eingerichtetes Haus, einen vollen Kleiderschrank, eine wohl versehene Speisekammer. Über meinem Bette hing noch das vor 40 Jahren in Rom gekaufte schöne Bild der Madonna mit dem kirschäugigen Jesuskinde und dem silbergefaßten Rosenkranz, und keines Plünderers Revolver hatte es über mein Krankenlager hinweg angeschossen und durchlöchert. Noch war ich nicht siebenmal von den sinnlos betrunkenen Plünderern bis aufs Hemd und auf das letzte Marmeladeglas ausgeraubt, indem ich dreimal in das Rohr des geladenen und schießenden Revolvers sehen mußte. Noch kannte ich nicht die Not des Familienvaters, der seine Kinder hungrig vom Tische weggehen lassen muß, der einem Winter ohne Brot, der dem Hungertode entgegensehen muß. Ich stand also noch weit vor der Schranke, hinter der in weiter Ferne der rechte Gottesbegriff liegt.

Früher war ich zwar oft der Meinung, daß nur der gesunde und wohlbestallte Mensch die rechte Lehre finden, gestalten und predigen könne, und ich hatte eine Abneigung gegen alle Bücher und Schriften kranker Autoren, alle Predigten kranker Prediger. Viele Irrlehren lassen sich ja wirklich auf körperliche oder seelische Erkrankungen zurückführen. Aber der gesunde und wohlbestallte Mensch ist viel zu robust, um auf das linde Wehen der feinsten himmlischen Wahrheiten zu reagieren; er vermag nur die gröberen, die mehr an der Peripherie liegenden Wahrheiten leichter zu erfassen und zu beherrschen als der kranke und der von vielem Unheil heimgesuchte Mensch. Ich weiß das von den Wetterfahnen: Ich habe eine auf meinem hohen Dache, eine solide Eisenplatte, die sich, vom Wind gestoßen, um eine kräftige hohe Eisenstange dreht. Sie reagiert nur auf kräftige Windstöße und schreit, sich drehend, durch das ganze Haus oder ächzt und seufzt kläglich wie ein Prediger in der Fastenzeit. Da ich gern die Witterungsumschläge beobachtete und dazu die Ankündigung des leichtesten Windwechsels brauchte, machte ich mir eine Wetterfahne aus leichtem Messingblech, dazu eine Stange, die ich am Gartenzaun befestigen konnte. Diese leichte Fahne drehte sich schon munter, während die auf dem hohen Dache noch lange starr stand. Und doch war auch die leichte Fahne noch zu solide, um auch den leisesten Beginn eines Windwechsels anzuzeigen. Die Rauchsäulen aus den Schornsteinen der kleinen Nachbarhäuser kamen ihr längst zuvor, so daß ich mich nur noch nach ihnen richtete.

Ich hoffe, das ist ein deutliches Gleichnis. Wären die himmlischen Wahrheiten Sturm und Wind, — und sie sind etwas derartiges! — dann wird man wohl nicht die hohen Kanzeln und nicht die Gelehrtenstuben, auch nicht die römischen Ämter missen können, um ihre Richtung im Groben festzulegen, aber um sie ganz richtig zu empfinden und zu erfassen, wird man auf die Richtung der Rauchsäulen und auf jeden vom Erdboden aufsteigenden Brodem, vielleicht gar auf den Duft der Blumen und Gräser achten müssen, da sie nur derartig feine Substanzen bewegen können, um sich uns anzuzeigen. Das Feinste und Hauchzarteste von allem, was auf und über der Erde besteht, ist aber das, was wir mit dem groben und lauten Namen „Gott" benennen, also auch der Gottesbegriff. Ich will damit nicht sagen, daß man nur schwindsüchtige Männer auf die Kanzeln und Lehrstühle stellen und an die theologischen Schreibtische setzen soll. Ich bleib dabei, es müssen gesunde Körper und Seelen sein. Aber auch die Rauchsäule aus dem Schornstein, der Brodem aus der Erde, der Duft der Blumen und Gräser, sogar die abgebrochenen Erlenzweige mit den wundroten Bruchstellen sind gesund — und doch so weich und zart wie sonst kaum etwas auf Erden. Oder auch gewisse Wölklein, die im Himmelsblau schwimmen.

Ich war also noch im Dezember 1943 trotz vorausgegangener Erkrankungen in das östliche Oberschlesien gefahren und hatte dort Abend für Abend vor wohlgefüllten Sälen je zweistündige Vorlesungen gehalten, wozu immerhin eine gewisse Robustheit gehört, war auch bei rechtem Wohlbefinden wieder heimgekommen und nahm etwa acht Tage später an der Beerdigungsfeier für die Gattin eines lieben Freundes in der eine Stunde entfernten Stadt teil, begleitete auch noch einen befreundeten Geistlichen zur Eisenbahnstation und begab mich dann auf den Heimweg. Diesen Weg war ich in meinem Leben wohl schon mehrere hundert Male gegangen und hatte dazu immer etwa 50 Minuten gebraucht. Nun, die Landschaft hatte sich schon etwas eingewintert, der Weg war nicht ganz so eben und bequem wie sonst. Aber warum brauchte ich diesmal zwei volle Stunden für diesen Weg? War ich ein Reitpferd, das Gott zuschanden geritten hatte? Oder hatte mich Gott für eine Arbeit präpariert, die er keinen robusten Händen anvertrauen konnte? Daheim angekommen, legte ich mich todmüde zu Bett, stand aber vor dem Abendessen wieder auf. Das heilige Weihnachtsfest war nahe, und die Herrichtung des Christbaumes, die Aufstellung der Weihnachtskrippe und die Vorbereitung der Weihnachtsstube waren von jeher meine Aufgaben. Ich vermochte aber in den nächsten Tagen nur eben noch den Christbaum in den eisernen Ständer zu verpassen und die Krippe notdürftig aufzustellen, dann war meine Kraft zu Ende. Meine liebe

Frau war aber mit den herkömmlichen sechzig Weihnachts-
päckchen für unsere auswärtigen Freunde zeitiger als sonst
fertig geworden und übernahm gern die Ausschmückung
des Christbaums und die Herrichtung der Weihnachststube,
die in jener Zeit immer noch das Aussehen eines Christ-
kindelmarkts annahm, so reichlich konnten wir aus eigenen
Einkäufen und aus Zusendungen auswärtiger Freunde
unsere Kinder, Dienstleute und verwandte Nachbarn be-
schenken.

DAS MILLIGRAMM GOTT

Ich saß da, wie ein Bildschnitzer, dem das Heft aus der
Hand genommen ist, fragte mich nur immer, ob dies das
letzte Weihnachten auf Erden für mich sein solle. Ich war
nicht eigentlich krank; es war mir nur ein ganz Geringes.
Ich sagte mir: „Das ist Gott." Aber es war kein Schlag auf
meinen Kopf und kein Stich in mein Herz. Es gibt Gifte,
von denen ein Milligramm oder ein Atemzug genügt, um
die ganze diesseitige Herrlichkeit eines Menschen in die
jenseitige umzuwandeln. Und Gott ist wie ein solches
Milligramm.
Die weihnachtlichen Wochen brachten mir heftige Nervenschmerzen in allen Gliedern und einen schweren Druck
auf mein bisher meist leichtes und fröhliches Gemüt. Mit
dem Worte „Gift" habe ich nach Ansicht der Ärzte in die
rechte Richtung für den Ursprung meines krankhaften Zustandes gewiesen. Natürlich dachten die Ärzte nicht an das
Gift Gott. Wie könnten sie auch, nachdem sie seit Jahrhunderten Gott aus ihrer Wissenschaft ausgeschieden haben!
Und dies zwar, weil sie sich Gott nicht als ein Milligramm,
sondern nur als Tausendpfünder vorstellen konnten. Die
kirchlich gesinnten Ärzte waren der Überzeugung, daß
mein Bruch mit der Kirche die tiefste Ursache meiner Leiden war, zumal diese nicht nur Nervenleiden, sondern
auch Gemütsleiden waren. Die anderen Ärzte stellten die

Diagnose auf Schlafmittelvergiftung und hatten natürlich auch recht. Nach dem Bruch mit der Kirche hatte sich mein wissenschaftliches Interesse vom Kirchengeschichtlichen auf das Heimatgeschichtliche verlagert, und die heimatkundlichen Forschungen fesselten mich so stark, daß ich auch nach Mitternacht noch nicht die chronikalen Handschriften des Pfarrarchivs, die mir der freundliche alte Herr Pfarrer aus dem Dorfe herausschickte, aus den Händen legen konnte, sondern mit ins Bett nahm. Da studierte ich alle Nächte bis ½2 Uhr und las dann noch bis 2 Uhr zur Entspannung etwas Belletristisches. Die Folge dieser Praxis war, daß ich nach und nach der Schlaflosigkeit verfiel und zu Phanodorm griff, das damals noch als ein ganz harmloses Schlafmittel galt und keinem Rezeptzwang unterlag. Dieses Phanodorm zeitigte nach zehnjährigem Gebrauch ganz merkwürdige Wirkungen. Ich verfiel in der Nacht manchmal gänzlicher Bewußtlosigkeit, in der ich von meiner Frau in meinem Schlafstübchen, auf dem Fußboden liegend, aufgefunden wurde. Natürlich suchte ich dem sich steigernden Bedarf Einhalt zu tun, indem ich nach schlaflosen Stunden nicht nach neuen Tabletten griff, sondern, wenn schon ein wenig der Morgen graute, vom Lager aufstand, die Kleider anzog und hinaus in die morgenschöne Landschaft ging, manchmal recht weit in die Berge und Wälder hinein. Aber da geschah es, daß ich mich übermüdet an einen Wegrain setzte und offenbar sogleich einschlief. So fanden mich einmal fremde Leute auf einem der Forstwege des Biehalser Waldes. Ich weiß nur, daß sie zu mir sprachen: „Sind sie eingeschlafen?" und daß ich nachher vollkommen frisch den Weg nach Hause suchte. Am Stand der Sonne merkte ich, daß ich lange geschlafen haben mußte, ohne mir dessen irgendwie bewußt zu werden.

Dadurch endgültig gewarnt, widerstand ich nicht mehr dem Drängen meiner besorgten Frau und begab mich in die Hände eines sehr angesehenen und klugen Arztes, obwohl ich bis dahin immer gesagt hatte: Solange die Ärzte uns Theologen nicht glauben, glaube ich auch den Ärzten nicht. Der Arzt vermochte kein einziges organisches Leiden an mir festzustellen, begann aber mein Herz mit allerlei

Spritzen zu behandeln. Der krankhaften Schlaflosigkeit meinte er erfolgreich beikommen zu können durch Einspritzung weiblicher Hormone, da bei Frauen mit beginnender Schwangerschaft eine starke Schläfrigkeit eintritt. Nun blieb aber noch meine Schwermut und befiel mich auch am Tage mit großer Heftigkeit. Ich konnte mich ihrer nur erwehren durch Gebrauch von Phanodorm, von dem ich noch einen Vorrat besaß. Da ich dem Arzte und seiner Hormonkur vertraute, glaubte ich diesen Vorrat aufbrauchen zu können und ging leider nicht sparsam damit um.

Nach wenigen Wochen erklärte der Arzt, daß ich ein Versager sei und stellte die Spritzkuren ein. Besorgte Freunde bereiteten mir nun den Weg zu einem alten Meister der Heilkunde, der mich trotz der großen Schwierigkeit — Leute über 60 Jahren sollten in kein Sanatorium mehr aufgenommen werden (!) — in sein Sanatorium aufnahm und mich über die schädlichen Wirkungen des Phanodorms, Zerstörung der Muskeln und Zerrüttung des Gemütes, sehr wirksam aufklärte. Ich wurde einer mir grausam erscheinenden Entziehungskur unterworfen und bin wohl bis dahin noch nie so tief gedemütigt worden wie in jenen drei Wochen. Wie einem Verbrecher wurden mir Gepäckstücke und Taschen nach den letzten Resten meines Phanodormvorrats untersucht. Und sooft ich auch versicherte, daß ich nun wirklich keine einzige Tablette mehr besitze, wurde mir keineswegs geglaubt. Das war für mich das Schrecklichste und schien mein ganzes Wesen zu zerstören, daß man mir nicht aufs Wort glaubte. Die unbedingte Glaubwürdigkeit war mir nach den jugendlichen, längst eingestandenen Schwindeleien die größte und einzige Ehre meiner Mannesjahre. Ja, es war eine grausame Vernichtung, die ich da an mir geschehen lassen mußte. Von einem Manne, der es offenbar wohlmeinte; vor jungen Schwestern, die wie Polizeiwärterinnen dabei fungierten; ach, selbst meine liebe Frau beteiligte sich an dieser Vernichtung und Entblößung. Ich wurde so klein und häßlich, daß ich mich am liebsten selber angespuckt hätte. Ich wußte damals noch nicht, daß solches für die rechte Gotteserkenntnis notwendig sei.

Gestern kam mein neunjähriges Büblein mit hochroten Wangen heim. Er hatte mit dem Onkel in die Kohlengrube fahren dürfen, von wo die zugeteilte Kohle abgeholt werden mußte. Da war nun eine riesengroße Waage, deren Platte über die ganze Straße reichte. Da wurde zuerst der leere Wagen darauf gewogen, dann der volle. Und da konnte man an einem hin und her schwankenden, dann still stehenden Zeiger ganz genau berechnen, wieviel Kohle auf den Wagen geladen worden sei.

Ich war vielleicht noch einige Jahre jünger als mein Büblein jetzt, da erlebte ich ein ähnliches Wunder. Wir hatten eine Wiese, auf der nur saures Gras wuchs. Das Heu war für unsere beiden Kühe unbrauchbar und mußte an Pferdebesitzer verkauft werden. Denn die Pferde fressen saures Heu. Der Verkauf geschah zentnerweise. Da hatten wir nun in der Scheune eine uralte Waage, einen Waagenbalken mit Zunge, aufgehängt an den Balken des Scheunentors. Als Gewicht diente ein sorgsam zugehauener Stein von wohl 10 oder 20 Pfund, umfaßt von einem eisernen Bande, daran ein solider Ring. Mit dieser Waage wog nun die Mutter die einzelnen Gebündel des sauren Heues ab, stopfte zu, was etwa fehlte, oder nahm weg, was zuviel war. Da brachte der Vater eines Tages eine neue, noch ganz frisch lackierte Dezimalwaage auf dem Buckel heimgeschleppt, eine Waage, für deren Belastung man nur den zehnten Teil des Gewichtes brauchte; das übrige besorgte ein Hebelwerk, und mit Hilfe eines Schiebegewichtleins konnte man die Waage an jedem, auch an einem schiefen Ort im Gleichgewicht halten. Es wird wohl kaum ein Mensch sein, der nicht schon eine solche Waage beim Getreidehändler gesehen hätte, aber wohl auch keiner mehr, der sie so für ein Wunder gehalten hätte wie ich. Ich habe es probiert: ein großes Kalb konnte man darauf wiegen, auch ein Schwein, sogar mich selbst — und sogar einen Brief an meinen Bruder nach München, genau 15 Gramm. Wohl ersteres, zweiteres und drittes — wie man in falscher Stilistik zu sagen pflegt, denn es gibt ja nur e i n erstes, e i n zweites und e i n drittes, und „erst" ist selber ein Superlativ und kann durch keine Komparation gesteigert werden — wäre auf der großen Grubenwaage noch möglich gewesen, nicht aber das letzte, das mit dem Brief nach München.

Hoffentlich merkt man jetzt schon, worauf ich hinaus will, nämlich daß auch für Gott und für den Gottesbegriff nicht jede Waage taugt, und daß die Tauglichkeit mit zunehmender Größe geringer wird. Ein fetter, runder, gesunder Theologe mit einem ungebrochenen Leben dürfte leicht in Vergleich mit der großen Grubenwaage kommen.

Meines Weibes Urgroßvater war Kreisphysikus und zeitweise der einzige Arzt des großen Kreises Habelschwerdt. Aus seinem Nachlaß sind einige Raritäten in unseren Besitz gekommen, ärztliche Instrumente und auch mehrere Apothekerwaagen. Denn damals stellten die Ärzte ihre Medizinen noch selbst her; es gab noch weit und breit keine Apotheker. Es gibt jetzt in den physischen und chemischen Laboratorien noch viel feinere Geräte zum Abwiegen allerleichtester Substanzen, aber wenigstens eine solche alte Apothekerwaage muß man gesehen, in der Hand gehabt und ausprobiert haben, um einen Begriff zu bekommen, wie unendlich zart und fein ein Mensch sein muß, der sich abwägend mit Gott beschäftigt, mit diesem Milligramm Gift, das für uns Leben oder Sterben bedeutet. Es ist an einer solchen Waage alles gesund und echt, gar nichts verbogen oder angekränkelt, etwa mit Rost oder Grünspan besetzt, aber es ist alles unendlich fein und zart und mit großer Mühe bearbeitet. So, wie es wohl bei keinem Menschen der Fall ist, auch nicht beim allerfeinsten und allerzartesten Theologen. Daß hier weder Veranlagung noch Erziehung zum Ziele führt, wünschte ich deutlicher machen zu können, als ich es vermag. Da setzt nun die Arbeit Gottes ein: es kommen die Leiden und Krankheiten und Heimsuchungen und machen den Menschen von Jahr zu Jahr fähiger und brauchbarer für das subtile Werk, bis er endlich richtig auf jenes Milligramm reagiert — ach, vielleicht ist es nur ein Tausendstel Milligramm, vielmal leichter als der Windhauch, der die Waage des Urgroßvaters schon belastet und ihr Zünglein unruhig macht!

Was ich in den letzten Jahren erfahren und durchgemacht habe, kann ich nicht anders deutlich machen als mit solchem Gleichnis. Aber ich muß noch etwas hinzufügen, was für meine alten Freunde vielleicht betrüblicher ist als alle die angedeuteten Heimsuchungen. Es ist noch ein tieferes und schmerzlicheres Demütigmachen und Verkleinern. Ich galt Jahrzehnte lang als ein sehr rüstiger und tüchtiger Schreiber Gottes. Die Gedanken kamen mir zugeflogen und waren gleich hübsch geformt und gekleidet. Ich brauchte mir nie ein Konzept zu machen, und nur selten mußte ich in einer Niederschrift ein Wort oder eine Zeile korrigieren. In dem Manuskript meines zweibändigen Leben-Jesu-Buches finden sich kaum zwei oder drei nachträgliche Textkorrekturen, obwohl nicht ein gewöhnlicher Verlagslektor das Manuskript prüfte, sondern der berühmte Herausgeber des „Hochland" selber, ein für Stilfragen äußerst sensibler Mann. Und ziemlich allgemein wurde mir in literarischen Kreisen nachgesagt, daß ich das religiöse Wort meisterlich beherrschte. Tatsächlich diente mir die liebe deutsche Sprache, nicht wie eine dienstwillige Magd, sondern wie eine Geliebte, der alles daran liegt, meinen Namen zu Ehren zu bringen.

Aber all dies erfreuliche Vermögen, dessen ich mich hier rühme, war wie die Waage auf der Grube und nicht wie die Waage des Urgroßvaters. Darum wurde mir in den letzten Jahren jenes Vermögen entzogen. Viele Monate lang, schier ein Jahr lang konnte ich keine einzige religiöse Skizze oder Erzählung mehr schreiben, seit einem halben Jahre auch keinen ordentlichen Brief mehr. Und was ich jetzt, seit dem letzten Michaelistage, hier niederschreibe, ist nach Gedanke und Form so armselig und mühsam, daß ich mich schon schäme, wenn mir meine liebe Frau einmal über die Schulter sieht.

Ach, wohl auch die feinste Zeile, die ich je über Gott schrieb, gleicht noch der großen Waage auf der Grube. Und gliche sie auch unserer Dezimalwaage, so wäre sie doch nicht geeignet, das Milligramm abzuwiegen. Ist nicht gar alles Geschriebene und Gedruckte zu grob, alles Gepredigte zu laut? Wenn das heilige Mädchen von Nazareth, die Jungfrau Maria, des Nachts an das Bett ihres Kindes trat und ganz leise den Namen Jesus darüber hauchte, das war eher geeignet zur sprachlichen Formulierung des Gottesbegriffs. Thomas von Aquin, der die Summa theologica schrieb, und den die Kirche den engelgleichen Lehrer nennt, soll sehr dick gewesen sein und schon dadurch der großen Waage auf der Grube mehr geglichen haben als der feinen Apothekerwaage des Urgroßvaters. Von ihm haben wir hauptsächlich unsere scholastische Lehre von Gott bezogen. Als er aber auf der Reise zum Konzil von Lyon erkrankte und zum Sterben kam, soll sein letzter Wunsch ein saurer Hering gewesen sein. Dieser Wunsch wurde ihm auch wunderbar erfüllt, indem zufälliger Weise zu gleicher Stunde ein Fischhändler mit einem Tönnlein Heringe durch das Städtlein fuhr, was eigentlich sonst in Italien nicht vorkommt. Übrigens das einzige Wunder, das man im Heiligsprechungsprozeß des Thomas von Aquin zum Erweis seiner Heiligkeit vorbringen konnte. Da nun die Vorstellung des Heringessens zugleich die Vorstellung von Magerkeit und Armut erweckt, hatte ich immer ein gewisses Vertrauen zu dem Gottesbegriff des hl. Thomas von Aquin. Zur Zeit der Niederschrift meiner schönsten religiösen Bücher wie des „Leben Jesu" war auch ich, in der Jugend von den Mägden als „dürrer Kerle" verlacht, ziemlich korpulent, wog über 160 Pfund. In den letzten Jahren, schon in den Jahren vor dem Kriege, bin ich aber sehr heruntergekommen und habe ein gutes Drittel meines Gewichts verloren. Überall ragen mir die Knochen aus dem Körper. Ich muß das Sitzefleisch schon durch allerlei Kissen ersetzen, ohne die ich das lange Sitzen am Schreibtisch nicht mehr aushalte. Will sagen, daß Gott mich immer mehr präpariert für ein letztes und ganz wahrhaftiges Buch über ihn oder über das Milligramm Gift, das er für mich bedeutet.

Zum ersten Male in meinem Leben konnte ich den Abbruch meiner Weihnachtskrippe an Mariä Lichtmeß nicht mehr selbst besorgen oder mußte wenigstens für die schweren Aufräumungsarbeiten meinen großen Jungen um Beihilfe bitten. Meine Kräfte versagten; meine Beine trugen mich nicht mehr; und mein Gemüt war so bedrückt, daß mich der Abschied von der weihnachtlichen Herrlichkeit bittere Tränen kostete. Ach was ist ein Frohgemüt wert!

Leicht schätzt man es höher ein als den Besitz Gottes. Ein frohgemutes Leben auf Erden wird jedermann den Seligkeiten des Himmels vorziehen. Deshalb gleicht auch das Frohgemüt der großen Waage auf der Grube. Es könnte zwar ein Ens a se und eine Causa sui richtig abwägen, nicht aber das Milligramm Gift, das Gott für den Menschen ist. Nur der gemütskranke Mensch ist fähig, auf den zarten Schimmer und den leisen Windhauch zu reagieren, den Gottes Nähe verursacht.

Nicht lange nach Mariä Lichtmeß war es wieder so weit, daß meine Frau sich als echte Urenkelin eines tüchtigen Arztes wieder als arztgläubig erwies und den jungen Dorfarzt, der schon als Kapazität galt, zu Hilfe rief. Dieser kam mit einer Herzspritze und einem Medikament, das mir zwölf Nächte lang einen ganz wunderbaren, erquickenden Schlaf verschaffte. Das war in der Tat das rechte Mittel zur Wiederherstellung meines Wohlbefindens. Mir fehlte nichts als erquickender Nachtschlaf. Leider ließ sich der junge Arzt durch den Vorgang jenes alten Meisters der Heilkunst mißtrauisch machen gegen das so wohltätige Medikament. Er entzog es mir wieder und versuchte weiter seine Spritzkuren, die bei mir völlig wirkungslos waren.

IM SCHLEGLER KRANKENHAUS

Der junge Arzt war als Kriegsdienstverpflichteter in unser Dorf gekommen und wohnte im Krankenhause, das ursprünglich ein Altersheim war und später zu einer Riesenanstalt für staatlich betreute Idiotenkinder ausgebaut wurde, aber auch da noch der Pflege katholischer Schwestern anvertraut, mithin zugleich eine Art Schwesternheim oder Kloster war. Veranlagung und Vorbildung hatten den jungen Arzt ganz andere Wege gewiesen. Er hatte sich als Chirurg spezialisiert und kam schon als eine gewisse Berühmtheit in unser Dorf. Sein Streben schien darauf zu gehen, aus dem Dorfkrankenhause eine Klinik oder ein Sanatorium zu schaffen und als Chefarzt einer solchen großen Anstalt Erfüllung seiner Veranlagung und seines

Ehrgeizes zu finden. Eines Tages erklärte er mir, er könne meine Behandlung des weiten Anwegs wegen nicht wirkungsvoll in meinem Hause fortsetzen; ich müsse mich ins Krankenhaus einlegen. Er habe schon mit den Schwestern gesprochen; sie würden es möglich machen, daß ich ein ruhiges Einzelzimmer bekäme. Auch der Pfarrer habe für mich Fürsprache eingelegt.

Also wieder zu katholischen Schwestern! Wieder die Gefahr, daß ich mich bereden lasse, die kirchlich ungültige „Ehe aufzugeben und Weib und Kinder zu verlassen"? Ich weiß nicht, wie meine Frau dazu kam, soviel Mißtrauen in meine Standfestigkeit zu setzen und mir die Schurkerei zuzutrauen, daß ich mich von irgendwelchen Schwestern bereden ließe, sie zu verlassen. Es mag wohl so in der weiblichen Natur liegen, Ehe und Familie mit den äußersten Mitteln zu verteidigen und vor jeder Unterminierung zu schützen. Aber eben weil ich dies nicht wußte und nicht bedachte, ließ ich mir die Erfahrungen der Breslauer Woche nicht zur Lehre sein und erklärte mich damit einverstanden, daß mich der Arzt ins Krankenhaus transportierte.

Das Krankenhaus im Dorfe war mir dazu eine Art zweites Elternhaus. Mein Großvater hatte die erste Gründung, ein kleines, baufälliges Bauernhaus, mit seinen Zimmermannskünsten bewohnbar gemacht, das Dach geflickt, die Fenster in Ordnung gebracht. Meine guten, im Pfarrhof angestellten Tanten hatten den ersten Schwestern hilfreich beigestanden, sich in dem Hause einzurichten. Ich selber wurde schon als Säugling mit zu Besuchen ins Krankenhaus genommen. Die erste Oberin, die mich im Streckkissen auf dem Arme getragen hatte, eine sehr liebe und kluge Westfälin, hatte mit ihren Gebeten und ihrer Liebe mein Leben bis in mein reifes Mannesalter begleitet und war dann, von mir innig verehrt, hochbetagt gestorben. Als Priester und junger Professor ging ich alle Frühmorgen, auch wenn es stürmte und schneite, so daß ich schier im Schnee stecken blieb, den weiten Weg ins Krankenhaus, um in seiner Kapelle für die Schwestern das heilige Meßopfer darzubringen. Die Schwestern erwiesen mir damals eine wahrhaft schwesterliche Anhänglichkeit und ein großes Vertrauen auch in ihren seelischen Angelegenheiten. Ich wurde zwar nicht ihr Beichtvater, aber wehe dem Beichtvater, der in allzugroßer Strenge den Schwestern das Beichten verleidete! Ich duldete nicht, daß die Schwestern, die durch Krankenpflege und Hausarbeit schon überanstrengt waren, noch mit harten Bußübungen, z. B. stundenlangem Gebet mit ausgebreiteten Armen, mitten in der Nacht und der ohnehin kurzen Schlafzeit gepeinigt wurden. Sie waren mir aufrichtig dankbar, und als ich wegen meiner Bücher von der Kirche verurteilt und ausgeschlossen wurde und infolgedessen auch nicht mehr an die Stufen ihres Altars treten durfte, machten sie die von Seiten der klerikalen Kreise schmerzlich allgemeine Verdammung nicht mit, sondern hielten dieses Schicksal nur für eine Prüfung Gottes. Ja eine von ihnen, die ich aus besonders schlimmen Seelenängsten befreit hatte, behauptete noch nach Jahren, ich sei eben ein Heiliger und werde dereinst „zur Ehre der Altäre" kommen, d. h. als Standbild auf den Altären stehen wie die von der Kirche heilig gesprochenen Männer und Frauen, ein Gedanke, der mich vielleicht belustigte, aber auch tief im Herzen rührte. Das war die „Gartenschwester", die zugleich das Amt der Sakristanin innehatte, meinen Glauben und meine Frömmigkeit also besser kannte als alle ihre Mitschwestern. Auch der damaligen Oberin, die aus dem kleinen Krankenhause eine große Anstalt machte, fehlte ich sehr, denn sie hielt sich für den notwendigen Neubau gern an meinen Rat; ich hatte doch von meinen Vorvätern, die seit dem dreißigjährigen Kriege immer Zimmerleute gewesen waren, viel Bautechnik geerbt. Unsere gemeinsame Liebe galt außerdem dem früheren, jetzt verschleppten kunstwissenschaftlichen Besitz des Hauses, dem wir gemeinsam und mit gutem Erfolg nachjagten. So haben wir schöne, zierliche Krippenfiguren, die einem Malermeister als Entlohnung für das Ausmalen eines Zimmers gegeben worden waren, wieder eingebracht. Auch eine gotische Madonna, die in der alten Kirche bis 1885 auf dem Hochaltar stand, nun aber auf dem Heuboden einer kleinen Ackerwirtschaft lag.

Von solchen Schwestern hatten wir wahrhaftig keine Bekehrungsversuche zu befürchten. Aber mit der Vergrößerung der Anstalt war auch die Zahl der Schwestern vermehrt worden, deren Seeleneifer mir immerhin gefährlich oder lästig werden konnte. Darunter war eine Ostpreußin, von der wir gehört hatten, daß sie wegen „allzu weltlicher Gesinnung" schon in Konflikt mit ihrer Oberin gekommen sei. Sie hatte immer großes Interesse an mir und meiner Familie bewiesen und jede Gelegenheit wahrgenommen, uns einen Gruß zu senden. Ich hatte die stille Hoffnung, in ihre Pflege zu kommen.

An jenem 5. März, an dem mich der Arzt in seinem Auto ins Krankenhaus bringen wollte, war viel Neuschnee gefallen, und ein toller Sturm hatte die Schneemassen über dem Wege zusammengeweht, der von unserem Hause zur Straße führt. Dieser Weg steigt ziemlich stark an und wird gerade bei diesem Anstieg zum Hohlwege. Dort blieb das Auto des Arztes im Schnee stecken. Glücklicherweise war in einem nahen Höflein ein Pferd von Evakuierten untergestellt. Mit seiner Hilfe kamen wir bis auf die fahrbare Straße. Ich bin nicht abergläubisch, wohl aber der Meinung, daß ich es manchmal mehr sein sollte. Denn es war doch ein böses Vorzeichen, daß wir auf der Fahrt zum Krankenhause im Schnee stecken blieben. Ich hätte das Auto verlassen und wieder heimgehen sollen. Sicherlich wäre ich da jetzt vielleicht zwar nicht gesünder, hätte aber keine verkrüppelte Hand und könnte leichter das Papier halten, das ich hier zu beschreiben habe.

Eine alte, ausgediente, sehr ehrwürdige Schwester, die schon mehrmals Oberin war und jetzt den Kurzwellenapparat des Krankenhauses bediente, zu meiner Zeit aber noch nicht zu der Schwesternschaft des Krankenhauses gehörte, hatte mir, um meine Aufnahme ins Krankenhaus zu ermöglichen, ihre Zelle abgetreten und war zu einer anderen Schwester in die Zelle gezogen, ein großes Opfer für beide Schwestern, da die Einsamkeit der eigenen Zelle zu den höchsten irdischen Gütern des Klosterlebens gehört. Und wie demütig lehnten beide meinen Dank dafür ab! Die Zelle lag im obersten und stillsten Flure des Krankenhauses, unmittelbar unter dem Dach. Das Fenster der Zelle öffnete sich nach dem Mitteldorfe und der Dorfkirche, wo mir jedes Haus und jedes Dach vertraut war. Dahinter hob sich die Lehne des Hinterberges und der Wolfskoppe empor, auf deren Wegen ich die Leute auf ihrem Gang zum Dorfe beobachten konnte. Und ich würde tatsächlich der guten Schwester zur Pflege anvertraut. Da diese zugleich die vom Staate hierher geschickten Idiotenkinder zu betreuen hatte, machte ich mir den Spaß, mich als Oberidioten zu bezeichnen. Ich wurde auch von der Küche mit höchstem Vorzug behandelt, da meine Erkrankung auch auf die mangelhafte Kriegsernährung zurückgeführt wurde. Dieser Vorzug unterschied sich aber wesentlich von jenem Vorzug, mit dem in solchen Schwesternhäusern sonst katholische Priester betreut werden. Denn davon, daß ich früher dem Krankenhause jahrzehntelang als Priester gedient hatte und als solcher hochverehrt war, ließ niemand etwas merken; ich war ein ganz gewöhnlicher Kranker, nur daß der Arzt mich wegen meines akademischen Standes und den zu gleicher Zeit im Krankenhaus liegenden Grafen wegen seines Adels seine „prominenten Patienten" nannte, wie sie zu einem Sanatorium, zu dem sein Ehrgeiz das Krankenhaus zu machen vor hatte, von altersher gehören.

Ich hatte schon immer gesagt: wer wirklich krank werden wolle, müsse in ein Krankenhaus gehen. Ich merkte schon nach einigen Tagen, daß ich überhaupt nicht mehr recht laufen könne, während ich daheim wenigstens noch den Weg zum Nachbarhause und um die nächsten Felder zu gehen imstande war. Die Schwester, die mich nach Vorschrift des Arztes zu massieren hatte, erklärte, meine Muskeln seien nur noch kraftlose Lappen. Ich vermochte aber anfänglich noch, den Flur entlang zu schleichen, nicht nur um das anonyme Örtchen aufzusuchen, sondern auch um zu dem Fenster am Ende des Flures zu gelangen, von wo ich in die Gegend der heimatlichen Häuserschaft blicken und die von mir immer geliebte Höhe hinter meinem Hause mit dem Bildstock, unserem Heiligtum, sehen konnte. Da stand ich nun viertelstundenlang heimwehkrank, eine halbe Stunde von Vaterhaus und Eigenhaus entfernt.

Wer kennt nicht meine Liebe zu Neusorge, der Ansiedlung auf den nördlichen Hinterfeldern unseres Dorfes, wo mein Urgroßvater, auch ein Joseph Wittig, das erste Haus und ich das letzte, mein Eigenhaus, erbaut hatte, und wo dazwischen noch drei andere Wittighäuser stehen? Wer kennt nicht meine liebe Frau, die wie ein Engel in mein Leben getreten war und nun mein Haus regierte, wer nicht meine drei blonden Kinder, die mich weder Pappa noch Pappi nennen, sondern „Vater Wittig", das Mädel sogar eine Zeitlang „Vaterland"? Wie oft kam mir die Versuchung, trotz der Nervenschmerzen in Beinen und Knieen dem Krankenhaus zu entfliehen und wieder heimzukehren! Ich hätte den Weg in den ersten Wochen wohl noch gezwungen.

Trotz aller Massage, aller elektrischen Behandlung und aller Spritzen änderte sich in meinem Befinden so gut wie nichts. Zu meinem Schreck merkte ich nur eine zunehmende Verblödung meines Geistes und eine Minderung meines Augenlichtes. Ich konnte nicht mehr beten; ich konnte kein theologisches Buch mehr lesen. Alle Bücher waren mir zu eng und klein gedruckt. Nur Kriminalromane und Abenteurergeschichten konnte ich noch lesen, mit denen mich die gute „Tante Doktor", die Frau unseres verstorbenen, einst sehr geliebten Hausarztes, wohl versah. Der „Hund von Baskerville" war das erste derartige Buch. Karl May begann ich zu lesen, von dem ich als Knabe nur kurze Geschichten gelesen, für dessen größere Erzählungen ich in meinem arbeitsreichen Leben nicht Zeit gefunden hatte. Erstmalig lernte ich fremde Welten, fremde, wilde Völker kennen, deren Leben zum Erschrecken weit abseits vom Schatten des Kreuzes Christi verlief. Zum ersten Male im Leben wurde mir klar, wie wenig weit die Strahlen der Sonne reichten, die mein Leben erhellt und verklärt hatten.

DIE MADONNA VON LOURDES

Ich begann, angstvolle und zweifelsvolle Fragen an Jesus Christus zu stellen: „Was hast Du erreicht mit Deinem Leben und Sterben?" Wirklich eine „kleine Herde nur", wie er, der gute Hirt, mit eigenem Wort gesagt hat! Was ist mit der übrigen großen Welt, mit den Millionen Seelen, die niemals ein Wort von Dir gehört, nie eines angenommen haben?

An der Wand vor meinem Bette, immer vor meinen Augen, hing ein Bild von der wunderbaren Erscheinung der „Madonna von Lourdes". Es stammte noch aus der Zeit unseres heiligmäßigen Pfarrers Franz Heinisch, der mich getauft und an seiner lieben Hand manchmal durch seinen Obstgarten geführt hat, wobei mir besonders auffiel, daß er, die gefundenen Pflaumen zählend, immer „funf" statt „fünf" sagte. Dieser Pfarrer litt, schon ehe er 1869 in unser Dorf kam, an einer krebsartigen Wucherung, die von der linken Schläfe aus bis an die Stirn fraß und dabei das linke Auge zerstörte. Meine gute Tante Agnes hat ihn dann bis zu seinem Tode 1889 gepflegt. Er war ein großer Marienverehrer und überhaupt religiös ganz sonderbar veranlagt. Nächtelang verließ er das Pfarrhaus und wurde dann zwischen den Feldern und Wäldern irrend gefunden. Er war auch der Begründer des Schwesternheimes, das sich schon unter ihm aus einem Altersheim zu einem kleinen Krankenhaus entwickelte. Hinter dem massiven Neubau des ursprünglichen Wirtschaftsgebäudes ließ er eine Grotte errichten, zu der er von den ansteigenden Feldern der zugehörigen Ackerwirtschaft ein Wässerlein zu leiten versuchte. In die Grotte stellte er eine von schlichter Bildhauerhand gefertigte Nachbildung der „Erscheinung von Lourdes" auf, das Standbild der weißen Frau mit dem himmelblauen Hüftband und zu ihren Füßen das seherisch begnadete Mädchen Bernadette Soubirous von 1858. An dieser Grotte versammelten sich an den Sommerabenden meiner Jugendzeit die frommen Frauen und Jungfrauen des Dorfes, und immer noch klingt mir in den Ohren ihr begeisterter Gesang:

Maria zu lieben ist allzeit mein Sinn;
In Freuden und Leiden ihr Diener ich bin!

Die „Erscheinung von Lourdes" war ein Quellwunder. Die weiße Frau hatte das Emporquellen des Wassers vorausgesagt, und voll Entzücken erzählten sich die Katholiken jener Zeit von den Tausenden wunderbarer Heilungen an jenem Quellwasser. Die weiße Frau, nach ihrem Namen gefragt, antwortete nicht mit der schlichten Auskunft: „Ich bin Maria, die Magd des Herrn", sondern: „Je suis l'Immaculée Conception". Wenige Jahre zuvor hatte Papst Pius IX. das Theologumenon, daß Maria ohne Erbsünde im Mutterschoß empfangen sei, zum Dogma erhoben. Es war dies das erste Mal, daß ein Papst ohne vorhergehende Befragung einer Bischofsversammlung, rein auf Grund der damals noch nicht zum Dogma erhobenen päpstlichen Unfehlbarkeit, einer freilich schon seit Jahrhunderten bald kühl, bald hitzig erörterten Schulmeinung die Würde eines feierlichen Dogmas verlieh.

Auch in meinem Vaterhause wurde damals eine weiße Frau verehrt. Sie stand zwischen Fuchsien und Geranien auf der alten, weißgedeckten Kommode, an der wir unser Abendgebet verrichteten. Es war die „Madonna von Philippsdorf", einem österreichischen Dörflein unweit von Görlitz und Seidenberg. Sie war in einer Nacht einer kranken Magd erschienen und hatte ihr gesagt: „Mein Kind, von nun an heilt es!" Sie hatte ein Krönlein auf dem Haupte und hielt ihre Hände unter ihrem weißen Mantel verborgen. Dadurch unterschied sie sich von der „Madonna von Lourdes". Sie hat aber keinen Namen genannt.

Es war eine merkwürdige Zeit der Madonnenerscheinungen. Man erzählte sich auch viel von einer Erscheinung in Frankreich. Auch da kein Name. Aber viel Rosenschmuck. Sogar die Füße waren mit Rosen beschuht, und diese Rosen erlitten beim Auftritt der Füße keinerlei Quetschung oder Verletzung. Es konnte eine Fee, eine Märchenerscheinung sein. Und was sie zu sagen hatte, war wie in Lourdes Aufforderung zu Gebet und Buße und zum Bau von Marienheiligtümern.

Bei uns in der Grafschaft Glatz wurden bis zu dieser Zeit die uralten Madonnenbildnisse von Wartha und Albendorf, auch vom Spitzigen Berge und von dem österreichischen Grulich als noch lebende und wundertätige Personen von zahlreichen Pilgerscharen besucht und verehrt. Auch da wußte man von vielen Wundern zu erzählen.

Kein Gedanke, daß man diese Erscheinungen und Bildnisse als Gottheiten verehrt und angebetet hätte. Man wußte, daß hoch über ihnen der allein anbetungswürdige Gott existiert. Und Predigt wie Katechismusunterricht sorgten eifrig dafür, daß durch die Marienfrömmigkeit der Ehre Gottes kein Abbruch geschehe. Die intellektuelle Unterscheidung wurde bis aufs äußerste geschärft. „Non istum, sed per istum Christum!" stand mahnend an einem Kreuzesbilde von Albendorf — „Nicht dieser Erscheinung, nicht diesem Bildnis, sondern durch dieses Bildnis gelte deine Anbetung dem Christus, dem Gottessohn!" Unbestritten blieb Gott und dem, der zu seiner Rechten sitzt, Jesus Christus, der Platz auf dem Höhepunkte religiösen Lebens, aber im Mittelpunkte, in der Herzgegend, im Zutrauen, im Wunderglauben trat ein anderes Wesen hervor, die weiße Frau, die von den Gläubigen als das erhöhte und verklärte Mädchen von Nazareth, als Maria, die Gottesmutter, angesehen und verehrt wurde. Während wir also mit unserem Kopfe dem alten Gotte unverbrüchlich treu geblieben sind, hat sich unser Herz als Organ der Frömmigkeit, der Liebe, des Vertrauens, des zuversichtlichen Wunderglaubens von einem anderen Wesen, angeblich von der Jungfrau und Gottesmutter Maria, gewinnen und ganz einnehmen lassen. Was ist das nun für ein anderes Wesen? Ist es eine reine Einbildung oder eine Sendlingin aus uns noch sehr unbekannten Geisterreichen oder eine Märchengestalt, oder eine Emanation der Erde, Quellnymphe, Blumenkönigin, oder steht es in noch erkennbarem

Zusammenhang mit einer geschichtlichen Persönlichkeit, also dem Mädchen von Nazareth und der Mutter des Kindes, das zu Bethlehem geboren ward und von den Hirten gefunden wurde, in Windeln eingewickelt und in einer Krippe liegend?

Der Zusammenhang mit der geschichtlichen „Jungfrau Maria" und der Christusgebärerin des Apostolischen Glaubenssymbols ist ganz offensichtlich, bis zur Identifikation, gewahrt in der Marienverehrung bis zur Mitte des 19. Jahrhunderts. Die Naivität des katholischen Volksglaubens reicht aber auch soweit, daß ihr dieser Zusammenhang auch für die französischen Marienerscheinungen noch zweifellos war. Für diese französischen Marienerscheinungen liegen genaue Beschreibungen von „Augenzeugen", bemerkenswerter Weise meist von Kindern, vor. Sehr auffallen muß, daß sich diese Erscheinungen selten mit einem geschichtlichen Namen benennen. Die Madonna von Lourdes wurde nach ihrem Namen gefragt. Sie antwortet nicht mit einem geschichtlichen Namen, sondern mit einem dogmengeschichtlichen Begriff: „Ich bin die unbefleckte Empfängnis", also keineswegs: „Ich bin die unbefleckt Empfangene". Sie war also laut eigener Aussage n i c h t das Mädchen von Nazareth, die Braut des Zimmermanns Joseph und die Mutter des Christuskindes, sondern eine sichtbar gewordene Idee, eine Lehre, ein mariologisches Dogma in der liebenswürdigen Gestalt einer schönen Frau. Daß sie als solches reden, den Aufsprung einer Quelle voraussagen oder veranlassen und mit diesem Quellwasser Tausende von wunderbaren Heilungen vollbringen konnte, spricht nicht dagegen; wir müssen nur unsere Auffassungen und Vorstellungen von kirchlichen Dogmen revidieren. Es sind keine Paragraphen, sondern lebendige Geisterwesen.

Auch daß wir jetzt vor einem Bilde der unbefleckt Empfangenen — sie steht auf der Erdkugel und tritt der Schlange auf das Haupt — nicht immer sagen: „Das ist das Bild der unbefleckt Empfangenen", sondern oft: „Das ist die Unbefleckte Empfängnis", spricht gar nicht gegen diese Gedankenführung, denn es ist eben verursacht worden durch jene Selbstbenennung der Erscheinung von Lourdes. Und man muß bedenken, daß jene Aussage nur vier Jahre von der feierlichen Definition der unbefleckten Empfängnis fern liegt, wir aber mehr als 90 Jahre, ein Zeitraum, in dem sich ein Sprachgebrauch, auch wenn er irreführend ist, verfestigt.

So habe ich stundenlang zu dem Bilde an der Wand vor meinem Bett hingeschaut und mir Gedanken gemacht, die sicherlich nicht alltäglich sind und die erregende Einblicke in Dinge und Vorstellungen vermitteln, über die wir sonst allzuleicht hinweggehen.

Natürlich erregte die Erinnerung an die vielen wunderbaren Heilungen von Lourdes in mir den Wunsch, daß auch an meinem kranken Leib ein Wunder geschehen möge. Denn den dazu erforderlichen Glauben hatte ich in reichlicher Fülle mit in das Krankenhaus gebracht. Sagte nicht Jesus vor Vollbringung seiner wunderbaren Heilungen oft: „Weil du geglaubt hast"?

Täglich, manchmal zweimal am Tage, kam meine liebe Frau den Weg ins Dorf und zum Krankenhause, um mich zu besuchen oder mir irgendwelche Erquickung oder Hilfe zu bringen oder um der vielgeplagten alten Schwester ein wenig von der Last der Pflege abzunehmen. Sie wurde nicht immer freundlich von den Schwestern empfangen. Gab man ihr doch die Schuld, daß wir uns geheiratet hatten. Viel, daß man sie als meine Frau gelten ließ! Denn für das Gemüt frommer Klosterschwestern ist eine Frau, die einen Priester geheiratet hat, etwas ganz Schreckliches. Es riecht um sie nach Hölle, und es gehörte schon die ganze Liebenswürdigkeit meiner Frau dazu, daß die Sache ohne Katastrophe ausging.

Gleiches gilt von meinen Kindern, die auch öfter zu ihrem kranken Vater kamen. Aber die Schwestern wußten, wie fromm und kircheneifrig meine Kinder sind. War doch oft die ganze Gemeinde erbaut von der Frömmigkeit meiner Kinder. Kaum eines der anderen Dorfkinder war von den ersten Tagen ihres Lebens an religiöse Dinge so gewöhnt und so fromm erzogen. Und das war vor allem das

Verdienst der Mutter. Denn ich war nach meinem Ausschluß aus der Kirche gegen religiöse Gebräuche sehr abgekühlt.

Es kamen auch andere gute Leute aus dem Dorfe mich besuchen. Ja sie sparten sich sogar einige Bohnen echten Kaffees ab, um mich mit einer Tasse Bohnenkaffee zu erquikken, im Jahre des Heiles 1945, dem sechsten Kriegsjahr, ein wahres Wunder menschlicher Güte.

Als ich eines Tages merkte, daß ich etwas besser laufen konnte, sagte ich mir: „Heute mache ich meiner Frau die Freude und bitte sie, mit mir zur Lourdesgrotte des Krankenhauses zu gehen!" Es war ein sonniger Vorfrühlingstag, und es war wirklich schön, eine Viertelstunde mit der geliebten Frau vor der „Unbefleckten Empfängnis" zu sitzen. Wieviel Erinnerungen überströmten mich da! Ich wäre am liebsten nicht mehr hinaufgestiegen in mein Krankenzimmer im dritten Stock. Es war nicht mehr die Grotte, die der Pfarrer Franz Heinisch aufgebaut hatte. Diese war beim Neubau des Krankenhauses abgebrochen worden. Aber es war doch alles wie bei der alten Grotte. Ich sah den guten Pfarrer mit der schwarzen Binde vor dem linken Auge, sah meine frommen Tanten, sah die ganze gottselige Schar der frommen Frauen und Jungfrauen, die jene Sommerabende mit ihrer Marienliebe erfüllten.

Es muß ein guter Geist sein, der da in weiblicher Gestalt der frommen Bernadette Soubirous in Lourdes erschien und das Aufquellen des wunderbaren, heilkräftigen Wassers voraussagte oder gar veranlaßte. Bis auf den Namen, den sich die Gestalt beilegte, entsprach sie durchaus den Vorstellungen, die wir von einer Quellnymphe haben. Aber der katholische Instinkt, der in ihr eine verklärte Gestalt der Jungfrau und Gottesgebärerin Maria sieht, wird wohl trotz allem recht behalten. Er wird sogar in Zorn aufwallen, wenn er vernimmt, daß ich an eine andere Auffassung überhaupt nur denken konnte, und wird von neuem das Urteil der Kirche gegen mich bestätigt finden. „Da seht ihr den Ketzer!" wird es heißen. Aber ich will es doch auch niederschreiben, daß das katholische Volk einen wesentlichen Unterschied macht zum Beispiel zwischen der Madonna von Wartha und der Madonna von Albendorf. Es hat bald zu dieser, bald zu jener das größere Vertrauen, obwohl beide doch dieselbe Jungfrau Maria sein sollen. Ich will nicht recht behalten, aber es bereitet mir eine geistliche Lust, an verschiedene geistige Existenzen zu denken, die sich da dem armen Volke tröstend und hilfebringend nähern. Ich selber hatte vor mehreren Jahren oft die Vorstellung (oder Einbildung), daß die Madonna von Philippsdorf, begleitet von einer Schar dunklerer geistiger Wesen, an mein Bettlager träte, um mich an das Vertrauen zu erinnern, mit dem sie in der Stube meiner Eltern zwischen den Fuchsien und Geranien geehrt wurde.

Und es war sicherlich keine Erscheinung, sondern nur eine Einbildung, daß ich mich in kranken Tagen des vorigen Jahres zwischen die Bretterverschläge eines Breslauer Dachbodens versetzt sah, und daß zwischen den Verschlägen still und feierlich eine weiße, mit Blumen geschmückte Gestalt ähnlich den französischen Madonnenerscheinungen herbeiwallte. Ein junger Mann gleich den Engelgestalten von italienischen Renaissancebildern saß dabei auf einem der Balken des Dachstuhls, nachdenklich das Kinn auf die Hand gestützt.

Ach, alles frühere Leben, noch bis 1940/41, erschien mir wie von Engeln getragen und von oftmaligem, vertrautem Verkehr mit seligen Geistern beglückt. Nach 1940/41 war auf einmal alles leer und nüchtern geworden. Und jetzt, im Krankenhause, konnte ich nicht einmal mehr beten! Fluchen, das wäre mir leichter gefallen, und ich habe es wohl auch getan. Jemand erzählte mir, die Seherin Katharina Emmerich, die den Termin des Weltunterganges auf das Jahr 2000 nach Christi Geburt verlegte, habe gesagt, sechzig Jahre vor dem Weltuntergange werde auf kurze Zeit der Satan noch einmal losgelassen. Das stimmt ja mit den Zeitverhältnissen auffallend überein. 1940/41 begann das große Unglück Deutschlands und Europas, begann die Verdunkelung meiner Seele, der Zusammenbruch meines persönlichen Lebens. Ich mußte sagen: Wenn der Satan losgelassen ist, werden offenbar die Engel angebunden. Keiner kann mehr tröstend und helfend in mein Leben eintreten. Der Unterschied der Zeiten vor und nach 1940/41 in meinem Leben ist ganz auffallend. Man wird ihn später auch aus meinen literarischen Arbeiten wissenschaftlich nachweisen können. Es ist ein völliger Umbruch.

Die Viertelstunde an der Lourdesgrotte, an der Seite meiner erfreuten Frau, im durchsonnten Schatten des Vorfrühlingstages, war wie das Nachklingen einer Glocke aus der glücklicheren Zeit meines Lebens, aus der Zeit vor 1940, in der ich meine schönen Bücher und Chroniken schreiben konnte. Wir beschlossen, den Arzt zu bitten, mich für die beiden Osterfesttage nach Hause zu meiner Familie zu beurlauben. Der Arzt stimmte zu: er wolle mich in seinem Auto heimbringen und nach zwei Tagen wieder zurückholen.

Aber zuvor kamen der Gründonnerstagabend mit der Verzweiflung am Ölberge, der Karfreitag mit dem Kreuzestod, der Karsamstag mit dem schweren Stein, der das göttliche Leben im Grabe einschloß, drei Tage, die ich früher in nächster Gottesnähe und beseligender Trauer verbracht hatte und die mich diesmal angähnten wie leere Grabhöhlen, Tage des toten Gottes.

Wo war Christus, dem ich seit fünfzig Jahren mit den besten Kräften meines Geistes und mit aller Treue meines Herzens gedient hatte? In Liebe gedient, ja, wahrhaftig! Der bei uns sein wollte alle Tage bis ans Ende der Welt! Er ließ mich da krank und elend liegen, verfemt von Welt und Kirche, in großen Schmerzen. War dies sein Dank? Wo blieben seine Verheißungen? Er gab mir fünf Talente; ich habe damit gewuchert, ich habe ihm fünfzig wiedergegeben.

Ach, ich habe ja noch mein Haus draußen am Langen Grunde, habe noch mein treues Weib, den einzigen Engel, an den ich noch glauben konnte! Ich habe noch meine drei Kinder, die sich als größte Osterfreude meine Heimkehr an den Ostertagen erfleht hatten!

EIN NEUES UNGLÜCK

Es waren zwei schöne Ostertage daheim. Ich konnte zwar nur von starken Armen gestützt von der Straße zu meinem Hause gelangen und dann die Treppe zu meinem Arbeitszimmer emporsteigen. Aber ich war doch daheim; ich war in meinem Himmel. Ich war bei meinem Crucifixus, den vor etwa hundert Jahren eine Meisterhand aus Lindenholz geschnitzt hatte, war bei meinen vielen holzgeschnitzten Madonnen, Heiligen und Engeln, die mir meist meine Frau und meine Landecker Freunde geschenkt hatten. In allem barg sich mehr Wahrheit und Liebe als in allen transzendenten Gestalten, die ich als Objekte meines Glaubens gepflegt. Hatte nicht einmal der Crucifixus aus Lindenholz, als ich vor ihm betete, seinen rechten Arm vom Kreuzesbalken gelöst und zu mir niedersinken lassen? Alles in meinem Hause und um mein Haus war voll Wahrheit und Liebe. Und wie ein Hauch lag das erste Grün des Frühlings auf den Feldern, die sich vor meinen Fenstern breiteten. Ich hatte auch noch ein Kästlein voll guten Tabaks in meinem Hause, und viele Tabakpfeifen, die daheim auf mich gewartet hatten.

Die Freude in allen Menschen und Dingen daheim war unendlich groß, weil ich wieder einmal daheim war. Ach, man müßte sterben nach einer solchen ersten Stunde daheim, dann hätte sich das Leben gelohnt; ein Himmel, an dem man nicht zweifeln konnte, wölbte sich darüber! Leider waren die Feldraine noch zu feucht und ungangbar, so daß wir den Osterfeldgang nicht an diesen beiden Tagen machen konnten, den Gang um die geliebten väterlichen Äcker mit Kreuzlein aus geweihtem Osterholz und geweihten Weidenzweigen, die wir zu Ostern Palmen nennen. Wer mich oder meine Bücher kennt, wird wissen, daß ein solcher Osterfeldgang für mich eines der höchsten Güter der Erde ist, obwohl die Felder nicht mehr mir gehören, sondern an meinen Schwager verkauft werden mußten,

der mir aber immer noch oft wie ein Bruder nahesteht. —
Ach, wie der Tod so gewiß, kam am zweiten Ostertag nachmittags der Arzt in seinem Auto, um mich ins Krankenhaus zurückzuholen. Ich hätte daheim bleiben sollen, denn
gesünder, als ich nun war, konnte ich nicht mehr werden,
wohl aber kränker und elender. Drei Tage nach meiner
Rückkehr versah sich der Arzt beim Einstich einer Spritze.
Er traf den Hauptnerv des linken Armes, und die Flüssig-
keit der Spritze ergoß sich in das Zellgewebe der Haut. Ein
höllischer Schmerz fuhr mir vom Oberarm bis zur Spitze
des Fußes. Der Arm schwoll sogleich stark an; die Hand
knickte, wie von einem Schuß getroffen, im Gelenk recht-
winklig nach unten und ließ sich nicht mehr heben. Der
Nerv war zerstört, gequetscht, gelähmt, was weiß ich? Der
gute Arzt, der mir wirklich helfen wollte und dem noch nie
eine Spritze mißraten war, war wie zum Tode erschrocken,
konnte aber an dem Unglück nichts ändern. Die Hand, allmählich auch stark anschwellend und wie ein Bleigewicht
schwer, blieb bis heute verkrüppelt. Am Oberarm, an der
Einstichstelle, bildete sich eine handgroße Wunde, deren
Heilung sehr viele Wochen dauerte, bis sie endlich meiner lieben Frau gelang. Monatelang dauerte dann noch die
Heilung der Abszesse und Furunkel, die sich in großer Zahl
in der Nähe der Wunde und unter der Achselhöhle bildeten. Aber von dem körperlichen Fegefeuer dieser langen Zeit will ich nicht weiter schreiben. Viele junge Soldaten, im Felde verwundet, haben Ähnliches erlitten und
haben es tapferer ertragen als ich. Denn ich war keineswegs tapfer. Ich will nur von einem geistigen Fegefeuer
schreiben, das ich gleichzeitig durchmachen mußte, und
dessen Kenntnis von einigem Wert für die Seele sein kann.
Ich habe es schmerzlicher und tapferer durchlitten und bin
mit klarerer Stirn daraus hervorgegangen als viele berühmte Theologen, denen es vor mir beschieden war, und
die meist innerlich von dem Ansturm zerbrachen wie der
feine und gute Dogmatiker Schell. Es ist nichts Geringes
und Kleines, den Himmel und die ewige Seligkeit als Pfand
einzusetzen, besonders für einen wie mich, dem der Himmel
schon eine Heimat war.

MEINE „ERKLÄRUNG"
UND DER BRESLAUER GENERALVIKAR

Schon vor Ostern hatte es begonnen, sich zu zeigen, daß die Schwestern, die nicht dem alten Stamm angehörten, enttäuscht waren in ihrer Hoffnung, an mir eine saubere „Bekehrung" zu erleben. Falls ich stürbe, hatten sie sich schon ausgedacht, welch schönes Begräbnis sie veranstalten wollten. Keine Blume und kein Blattgrün des Gartens und der Fensterbänke sollte geschont werden. Nur die Gartenschwester, meine alte Sakristanin, zog es vor, mich schon bei Lebzeiten mit ihren Blumen zu erfreuen. Mein Krankenzimmer, mein Tisch mit den vielen Blumen sah immer nach Geburtstag oder nach Hochzeit aus.

Nach Ostern aber platzte die Geduld der kircheneifrigen Schwestern. Ich merkte es jedem Blick und jedem Wortklange an, daß es wohl zu einer Katastrophe kommen werde. Und wäre das Unglück mit der mißratenen Spritze nicht gekommen, hätte ich wohl beizeiten die Flucht aus dem Hause genommen. Aber gerade dieses Unglück, von dem man die Wirkung einer reumütigen Rückkehr in den Schoß der Kirche erwartete, verstärkte die Spannung der Ungeduld, da die erwartete Wirkung nicht eintreten wollte. Es war schrecklich für mich, die alte Nachtmotte, die daheim immer bis zwei Stunden nach Mitternacht nicht von dem Zauber der nächtlichen Studierlampe loskam, daß ich im Krankenhause schon um sieben Uhr zu Abend essen und um acht Uhr zu Bett gehen mußte. Ich bekam noch einige Schlafmittel, aber weit unter der gewohnten Menge. Um zehn oder elf Uhr stellte sich die kribbelnde und an allen Nerven ziehende Schlaflosigkeit ein und zwang mich manchmal, die Nachtschwester anzuläuten und sie um ein Beruhigungsmittel zu bitten. Meine Tagschwester hatte aus dem Nachlaß einer verstorbenen Patientin immer noch einige Tabletten oder Tropfen zur Beruhigung der Nerven. Aber da sie an Alter mir nicht weit abstand und den ganzen Tag auf den Füßen sein mußte, wollte ich sie in ihrem wohlverdienten Nachtschlaf nicht stören lassen. Die jüngeren Schwestern hielten sich aber streng an die Entziehungsmaßnahmen des Arztes und verweigerten mir hartnäckig die erbetene Hilfe. Ich war schließlich zufrieden, wenn ich in den Trostlosigkeiten der schlaflosen Nacht noch ein gutes Menschenantlitz sehen konnte, oder wenn wenigstens mein Bett neu aufgeschüttelt wurde, worauf ich dann manchmal wieder einschlafen konnte.

Einige Nachtschwestern traten schon mit der Auskunft bewaffnet in mein Zimmer: „Eine zweite Morphiumspritze gibt es nicht!" Sie fanden nicht einmal die mir gebührende Anrede. Sie erhielten die Antwort: „Ich habe Sie ja gar nicht um eine Morphiumspritze gebeten!" Andere traten an mein Bett und begannen, ohne mir irgendwelche Hilfe zu bringen, mir zu predigen, meine ganze Krankheit komme von meinem Ungehorsam gegen die heilige Kirche. Zuerst faßte ich solche Reden spaßhaft auf. Als sie mir aber zu ernst wurden, kam es wohl vor, daß ich einer solchen jungen Schwester sagte: „Sie dumme Gans, was verstehen Sie davon?" Nun muß man wissen, wie hoch erhoben sich die jungen Schwestern durch den Empfang des Schleiers dünken. Sie werden in Ansprachen und Predigten als „Bräute Christi" gefeiert. Da war die Titulatur, die ich in meinem nächtlichen Zorne gegen sie anwandte, wirklich fehl am Platze, zumal wenn ihr mit dem Hinweis auf die Tür die Aufforderung folgte: „Scheren Sie sich fort!"

Auffallend selten besuchte mich im Krankenhause der junge Pfarrer, obwohl die Entfernung zwischen Pfarrhof und Krankenhaus kaum fünfzig Schritt betrug. Allein die Pfarrei zählte über dreieinhalb Tausend Seelen; der Pfarrer hatte viel zu tun. Nur ein Breslauer Flüchtlingsgeistlicher, ein Franziskaner, kam öfters zu mir, stellte sich zu meiner kirchlichen Angelegenheit äußerst diskret und sorgte für meine Seele, indem er für meine Tabakpfeife sorgte, die ich wegen der Verkrüppelung meiner linken Hand schwer bedienen konnte. Obwohl mir klosterbrüderliche Gemütlichkeit noch weniger liegt als fanatischer Seeleneifer, gewann ich diesen Franziskaner recht lieb, und ich hatte großes Vertrauen zu ihm, wollte mit ihm auch einmal bei Gelegenheit meine kirchliche Sache besprechen.

Inzwischen hatte irgend jemand meiner lieben Frau die Meinung beigebracht, daß ich leichter gesunden könnte, wenn ich mich zur Nachgiebigkeit gegen die Kirche entschließen würde. Sie kniete eines Tages an meinem Bette und sagte mir, sie selbst wolle kein Hindernis sein, wenn ich den Frieden mit der Kirche suchen wolle, und ich solle tun, was ich tun müßte, ohne Rücksicht auf sie. Ich war ein wenig verwundert, denn ich kannte meine Frau von einer anderen Seite. Ich sagte ihr zunächst: Von diesen Dingen rede ich erst, wenn ich wieder gesund bin. Man soll meine Erkrankung nicht mißbrauchen, um mich wieder für die Kirche einzufangen. Wußte ich doch, welch schlechte Karte mir bei diesem Spiel ausgegeben werden würde. Trotz der Macht der Kirche hatte ich doch noch mehrere Trümpfe in der Hand, und ich war willens, sie bei Gelegenheit auszuspielen.

Irgendwie war aber mein Widerstand gebrochen, vielleicht erst als man sich unter den Schwestern erzählte, ich habe einen Schlaganfall erlitten (ich hatte an dem betreffenden Tage nur etwas mehr und tiefer geschlafen als sonst); — nein, das Gerede von dem Schlaganfall war später, als man es gar nicht mehr erwarten konnte, daß ich einen seligen oder unseligen Tod stürbe — ich weiß nicht mehr, woher der Stoß gegen meinen Widerstand kam! Vielleicht daher, daß der Franziskanerpater so gütig zu mir war und überhaupt nicht davon sprach, daß ich zur Kirche „zurückkehren" müsse. Vielleicht daher, daß ich es doch nicht länger ertragen konnte, da als ganz gewöhnlicher Mann behandelt und abgekanzelt zu werden, wo ich früher als Priester und Professor in hohem Ansehen gestanden hatte.

Eines Spätnachmittags war der Franziskaner bei mir und hatte mir gerade eine Pfeife in Brand gesteckt. Neben mir lag ein Böglein Papier und Bleistift. Halb im Traume nahm ich beides und reichte es dem Franziskaner mit den Worten: „Der Pfarrer würde eine große Freude haben, wenn ich jetzt meine Unterwerfung unter den Spruch des

kirchlichen Lehramtes erklärte. Ich habe den Pfarrer sehr
lieb und möchte ihm diese Freude bereiten. Darf ich Ihnen
die betreffende Erklärung in den Stift diktieren?"
Die Augen des Franziskaners leuchteten auf. Gern
sagte er zu und griff zu Papier und Stift.
Und ich diktierte, immer noch halb im Traum und zur
anderen Hälfte in den Wolken meines damals noch guten
Tabaks, den mir ein Berliner Freund, ein Reichsbankrat,
der Verfasser des schönen Buches von der Tierseele, Dr.
Bernhard Hecke, kurz vor seinem Tode geschenkt hatte:
„1. Ich anerkenne das kirchliche Lehramt mit aufrichtigem Herzen und unterwerfe mich seinem Spruche, besonders insoweit er die vom Lehramt indizierten Bücher
betrifft. Diese genannten Bücher sind sämtlich aus dem
Buchhandel verschwunden. Es tut mir leid, wenn sie der
katholischen Kirche irgendwie geschadet haben. Sollte ich
in Zukunft noch einmal ein Buch schreiben können, will
ich es nur nach Gutheißung der Kirche veröffentlichen.
2. Die Forderung auf Wiederholung kirchlicher Eides-
leistung will ich gern erfüllen in der Form einer gottesdienstlichen Handlung mit meinem Ortspfarrer.
3. Die Ehe, die ich vor achtzehn Jahren nicht unter dem
Gesetz der Sinneslust, sondern in vermeintlicher Gewissensnot geschlossen habe und der vier Kinder entstammen,
hat seit etwa drei Jahren infolge von Alter und Krankheit
den Charakter eines rein geschwisterlichen Zusammen-
seins angenommen und steht ganz im Dienste der katholischen Erziehung der Kinder. Die Kinder sind vollwertige
und eifrige Mitglieder der Gemeinde von Schlegel.
4. Ich gebe diese Erklärung ab mit Wissen und Willen
meiner Frau in gemeinsamer Sehnsucht nach Teilnahme
am sakramentalen Leben der Kirche." Der Pfarrer fügte
nachträglich bei 3. hinter dem Wort ‚Gewissensnot' ein:
„Gegen den offenbaren Wortlaut des Kanonischen Rechtes". Ich hielt das für einen unwesentlichen Zusatz und erhob keinen Einspruch gegen diese Erweiterung meiner Erklärung. Rührend bedankte sich der Franziskaner für die
Erklärung, was für einen so treuen Sohn der Kirche nicht
unverständlich ist. Er hatte eben die römische Kirche nur

als die echte Gründung des göttlichen Lehrers von Nazareth erfahren und sah nicht, wie gleich einem Dämon der Gott der griechisch-römischen Antike hineingefahren war und den Geist Jesu Christi zurückgedrängt hatte. Auch der Pfarrer soll sich sehr über die Erklärung gefreut haben. Er wie der Franziskaner äußerten die Meinung, die ich wohl wörtlich wiedergeben kann mit den Worten: „Mehr kann nun niemand vom Professor verlangen!"

Mich überkam an jenem Abend eine sonderbare Ruhe. Ich hatte die Erklärung wirklich in aller Aufrichtigkeit abgegeben, aber so wie ein Schachspieler aufrichtig spielt, auf offenem Brett, freilich auch ohne meine Schachzüge zu erklären, zu kommentieren. Nun, da ich das Spiel verloren habe, kann ich dies ja offen sagen. Ich hatte keines meiner Bücher verleugnet, sondern nur festgestellt, daß keines mehr im Buchhandel zu haben ist. Denn was die Kirche nicht zustande gebracht hat, die beinahe restlose Vernichtung meines religiösen Schrifttums, das hat die Kulturpolitik des nationalsozialistischen Staates fertig gebracht. Auch wegen meiner Ehe habe ich kein Wort der Reue gesagt, sondern nur den gegenwärtigen Zustand wahrheitsgetreu angegeben. Ganz eindeutig sagen schließlich die letzten Worte der Erklärung, daß es uns nur um das sakramentale Leben der Kirche geht. Das ist das Leben des Gottes, den ich liebend suche und der da ist ohne Macht, ohne Gewalt, ohne schimmernde Heiligkeit, ohne triumphierende Gerechtigkeit, klein, ohnmächtig, von einem Windhauch fortzuwehen, unter der Gestalt des eucharistischen Brotes und des winzigsten Brosamen, über die das Testamentswort Jesu gesprochen wurde.

Aber alles, was mich da vor dem Einschlafen überkam, gehört zu den „noctium phantasmata" (Trugbilder der Nacht), zu den versucherischen Einflüsterungen, vor denen uns der Hymnus des Completoriums „Te lucis ante terminum" (Hymnus des Abendgebetes „Dich, den Schöpfer der Welt, bitten wir vor dem Schluß des Tages . . .") schützen soll. Wir sind gelehrt worden, ihrer nicht zu achten. Ich hatte nun in der Tat, wie der Pfarrer und der Ordenspriester sagten, alles getan, was die Kirche von mir verlangen konnte. Der Pfarrer vervielfältigte meine Erklärung mit seiner Schreibmaschine und schickte sie an die inbetracht kommenden kirchlichen Behörden.

Während der Belagerung von Breslau hatten sich viele Breslauer in die Grafschaft Glatz geflüchtet, und eines Tages hörte ich, daß der Generalvikar des Bistums Breslau nach der Grafschaft kommen wolle, um die flüchtigen Pfarrer in einer Konferenz zu versammeln. Im Anschluß daran wolle er nach Schlegel kommen. Es war mir klar, daß dies meinetwegen geschehen solle.

Der Generalvikar war wie ich ein Schüler und Doktorand meines geliebten, nun schon 31 Jahre lang verewigten Universitätslehrers Professor Dr. Max Sdralek, nur 3½ Jahre jünger als ich, aber meines Erinnerns in Rom zum vollendeten Kanonisten ausgebildet und dort auch mit dem theologischen und kanonistischen Doktorhut geziert. Wir Sdralekschüler hielten immer etwas zusammen. War es nicht geradezu Freundschaft, so war es doch etwas Ähnliches. Ich meinerseits hatte früher den jetzigen Generalvikar zu meinen Freunden gerechnet und freute mich jetzt, ihn wiederzusehen und meine Sache in seiner Hand zu wissen.

Der Generalvikar kam, und meine Frau wurde auf den Pfarrhof bestellt. Ich berichte nun ohne jede Gewähr, denn als mir die Sache erzählt wurde, lag ich eben krank und hatte für alles, was da geschah, wenig Interesse und wenig Gedächtnis. Der Pfarrer stellte meine Frau dem Generalvikar vor, verließ aber dann sogleich das Zimmer.

Der Generalvikar begann, jede Anrede vermeidend: „Sie haben mich hierher bestellt!"
Darauf meine Frau verwundert: „Ich habe Sie nicht bestellt, das hätte ich mir nie angemaßt, sondern ich bin bestellt worden!"
Auf die Sache eingehend erklärte nun der Generalvikar, er habe Kenntnis genommen von der Erklärung, die ich dem Pfarrer abgegeben habe. Was ich da erklärt habe, sei aber jetzt unwesentlich. Wesentlich sei, daß ich mich entschließen müsse, mein Haus und meine Familie zu verlassen und auf die Dauer im Krankenhaus Wohnung zu neh-

men mich verpflichten müsse. Das sei das Urteil des Kardinals und Fürstbischofs.

Ich glaube, meine Frau ist das Lachen angekommen. Nichts ist so lächerlich wie ein bewußt vergebliches und doch ernstlich oder gar amtlich ausgesprochenes Wort. Kardinal wie Generalvikar wußten ganz genau, daß sie mich mit ihrer uns wahrhaft überraschenden Forderung mitten ins Herz trafen, von wo nur ein schallend lachendes Nein kommen konnte. Im ganzen Lande ist bekannt, wie ich an meinem Hause hänge, das ich mir selber aufgebaut habe, und nur vertrocknete Zölibatäre können sich denken, daß ich um eines Paragraphen des Kanonischen Rechts willen ein so herrliches weibliches Wesen wie meine Frau und drei helläugige Kinder verlassen könnte.

Meine Frau antwortete dementsprechend und sprang schließlich dem Generalvikar mit der Frage ins Gesicht: „Hat denn der Kardinal kein Herz im Leibe, daß er von meinem Mann solches verlangen kann?" Da sagte der Generalvikar mit der ganzen Kühle seines Wesens: „Das können Sie nicht verlangen!" Meine Frau darauf: „Ein großes Wort für einen Nachfolger der Apostel, denen ihr Meister immer die Liebe als höchstes Gebot lehrte." Er darauf: „Der Kardinal kann nicht anders." Und sie: „Vor kurzem schrieb mir Professor Krebs, daß Joseph Bernhart die Laienkommunion empfing. Also liegt es doch am guten Willen des Amtes, solches möglich zu machen." Der Generalvikar: „Auf Joseph Wittig sehen zu viele Protestanten, deshalb muß die Kirche hier besonders scharf vorgehen." Meine Frau: „Welch merkwürdige Ansicht in dieser Zeit, da endlich durch die bitterste Kriegsnot die Konfessionen freundschaftlich zusammengeführt werden und die ersehnte Una Sancta Gestalt gewinnt."

Er darauf: „Es gibt nur die Rückkehr zum wahren Glauben der katholischen Kirche für den Einzelnen und für die Häretiker im ganzen." . . .

Schließlich fragte der Generalvikar, ob er mich in meinem Krankenzimmer aufsuchen und mir selbst die Forderung des Kardinals vorlegen solle. Darauf meine Frau:

„Sie werden dort keine andere Antwort bekommen, als die ich Ihnen gegeben habe: ein entschiedenes Nein!"

Ich hatte mich schon zur Mittagsruhe niedergelegt, da klopfte es an der Tür meines Krankenzimmers, und herein trat der Generalvikar. Ich erwiderte in einem Aufflackern alter Freundschaft herzlich seinen Gruß und Händedruck. Mir fiel zuerst die Jugendlichkeit seiner Erscheinung und die Schwärze seiner klerikalen Gewandung auf, aus der ein hellschimmernder, bleicher, wenig behaarter Kopf emporragte. Auch der Händedruck war bleich und weich. Ich kam mir auf einmal ihm gegenüber sehr gesund und derb vor. Er war klein von Gestalt und hatte nichts von der Korpulenz und Würde an sich, mit der man sich kirchliche Würdenträger behaftet vorstellt. Er stutzte bei der Anrede und fragte, ob er denn auch wirklich noch Du zu mir sagen dürfe.

„Aber natürlich! Wir sind doch alte Freunde!"

Dann brachte er vor, was er zu sagen hatte. Ich antwortete: „Die Kirche hat in solchen Fällen schon öfter eine Ehe, wie ich sie geschlossen habe, nachträglich anerkannt!"

Mein Gott, ich bin doch auch Theologe und war bis zu meinem 47. Lebensjahre ein Mann der Kirche und hatte so ziemlich alles zur Kenntnis genommen, was im kirchlichen Bereiche geschehen war. Hatte ich auch nicht in Rom das Jus canonicum studiert, so kannte ich doch das Jus canonicum ziemlich genau. Der von Rom approbierte Kanonist wußte meist keine bessere Antwort als das scheinbar aus tiefster Kirchlichkeit emporsteigende Wort: „Nein, das k a n n die Kirche nicht!" Und er sagte es mit so unendlicher Güte, daß alle Geister der Bosheit in mir wach wurden. Schließlich lachte ich ihm ins Gesicht und rief: „Mache m i c h doch einmal zu eurem Bischof, ich werde euch zeigen, was die Kirche kann!"

Damit war meines Erinnerns das Gespräch an seinem Ende angelangt. Der Generalvikar verabschiedete sich freundlich, und ich zündete mir, so gut und schlecht es mit meiner verkrüppelten Hand ging, rasch noch eine Tabakpfeife an. Wegen der Luft in dem stillgewordenen Krankenzimmer. Nachher gelang es mir sogar, noch ein wenig einzuschlafen.

War schon an dem Abend nach Abgabe der „Erklärung" eine wundersame Ruhe über mich gekommen, so war die Ruhe, die mich nach dem Besuch des Generalvikars und nach dem Nein, das ich ihm mit auf den Weg gab, erfüllte, noch viel wundersamer. Endlich hatte sich der alte heidnische Gott, dem der Generalvikar diente, völlig entlarvt, und ich konnte ihm frei in das unmenschliche Antlitz und auf die herzlose Brust sehen. Es war weder Jesus Christus noch der Vater Jesu Christi; es war ein Dämon, der sich des Namens und der Barmherzigkeit wie auch der großen sakramentalen Gnadengeschenke Jesu bemächtigt hatte und nun als ein anderer Baal unsere Seelen zu knechten und zu quälen versuchte, dieser Ens a se, dieses Produkt der scholastischen Philosophie, dem ich früher mit den besten Kräften meines Geistes und Herzens gedient hatte. Jetzt fühlte ich mich endgültig frei von ihm. Jetzt wollte ich wie ein Neugeborener allein noch in die Schule des großen Lehrers von Nazareth gehen und mit ihm den suchen, den ich mein Leben lang gemeint und geminnt hatte als meinen Vater, der da ist in den Himmeln und dessen Vatername geheiligt, dessen Reich mit aller Sehnsucht des Herzens gesucht werden sollte.

DER BETRÜBTE PFARRER

Der Pfarrer, der mich im Krankenhause schon sehr selten besuchte, seitdem aber überhaupt nicht mehr zu mir gekommen ist, obwohl wir im ersten Jahre seiner hiesigen Wirksamkeit gute Freundschaft miteinander hatten, schrieb am 2. Mai 1945 folgenden Brief an meine Frau, der er wenigstens den Frauentitel nicht versagte. Dieser Brief setzt nun der Unmenschlichkeit des Kardinals und seines Generalvikars die Krone auf, aber eine Krone, die im Feuer der Hölle geschmiedet ist. Der Brief offenbart die geistliche Abhängigkeit der geistlichen Zwergbehörde der Grafschaft

Glatz von dem großmächtigen Fürsterzbischof von Breslau. Und solche Abhängigkeiten wirken ja immer lächerlich. Das Lachen dabei ist Teufelsgekicher.

Schlegel, Kr. Glatz, Schlesien

Schlegel, den 2. Mai 1945

Sehr verehrte Frau Professor!

Schweren Herzens schreibe ich diesen Brief, der so gar nichts Tröstliches und Hoffnungsvolles geben kann. Vielleicht wäre es besser, dieses alles Ihnen und dem lieben Herrn Professor mündlich zu sagen, aber ich fürchte, daß ich nur halb sagen kann, was einmal gesagt werden muß. Ich bitte, diesen Brief in diesem Sinne aufzufassen und nicht als ein Zeichen persönlicher Härte und Gefühllosigkeit zu nehmen. All die frohe Hoffnung und Zuversicht, die das Protokoll vom 24. 4. (meine „Erklärung" vgl. S. 113) bot, ist ausgelöscht. Roma locuta (Rom hat gesprochen). Herr Generalvikar hat den kirchenrechtlichen Standpunkt in aller Klarheit und Härte dargestellt: Die Forderung einer Trennung auch der äußerlichen ehelichen Gemeinschaft. Ich erschrak, als ich diese Forderung hörte, und kann Ihre Empörung und den schweren Schlag für den Herrn Professor wohl verstehen. Nochmals suchte ich einen Ausweg zu finden und wollte am Montag mit dem ehemaligen Generalvikariatssekretär (der Grafschaft Glatz), einem Menschen, dessen Erfahrung, Einsicht und Seelenwärme ich überaus schätze, wie auch mit Herrn Generalvikar (der Grafschaft Glatz) darüber sprechen. Eine vorübergehende Mandelentzündung hinderte mich daran. Um nicht Zeit zu verlieren, bat ich Herrn Pater Gregor (den Franziskaner, dem ich die „Erklärung" diktiert hatte), der mit Ihnen und Herrn Professor empfindet, an meiner Stelle folgende Fragen vorzulegen:

1. Frage: Kann gegen den Bescheid der Breslauer Behörde etwas getan werden? Antwort: Nein.

2. Frage: Kann in direkter Lebensgefahr die Absolution (Lossprechung von Sünden und Zensuren) ohne Erfüllung der geforderten Bedingung erteilt werden? Antwort: Nein!

119

3. Frage: Was wird, wenn ich als Ortspfarrer in eigener Gewissensverantwortung bei einem späteren Rekurs an die Pönitentiarie (römisches Amt für Bußfragen) *die Absolution erteilte? Antwort: Diese Absolution ist ungültig, da sie über meine Vollmachten hinausgehe. Außerdem verfalle ich* (der Ortspfarrer) *der Suspension* (Amtsenthebung).

Herr Generalvikar (der Grafschaft Glatz) *erklärte noch, daß ein kirchliches Begräbnis nach einer Absolution in foro interno* (Geheimbeichte) *allein nicht möglich sei. Es müsse absolutio in foro externo erfolgen* (d. h. wohl der Öffentlichkeit irgendwie zugänglich sein, eine Absolution, die vom römischen Amte ausgesprochen und veröffentlicht wird).

Dies ist der Stand der Verhandlungen: hart und bitter. So hart, daß man glauben könnte, berechtigt zu sein, der Kirche Vorwürfe der Lieblosigkeit machen zu dürfen.

Aber Vorwürfe bringen uns nicht weiter. Verstehen ist mehr. Die Kirche muß das Ganze über den Einzelfall stellen. Um eines großen Wertes willen — und ein solcher Wert ist der Zölibat — die scheinbar berechtigten Forderungen des einzelnen zurückweisen. Vieles — nicht Unmögliches — wird von Ihnen verlangt. Aber die Kirche ist in Gefahr, mehr preiszugeben, ihr durch die Jahrhunderte bekämpftes und durchgekämpftes Zölibatsgesetz. Jede Durchbrechung ist eine Lockerung des Gesetzes. Auch für andere. Um so mehr, je bekannter und öffentlicher der Fall ist. Sie, verehrte Frau Professor, berufen sich auf den Fall Bernhart. Er ist der Öffentlichkeit wenig bekannt — und gerade deshalb und vielleicht auch aus anderen, für uns nicht erfahrbaren Gründen hat die Pönitentiarie (nicht die bischöfliche Behörde) *das weitere Zusammenleben gestattet. Aber so wie Sie sich — mit einem gewissen Recht — darauf berufen, so würden sich andere auf den Fall Joseph Wittig berufen und berufen dürfen.*

Ich wage der bischöflichen Behörde keinen Vorwurf zu machen, so hart ihre Entscheidung auch ist, zumal ja die bischöfliche Behörde an ihre Vollmachten gebunden ist. Vielleicht können Sie mich und auch das harte Nein der Kirche verstehen.

Für uns gilt es nun zu erwägen, was zu tun recht und möglich ist.

Die Kirche ist an ihre äußeren Normen um der Allgemeinheit willen gebunden, wie sie immer an ihre Normen gebunden war, auch in der Zeit der frühchristlichen Liebe.

An diesem Überzeugungskampf verschwächt sich der Gesundheitszustand des Herrn Professors immer weiter.

Und der andere Weg: Der Gewissensunsicherheit nachgehen. Vielleicht steht am Ende das völlige Ja zu den Forderungen der Kirche. Es wäre etwas Großes, dieses Eingehen auf den Wunsch der Kirche, aus Liebe zur Kirche, wie sie einmal als gottgewollte Organisation geworden ist. Die Bejahung der aus menschlicher Schwäche notwendigen Gesetze.

Dieser Weg würde Trennung auch der äußeren ehelichen Gemeinschaft bedeuten. Er würde Ihnen, verehrte Frau Professor, überaus schwer werden. Aber er würde auch Ihnen und dem lieben Herrn Professor den Frieden und, wie man hoffen darf, auch ein längeres Leben geben können.

Viel wird damit von Ihnen verlangt, aber ich weiß, daß Sie aus wahrer Liebe, um helfen und heilen zu können, das Ja dazu sprechen können. Die Art und Weise dieser Trennung ist, so schwierig sie auch bleibt, dennoch eine sekundäre Frage. Zunächst geht es um das Grundsätzliche.

Es bleibt ja noch die Möglichkeit eines späteren Rekurses an die Pönitentiarie (wenn die Grenzen wieder offen sind), ob nicht um der Kinder willen das Zusammenleben unter einem Dache gestattet werden könne. Doch soll dies keine Vertröstung auf später sein, da ich nicht beurteilen kann, ob ein solcher Rekurs aussichtsreich ist.

Über all dieses möchte ich einmal, da nun das Schwerste gesagt ist, mündlich eingehender sprechen. Noch immer hoffe ich: es muß einen Weg zum Frieden geben.

Es fällt mir überaus schwer, dem Herrn Professor einen schon längst notwendigen und schuldigen Besuch zu machen, weniger weil die für einen Besuch günstige Zeit bei mir meist besetzt ist, als vielmehr weil ich den Trost nicht bringen kann, den ich bringen möchte. Ich käme mit gebunde-

121

nen leeren Händen und muß fürchten, so seine Nieder-
geschlagenheit noch zu vermehren.

Aber ich will es dennoch wagen, um nicht den Eindruck
zu erwecken, als ob ich mich abgewandt habe. Ich sinne und
bete — und mit mir viele andere — um einen Weg zum
Frieden.

Mit ergebenstem Gruß Ihr . .

Zu manchen Äußerungen dieses Briefes ließe sich allerlei sagen. Ich will es aber bleiben lassen. Es wird wohl dem
Leser, der nicht kirchlich voreingenommen ist, von selbst in
die Augen springen. Hie und da macht die kritische Veranlagung des Pfarrers ein Fensterlein auf, um aus dem
Briefe herauszuschauen, an anderen wird offenbar menschliche Treulosigkeit mit kirchlichen Schleiern verhängt und
verdeckt. Kurz, die Kritik dieses Briefes wäre für mich ein
zu trauriges Geschäft, dem ich mich wohl entziehen darf.
Ernstlich zurückweisen muß ich das Wort von der Gewissensunsicherheit. Mein Gewissen ist durchaus eindeutig und
klar, seine Sprache von einer Sicherheit, vor der ich selber
manchmal erschrecke. Unsicher ist vielleicht manchmal mein
Herz. Auch die „tiefe Niedergeschlagenheit" hat mit kirchlichen Dingen nichts zu tun. Ich bin nur unglücklich, weil
ich nicht mehr so arbeiten kann wie früher, nicht mehr rü-
stigen Fußes durch Felder und Wälder wandern kann, die
mich von Tag zu Tag heftiger und süßer zu sich locken.
Das Urteil des Prälaten und Kanonisten über mich ist mir
ziemlich gleichgültig, und ehe ich mich da niederschlagen
lasse, schlüge ich lieber selber einen nieder trotz des Ana-
thems: „Si quis clericum percusserit . . ." („Der einen Geistlichen geschlagen hat . . .').

EIN UNGESCHRIEBENER BRIEF

Die ehrwürdigen Schwestern des Krankenhauses erfuh-
ren natürlich den sie sehr enttäuschenden Ausgang der
Verhandlungen. Sie bemühten sich aber doch, mich nichts

davon merken zu lassen. Aber ihre Mienen und der Ton ihrer Stimme verrieten mir ihre tiefe Enttäuschung darüber, daß ich mich nicht hatte einfangen lassen. Von Tag zu Tag wurden sie mir unleidlicher, so daß ich mit meiner Frau den Entschluß faßte, noch vor Pfingsten das Krankenhaus zu verlassen und in mein Haus zurückzukehren, kränker und elender, als ich zehn Wochen vorher die Kur begonnen hatte. Die Nervenschmerzen und die Schwäche in meinen Beinen waren noch so schlimm, daß ich den Weg nach Hause nicht zu Fuß versuchen konnte. Die Wunde am Oberarm war noch so groß wie eine Kinderhand, und außer ihr war der einzige Erfolg der zehnwöchigen Kur, daß wohl für meine Lebzeit meine linke Hand verkrüppelt bleibt. Sie war, als ich das Krankenhaus verließ, noch dick angeschwollen und sehr schmerzhaft gespannt, hängt ja auch heute noch kraftlos und geknickt am Arm, nachdem es der Pflege meiner Frau gelungen war, die Wunde zu schließen, und der Massage meines Schwagers, die Anschwellung der Hand ein wenig zurückzudrängen. Die Schlaflosigkeit ist geblieben, wie sie war. Gelang es uns einige Wochen lang, sie zu mindern, so nur mit den Mitteln, die uns die ärztliche Entziehungskunst sehr spärlich gewährte, und die mir bald ganz fehlen werden, wenn die in feindlicher Verwaltung stehenden Apotheken keine Vorräte mehr haben werden.

Die Heimfahrt auf dem Krankenstuhl, mitten im Monat Mai, war ein wunderbares Erlebnis. Eine Schwester vom Roten Kreuz, bis Ende des Krieges Lehrerin an der Volksschule des Dorfes, unsere erste und treueste Freundin und Besucherin unseres Hauses, schob abwechselnd mit meinem großen Jungen den fahrbaren Stuhl durch die Frühlingsherrlichkeit der Landschaft. Wie liebte ich die Felder zur Rechten und zur Linken der Landstraße! Wie war ich einst als Schulkind alle Feldwege und die Landstraße entlang gesprungen! An ihren Rändern und Rainen hatte ich ganze Seligkeiten des Himmels erlebt. Und Gottesoffenbarungen so süß und hell, daß alles, was ich später in meinen Büchern davon schrieb, nur wehende Schatten sind.

Daheim lernte ich nach einigen Wochen wieder das Laufen, freilich mehr ein Schleichen um die Nachbarfelder, allmählich auch das Treppensteigen zu meinem Arbeitszimmer. Am 2. Juli und dann noch einmal am 15. August, den beiden mir seit je so lieben Marientagen, wagte ich sogar, auf die nächste Berghöhe zu steigen, auf deren Gipfel das schon genannte Bildstöckel steht. Mit Tränen in den Augen!

So wuchsen mit dem Sommer und dem Getreide Hoffnung und Zuversicht. Nun ist aber wieder der Herbst mit seiner Kühle und Düsternis gekommen. Meine Schritte wurden wieder schwerer, meine Schmerzen lebhafter. Und immer noch blieb die Schlaflosigkeit. Bis Ende September hatte ich mich noch nicht ermannen können, eine literarische Zeile zu schreiben. Erst am St. Michaelstage, einem meiner privaten, aber sehr seligen Festtage, entschloß ich mich, einige Zeilen zu versuchen, die ersten dieses Buches. Im übrigen habe ich viel gelesen, meist Belletristik, zu der ich im Arbeitseifer meiner früheren Jahre nicht gekommen war. Nicht mehr Kriminalromane und Karl May. Soweit war mein Geist wieder genesen. Endlich lernte ich Fontane und Wilhelm Raabe kennen und lieben. Hinreichend wach wird mein Geist erst in den mitternächtlichen Stunden. Da schreibe ich, nach der „Sommerzeit" gerechnet, von halb elf bis halb ein Uhr. Dann lege ich mich zu Bett, um mit Hilfe einiger Medikamente eine Stunde Nervenruhe, nicht Schlaf, zu gewinnen. Von halb zwei bis halb drei Uhr sitze ich am Bettrande und lese, jetzt die kleinen Geschichten von Wilhelm Raabe. Dann wieder ein Medikament und eine Stunde Nervenruhe. Von halb vier bis halb fünf Uhr sitze ich in meinem Arbeitszimmer und lese irgend ein schönes Buch. Um halb fünf Uhr nehme ich ein mir dem Namen nach unbekanntes Medikament, das uns eine Gemeindeschwester geschenkt hat. Mit dessen Hilfe schlafe ich ein und kann manchmal bis in den hellen Tag hinein schlafen. Nach dem späten Frühstück befällt mich ein Erschöpfungsschlaf von einer Stunde, nach der es Zeit zum Mittagessen wird. Anfänglich wurde mir auch noch ein Mittagsschlaf geschenkt, anstelle dessen jetzt einige tote Stunden bis zum Vesperkaffee getreten sind. Nach der Vesper gehe ich hinaus ins

Freie und umwandle die nächsten Felder, indem ich einige mir lieb gewordene Gebete verrichte, unter anderem einen kleinen Psalter, den ich mir in der Studentenzeit angewöhnt habe. Nachher sitze ich wieder lesend und jetzt auch manchmal schreibend am Schreibtisch. Nach dem Abendessen gehen wir in das väterliche Nachbarhaus zu meinem Schwager, der mir die kranke Hand massiert, und da schütten wir alle den Herzenskummer aus, den uns das Unglück unseres Vaterlandes gebracht hat.

Wer kennt die Qual einer ganzen Reihe schlafloser Stunden? O, eine oder zwei schlaflose Stunden sind schön. Da kann man denken und dichten. Wenn es aber bald beginnt, in den Nerven zu stechen, in den Gelenken zu ziehen, den Körper bald auf die rechte, bald auf die linke Seite zu werfen, besonders wenn an der linken Seite eine große Wunde und in der rechten Schulter heftige Neuralgien wüten, dann hört das Vergnügen der Schlaflosigkeit auf; dann springt man bald aus dem Bett und vertieft sich in ein Buch oder vielmehr in die Schicksale und Leiden anderer Menschen, von denen das Buch erzählt.

Es gibt aber auch schlaflose Stunden, in denen der Geist wie von einem fremden Geiste heimgesucht ist. Ich habe in solchen Stunden Bücher und Briefe geschrieben, deren Texte ich am Tage nicht zu Papier zu bringen vermochte. So arbeitete ich nächtelang an einem Briefe, in dem ich eine Abrechnung mit Kardinal Bertram halten wollte. Ich? Ach, es war nicht Geist von meinem Geiste. Es war ein fremder Geist, der mir den Brief wörtlich diktierte, einen langen Brief, vom Anfang bis zum Ende. Mit einer Klarheit, zu der ich am Tage gar nicht fähig war, sah ich die Schuld des Rom gegenüber ängstlichen Kardinals an dem Zerbruch meines ursprünglichen, doch sehr glücklichen klerikalen und akademischen Lebens; mit Messerschärfe formten sich mir Worte, Sätze und Anklagen gegen den Mann, der nun schon in der Mitte der achtziger Lebensjahre stand und wahrhaftig Grund hatte, sich vor dem Gericht Gottes zu fürchten. War ich dies, den er selbst als den „Mann ohne Eisen" bezeichnete, der jedes Tierlein schonte und sich jedes schuldigen Menschen erbarmte?

Ich war damals noch so geschwächt, daß ich am Tage nicht die Kraft hatte, den Brief zu Papier zu bringen oder mir auch nur seinen Wortlaut zu merken. Ich hätte wohl auch nie den ernstlichen Entschluß gefaßt, den Brief nieder- zuschreiben und abzusenden. Es war ja auch die Zeit ge- kommen, in der die Postämter nicht mehr funktionierten und der Postverkehr so darniederlag, daß es nur möglich war, Briefe gegen hohe Gebühr in polnischer Währung innerhalb der Grafschaft zu versenden. Weder Breslau noch Jauernig, die Sommerresidenz und der damalige Zu- fluchtsort des Kardinals, war postalisch zu erreichen. Inzwi- schen wurden mir Tod und Begräbnis des Kardinals in Jauernig gemeldet. Der Mann ist unter meinem Fluch ge- storben. Ich habe aber diesen Fluch sogleich zurückgenom- men und das Gebetlein gesprochen: „Herr gib ihm die ewige Ruhe und das ewige Licht leuchte ihm! Herr, lasse ihn ruhen im Frieden. Amen!"

DER TEUFEL LOS

Der zum Bistumsverweser ernannte Weihbischof besuchte einige Wochen später seine Verwandten in unserer Gegend und sagte, meine damalige Erklärung sei nicht bis nach Breslau gekommen und sicher in Jauernig liegen ge- blieben. Er sei der Meinung, daß unter den heutigen Ver- hältnissen niemandem die freiwillige Aufgabe seines Wohnhauses und die Trennung von seiner Familie zuge- mutet werden könne. Er empfehle mir, die Erklärung noch einmal für Breslau zu wiederholen und in seine Hände zu spielen.

Ich habe dies bis jetzt nicht getan. Weiß nicht, warum. Der Weihbischof ist mir sympathisch und lieb, schon wegen seiner hiesigen Verwandtschaft, von der uns schon viel Gutes zugekommen ist. Aber er steht im Dienste des römi- schen Geistes, und ich will ihn nicht in Verlegenheit bringen. Lieber von dem heidnischen Gott der römischen Kirche zur Hölle verurteilt werden, als noch einen guten Menschen hier auf Erden von meiner Seite zu verlieren. Und darauf kam es doch hinaus.

Unser Ortspfarrer hat sich bei uns nicht mehr sehen lassen. Als wir von den Polen evakuiert werden sollten und mit einem Wägelchen notwendigster Habe ins Dorf fuhren, wo ich im Krankenhaus Zuflucht suchen sollte, während die Meinigen, die drei Kinder mit ihrer Mutter, in das Elend der Landstraße ziehen wollten — im Dorf war inzwischen eine Milderung der Evakuierungsbestimmungen bekannt geworden, — baten wir den Pfarrer, unsere Flüchtlingshabe für eine kurze Zeit im Pfarrhofe zu verwahren und mich eine Viertelstunde in seiner Stube von dem schweren, für meine schmerzenden Beine sehr mühsamen Wege ausruhen zu lassen. Er gewährte uns diese Bitten, was ihm der Herrgott lohnen möge. Wir gingen dann wieder zu Fuß nach Hause, einen Weg von drei Kilometern, durch eine wunderbar schöne Sommerabendlandschaft. Ich hatte nicht gedacht, daß ich mein Haus noch einmal sehen würde, hab wohl ein Tränlein vergossen, als ich wieder in meinem Arbeitszimmer saß und den Jubel der Kinder durch das Haus schallen hörte. Beinahe hätte das Nachkriegsgeschehen das erreicht, was die römische Kirche mir zugedacht hatte: daß ich mein geliebtes Haus für immer verlassen und für unabsehbare Zeiten von Weib und Kindern getrennt werden sollte.

Es überfielen dann noch mehrmals Plünderer mein Haus und verwüsteten es. Einer von ihnen hauste wie ein Teufel in meinem Schlafzimmer, in dem ich krank zu Bette lag, zog immer wieder seinen Revolver und schoß über meinen Kopf hinweg. Einer der Schüsse traf das liebliche Bild der Madonna mit dem Rosenkranze von Murillo. Die Kugel durchschoß das Bild hart an der rechten Schulter der Madonna und fiel dann mit den Scherben der zertrümmerten Glasscheibe in mein Bett.

Während der Schießerei in meinem Schlafzimmer wurde meine Frau mit den Kindern im unteren Geschoß, in Küche und Eßzimmer von einem anderen Bewaffneten festgehalten, der seine Waffe sogar gegen das Bild des gekreuzigten Heilandes richtete und dann ins Gesicht unseres großen

Jungen setzte. Da schlug ihm meine tapfere Frau die Waffe aus der Hand und machte ihn dadurch so perplex, daß er sie sogar zu mir heraufgehen ließ, wo der Teufel inzwischen begonnen hatte, mein Arbeitszimmer zu verwüsten.

Es war dies aber der letzte Überfall auf unser Haus, diesmal keine eigentliche Plünderung — es war uns ja schon alles weggenommen worden — sondern eine grausame Verwüstung. Man sagt: wenn der Blitz eingeschlagen hat, hört das Gewitter auf. Ein solcher Blitz war für unser Haus der Schuß in das Madonnenbild. Es kam fortan weder zu einer Plünderung noch zu einer Verwüstung mehr. Ängstigungen kamen freilich immer wieder von neuem, und die trübe Zeit wurde immer trüber. Den Leuten wurde das meiste Vieh aus dem Stalle geholt und geschlachtet oder abgetrieben, Gänse und Hühner gestohlen, Schweine erschossen und abgeschlachtet. Noch hat man die letzte Kuh geschont und stehen gelassen, aber jetzt geht man auch nach der letzten Kuh. Die Leute verstecken ihr Vieh in fremden Ställen, Verschlägen und Kellern. Da macht aber das Füttern und Melken große Schwierigkeiten und viel Laufereien. Auch wir hatten eine versteckte Kuh in einem Kellerraum, und es sind in unserem Hause sogar drei Kälblein zur Welt gekommen. Aber wir haben nichts davon, und wollen es auch nicht, daß wir in den letzten beiden Jahrzehnten den Leuten nach Möglichkeit geholfen haben, mit unverzinsten Darlehen, mit Vermittlung von Telephongesprächen, mit Krankenhilfe, für die meine Frau anfangs oft den Arzt ersetzte, da sie besonders für die Pflege kranker Kinder viel Wissen und Geschick mitbringt. Es ist für sie außerordentlich schwer, ein bißchen Milch und Butter in der Nachbarschaft zu erhalten. Wenn wir wie Bettelleute in die Häuser kommen — ach still! Es ist doch bitterstes Gnadenbrot. Nehmen wir eine Tasse Milch oder eine Schnitte Brot an, dann haben die Leute das Gefühl, sie hätten uns die ganze Zeit reichlich ernährt. Dabei sind einige Nachbarn rührend hilfreich. Der eine raucht nie drei Pfeifen Tabak, ohne mir eine zu schenken, und beteuert mir immer wieder: „Wir lassen euch nicht verhungern!" Aber wir sind sechs Personen und haben noch drei Flüchtlinge bei uns, darunter

eine dreiundsiebzigjährige und eine dreiundachtzigjährige
Frau, die wir eben mitessen lassen müssen, wenn ihre eigenen kleinen Vorräte verbraucht sind. Dazu steht der Winter vor der Tür. Unsere eigenen Vorräte lassen sich kaum
bis Weihnachten strecken. Auch die Kohle reicht nicht weiter. Die Frauen, auch meine eigene, der an der Wiege ein
besseres Lied gesungen worden ist, gehen in den benachbarten Wald und sammeln Holz, wie ich es in meiner ärmsten
Kinderzeit für die Mutter getan habe. Menschlich gedacht,
steht uns der Hungertod bevor. Die Kinder werden jetzt
schon kaum mehr satt. Wir Alten sagen nichts, wenn wir
hungern. Wie die Menschen jetzt sind, müssen wir sagen:
sie werden uns ruhig verhungern lassen. Wir haben kein
Feld und keinen Stall und keinen Getreidespeicher und die
Regierungskassen, von denen wir unser Professorengehalt
ausgezahlt bekamen, sind seit einem halben Jahre geschlossen oder sind vom Erdboden verschwunden. Auch die Spar-
kassen, bei denen wir ansehnliche Sparkonten und Deposita
hatten, zahlen keinen Pfennig mehr aus. Die Preise sind
aufs Hundertfache gestiegen. Das bißchen Spargeld, das wir
im Hause hatten, wird durch die uns aufgezwungene sehr
schlechte polnische Währung hingerafft. Der elektrische
Strom ist über die Maßen verteuert. Wir werden bald kein
Licht mehr brennen, keinen Topf Wasser auf dem elektrischen Ofen zum Kochen bringen, kein Wasser mehr aus der
Wiese ins Haus treiben können. Meine Frau geht
schon mit unseren noch nicht geplünderten Sachen auf den
Neuroder Markt, wo Polen stehen und gierig fragen: „Was
zu verkaufen?" Für einen Arm voll warmer Kindersachen
konnte sie ein Pfund Zucker erstehen. Eine Schachtel Zünd-
hölzer kostete zehn Mark (oder fünf Zloty).

Als Kind armer Eltern habe ich manche bittere Not des
Lebens verkostet. Wir hatten sowohl von Vaters wie von
Mutters Seite sehr gute, wenigstens ein Jahrhundert zurück-
reichende Familienüberlieferungen. Auch bei den Voreltern
und Ureltern war oft große Not. Aber so schlimme Zeiten,
wie wir jetzt, eine solche Angst und Not haben wohl unsere
Voreltern und Ureltern seit Jahrhunderten nicht durchmachen müssen. Immer wieder taucht vor meinen Augen

der eingerahmte Spruch auf, der in der Stube meiner Eltern hing: „Gott hat geholfen, Gott hilft noch, Gott wird weiter helfen." Und wir hatten unsere himmlischen Helfer, denen wir blindlings vertrauten, unsere heiligen Schutzengel, unsere liebe Gottesmutter Maria, den heiligen Joseph, den Patron der Zimmerleute, die heilige Barbara, die Patronin der Bergleute, und viele andere. Es mag ja solche himmlische Hilfe nicht immer sogleich verspürt worden sein, aber von der Höhe unserer Zeit zurückblickend, habe ich doch den Eindruck, daß unsere Voreltern und Ureltern seit Jahrhunderten nicht eine solch trostlose Verlassenheit und Hoffnungslosigkeit empfunden haben, wie wir jetzt; daß sie nie so nahe an der Grenze der Verzweiflung und des Irrsinns standen, wie wir jetzt. Immer gab es Menschen, bei denen Trost und Hilfe zu finden waren. Aber heute sind ja alle Menschen unserer Welt im gleichen Elend. Ich habe keinen Rock mehr zum Anziehen, aber meine bisher immer reicheren Freunde haben auch keinen mehr. Immerhin gibt es in Deutschland gewiß tausende von Menschen, die uns gern helfen würden, wenn sie unsere Not kennten. Aber es ist ja keine Brücke zwischen uns und ihnen. Kein Brief erreicht sie. Vielleicht sind sie auch nicht mehr am Leben. Es ist doch leicht möglich, daß ich bald einmal sterbe. Im Krankenhause dachten die Schwestern ja gar zu gern, daß mich ein Schlaganfall betroffen habe. Wem soll ich meine gute Frau und meine Kinder anvertrauen, wenn ich einmal bald sterbe! Der einzige Mensch, der für sie sorgen würde wie ich und besser als ich, der kinderlose Bruder meiner Frau, mußte in den Krieg ziehen, und wir sind seit mehr als einem halben Jahre ohne jede Nachricht von ihm. Vermutlich ist er in russische Gefangenschaft geraten. Wann wird er in die Heimat zurückkehren dürfen? Und wenn er zurückkehrt, wird er ebenso arm sein wie ich, denn auch er war preußischer Staatsbeamter und wird kaum ein solch angesehenes und auskömmliches Amt mehr bekleiden dürfen wie früher.

Da höre ich von fernher eine Stimme, und diese Stimme spricht „Kommet zu mir, ihr alle, die ihr mühselig und beladen seid! Ich will euch erquicken!" Es ist die Stimme Jesu

Christi. Ich habe keinen Gott mehr, an den ich glaube, aber ich habe diesen Jesus Christus, den die altchristlichen „Atheisten" ihren Gott und Herrn nannten, Jesus Christus, den Sohn der Jungfrau Maria aus Nazareth.

ZU JESUS CHRISTUS!

Ich habe siebzehn Jahre lang, zuerst als Privatdozent mit Lehrauftrag, dann als außerordentlicher Professor und schließlich dreizehn Jahre lang als ordentlicher Professor an einer deutschen Universität Kirchengeschichte und Geschichte der altchristlichen Kultur gelehrt, auf Betreiben meines damals tödlich erkrankten, verehrten und innig geliebten Lehrers Professor Max Sdralek unter Bevorzugung vor allen seinen Schülern staatlicherseits berufen und auf den streng wissenschaftlichen Charakter der Universität verpflichtet und mit kirchlicher Lehrerlaubnis versehen. Ich war in meine Fächer so stark eingelebt, daß ich mit nahezu visionärer Schau alles sah, was ich zu lehren hatte, und alles mit höchster Lebendigkeit und glühender Wahrheitsliebe lehrte, was ich erkannt hatte. Es hat mich aber kaum eine andere Tatsache so tief ergriffen wie die, daß die Christen der ersten christlichen Jahrhunderte, die den Gründer des Christentums, Jesus von Nazareth, nicht nur als den verheißenen Christus oder Messias verehrten, sondern auch als ihren Herrn und Gott, als Sohn des lebendigen Gottes, anbeteten und mit Blut und Leben ihren Glauben an seine Gottheit bezeugten, vom Heidenvolke als Atheisten, als Gottlose, bezeichnet wurden. Es wird über diese Tatsache meist ziemlich gleichgültig hinwegdoziert. Der antike Gottesbegriff war stark verludert. Der Olymp und das Pantheon wurde immer stärker bevölkert mit Gottheiten verschiedenster Herkunft, verschiedensten Wesens, oft sehr zweifelhafter Art. Selbst den wildesten und dümmsten Kaisern erwies man nach ihrem Tode göttliche Verehrung. Da wäre es, sagt man, nichts Großes gewesen, diesen Ramsch von Göttern von sich abzutun und den Ruf des Atheisten zu riskieren. Das wäre heute, da sich Gottesbegriff und Gottesvorstellung verfestigt haben und eindeutig als Aussagen über das eine höchste Wesen gelten, ganz anders. Aber auch die Antike wußte wohl, was sie unter Gott verstand, nämlich das Heiligste und Höchste, was in der Menschenbrust empfunden wird. Der Atheismus war damals schon ein schweres Verbrechen an der Menschheit, sonst hätte er sich ja auch gar nicht als Vorwurf und Schmähung gebrauchen lassen. Die junge Christenheit hat eine Tat ungeheurer Revolution vollbracht, indem sie den Gottesbegriff der damaligen Menschheit ablehnte. Sie sprach im Unterschied von den Heiden von einem l e b e n d i g e n Gott und hat nur diesen in Beziehung gebracht zu Jesus Christus und hat nur diesen Namen auf Jesus Christus übertragen wollen. Das Unglück war nur, daß auf diese Weise der alte Name Gott und irgendwie doch auch die von ihm hervorgerufenen Gottesvorstellungen weitergeschleppt wurden. Die einzige Rettung wäre gewesen ein ganz neuer Name, der stark genug war, den alten Namen ganz und gar in die Vergessenheit zu versenken. Aber so stark war noch der alte Gott, um dies zu verhindern und seinen Namen aufrecht zu erhalten bis auf den heutigen Tag, ihn sogar wie einen alten Mantel über die Schultern Jesu Christi zu hängen.

Der neue Name war längst gefunden und herrlich geprägt von Jesus Christus, nachdem er schon im Alten Testament, freilich kaum ein halb Dutzend Male, laut geworden war, ein Name, der einen wunderbaren und einzig richtigen Gottesbegriff entwickelt und gewissermaßen aus der Mitte Gottes, aus seinem Herzen noch heute täglich emporquillt:

> Vater unser, der Du bist in den Himmeln,
> Geheiligt werde D e i n N a m e !

Also der Name „V a t e r"! Keinen anderen Namen will Jesus Christus für das Heiligste und Höchste in der Welt und der Menschenbrust. Wenn er das Wort „Gott" für diesen „Vater im Himmel" anwendet, so tut er es nur, indem er sich in barmherziger Liebe dem Sprachgebrauch seiner Zuhörer fügt und weil er diesen alten Namen verdrängen will durch den neuen Namen.

Nun sah sich die erste Christenheit vor einer sehr schweren, geistigen Aufgabe. Es war ganz offenbar, daß der Lehrer und Wundertäter von Nazareth kein gewöhnlicher, wenngleich hochbegnadigter Mann war, sondern ein Gott, der im Fleische erschienen war. Aber dieser Gott sprach von seinem Vater im Himmel, und es war auch dem damaligen Menschengeist ganz undenkbar, daß der Vater eines Gottes nicht auch Gott gewesen sein sollte. Wie der Menschengeist rechnete, wären somit zwei Götter gewesen, eine dem jüdischen Geiste, der seit Jahrhunderten rein monotheistisch zu denken und zu beten gewöhnt war, ganz unmögliche Vorstellung. Zunächst half wohl die starke Kraft des schlichten Erlebnisses und die Schlichtheit der Frömmigkeit über diese Schwierigkeit hinweg; es gab noch keine Theologen unter den einfachen Männern, aus denen Jesus seine Apostel und Jünger gewählt hatte. Aber unbestreitbar war auch diesen die „Monarchie", also die Einzigkeit Gottes. Als dann die theologisch veranlagteren christlichen Lehrer über diese Schwierigkeit nachzudenken begannen, zeigten sich ihnen verschiedene Möglichkeiten, die christliche Erfahrung von der Gottheit Jesu mit der Monarchie des einen Gottes, des Vaters im Himmel, zu vereinbaren. Die neueren dogmengeschichtlichen Forschungen haben da ziemliche Klarheit geschaffen. Ich will hier nur zwei Auswege nennen, die in weiteren Kreisen als gangbar angesehen wurden. Der eine war dieser, daß die Gottessohnschaft Jesu nicht durch göttliche Zeugung, sondern durch gnadenhafte Adoption entstanden sei. Als bei der Taufe Jesu die Stimme vom Himmel erscholl: „Dieser ist mein geliebter Sohn, an dem ich mein Wohlgefallen habe", sei der Mensch Jesus Adoptivsohn Gottes geworden. Die Anhänger dieser Lehre nannte man Adoptianer. Sie hielten sich lange Zeit in der Christenheit und gewannen im vierten Jahrhundert einen ausgezeichneten Vertreter in Arius, einem vorwiegend wissenschaftlich ausgerichteten Mann, durch den das Christentum jene Form und Lehrweise empfing, in der es den germanischen Völkern vermittelt wurde. Während ihre Gegner als Verteidiger des kirchlichen Glaubens in der die allegorische (typologische und moralische) Bibelerklärung bevorzugenden alexandrinischen Schule ihre hauptsächlichste Lehrstätte hatten, begründeten sie die streng wissenschaftliche Schule von Antiochien. Der offene Ausbruch der Gegensätze wurde erst gegen Ende des vierten Jahrhunderts mit dem Siege der kirchlichen Trinitätslehre geheilt. Das Feuer aber glomm weiter und brannte bis auf unsere Tage oft in hellen Flammen auf. Ein anderer Ausweg aber war dieser, daß der auf Erden wandelnde Gottessohn nur eine Erscheinungsform, ein Modus des monarchischen Gottes war.

Die Anhänger dieser zweiten Lehre wurden Modalisten oder nach ihrem hervorragendsten Lehrer Sabellius Sabellianer genannt, oder auch nach der Konsequenz der Lehre, daß der göttliche Vater am Kreuz gelitten habe („Pater passus est"), Patripassianer. Sie fanden auch in der Großkirche, sogar in Rom, Sympathien, wurden aber bald von der Großkirche als Häretiker verurteilt.

Fernab von allen größeren Büchereien und infolge der schmerzhaften Verkrüppelung meiner Hand selbst am Gebrauch meiner eigenen Bücherei stark behindert, dazu seit meiner Erkrankung von meinem Gedächtnis sehr im Stich gelassen, vermag ich nicht wissenschaftlich über diese inneren Vorgänge in der Christenheit zu schreiben. Sankt Augustinus hat das Wort geprägt, das ich bis zum Überdruß in meiner eigenen Sache hören muß: Roma locuta, causa finita — „Wenn das kirchliche Lehramt gesprochen hat, ist die Streitfrage erledigt" —, aber er hat dann noch die Worte hinzugefügt: Utinam tandem error finiatur — „wenn nur dann auch endlich der Irrtum aus der Welt geschafft wäre!" Der Streit wird totgeschlagen, der Irrtum, oder was als solcher verurteilt wurde, bleibt am Leben, eigentlich ein Trost für alle, die vom kirchlichen Lehramt als Irrlehrer verurteilt werden.

Der Modalismus oder Sabellianismus gilt seit dem dritten oder vierten Jahrhundert als erledigt, aber unsere Christusvorstellungen sind seit Jahrhunderten völlig modalistisch. Christus wird zwar nicht als Gottvater dargestellt; er wird auch noch unterschieden von Gottvater, aber er wird ganz und gar als Gott gedacht, nicht mehr als Mensch. Ich will nicht ungerecht verallgemeinern, aber mir persönlich wurde das Kind Jesus und der junge Jesus, der Zwölfjährige wie der Dreißigjährige, der sich da bei Johannes am Jordan einfindet, immer schon im Vollbesitz göttlichen Wissens dargestellt. Zum Teil sind die Evangelien selbst schuld daran. Die etwas orakelhafte Antwort, die das Evangelium dem Zwölfjährigen in den Mund legt, eigentlich eine Pietätlosigkeit gegen die bekümmerten Eltern, macht doch ganz den Eindruck, als habe der Junge seinen Gottesbegriff schon perfekt, und als sei er sich seiner göttlichen Herkunft schon so gewiß wie ein alter Dogmatiker des dreizehnten Jahrhunderts.

Wie bewundert man doch an der Sixtinischen Madonna die Augen des Kleinkindes auf den Armen der himmlischen Frau! Da blickt, so sagt man, schon ganz unverkennbar die göttliche Natur des Kindes heraus! Mein Malerfreund in Freiburg im Breisgau hat vor einigen Jahren eine Madonna gemalt, eine hohe Frauengestalt mit Augen, die einem Herz und Nieren erforschen, wahrhaft eine göttliche Frau. Im Hintergrund die Marienburg, im Vordergrund der Fluß mit Kähnen, Masten und Segeln. In den Armen und Mantelfalten ein ganz irdisch aussehendes Kindlein. Da ist Maria, die Jungfrau von Nazareth, das Mädchen aus Davids Stamm, die wahrhaft Wissende und Göttliche, das Kind aber das irdische, das Schlummernde, ganz genau so wie meine Kinder im ersten bis zweiten Lebensjahre waren und wie vermutlich auch seine Kinder.

In gleichem Schritt macht man auch Maria als Kind schon zu einem zauberhaften Wesen, wie es kaum in die irdische Geschichte paßt, eine Gottgelobte, wie in viel späteren Jahrhunderten katholische Mädchen waren, die sich Gott angelobten und das Gelübde immerwährender Jungfräulichkeit ablegten. Und den Zimmermann Joseph machte man zu einem greisenhaften Manne, damit man leichter glaube, daß er seine Braut und seine Ehefrau nie berührt habe, so daß sie Virgo ante partum, in partu und post partum, Jungfrau vor, in und nach der Geburt Jesu geblieben ist. Man merkt so sehr die Absicht und wird kirchlich fromm gestimmt.

Wie war es denn eigentlich? Nachdem ich in den zehn Wochen Krankenhaus den Gott des Krankenhauses und der kircheneifrigen Schwestern, des Breslauer wie des Prager Generalvikars und unseres guten Dorfpfarrers zur Genüge kennen gelernt hatte, weihte ich alle meine Gedanken dem, der da gerufen hatte: „Kommet alle zu mir, die ihr mühselig und beladen seid, ich will euch erquicken!" Ging mit ihm alle Schritte „von der Krippe bis zum Kreuz", ging auch in das Haus von Nazareth zu dem Zimmermann und seiner Braut Maria, erkundigte mich genau nach der Herkunft und der von den Evangelien verschleierten Jugend Jesu, ging auch zu den Großeltern Jesu, deren Namen uns nur von apokryphen Evangelien genannt werden. Und vor mir erstand das Bild eines jungen, leidenschaftlichen, umherwandernden Gottsuchers, des großen Entdeckers des wahren Namens und Wesens dessen, zu dem wir beten „Vater unser ..."

DER ZIMMERMANN JOSEPH VON NAZARETH

Der heutigen Welt sind viele geistigen und sittlichen Güter verloren gegangen, die dereinst Grundlagen nicht nur eines jeden wirtschaftlichen und wissenschaftlichen, sondern auch eines religiösen Aufbaues waren, so zwar, daß, da diese Güter unwiederbringlich verloren sind, die Welt keine andere Zukunft und Aussicht mehr hat als ihr katastrophales Ende. Zu diesen verlorenen Gütern gehört das Liebesverhältnis des Sohnes zum Vater. Das Liebesverhältnis des Vaters zum Sohne besteht noch. Wie sprachen schon meine Altersgenossen und Mitstudenten pietätlos von ihrem Vater, den sie nur ihren „Alten" nannten, einen Namen, den ich nie für meinen Vater gebrauchte! Ich habe auf Erden nie eine größere Liebe gefühlt als die zu meinem Vater, selbst die zu meiner Mutter nicht, selbst die zu meiner Frau und meinen Kindern nicht. Werkzeug, das mein

Vater gebraucht hat, ist, selbst wenn es in anderen Besitz übergegangen ist, mir heute noch heilig und kann mich beim Anblick zu Tränen rühren.

Und noch mehr!

Als wir in den Hungerjahren 1890/91 über die österreichische Grenze nach Schönau gingen, den weiten, weiten Weg, kam ich unweit an der Niederwalditzer Tuchfabrik vorbei, in deren Tischlerei mein Vater seinen Arbeitsplatz hatte, und deren große Dampfmaschine mit dem viele Meter hohen Schwungrade meinem Vater zur Beheizung, Bewachung und Ausbesserung, vor allem der Zähne des Kammrades, anvertraut war, weshalb ich laut meines standesamtlichen Geburtszeugnisses nicht als Sohn eines Zimmermanns, sondern eines Maschinenwärters geboren bin, obwohl ich mich immer als Sohn eines Zimmermannes fühlte und ausgab. Neben dem Fabrikgebäude ließ sich der Eigentümer der Fabrik eine herrschaftliche Villa erbauen und daneben einen Turnplatz für seine Jungen und einen Garten anlegen. Die Einzäunung dieses Gartens mit hölzernem Lattenzaun übertrug er meinem Vater. Bei dieser Arbeit traf ich meinen Vater auf einem der Rückwege aus Schönau. Ich setzte mich ermüdet zu ihm auf herumliegendes Gebälk, sprang aber sogleich wieder auf, um meinem Vater Nägel und Latten zuzureichen. Seitdem ist dieser Garten auf eine der heutigen Welt unverstehbare Weise mein Eigentum geworden. Nur weil mein Vater den Gartenzaun gebaut hat, der das Stück Land durch Abtrennung von dem weiteren Gelände erst zum Garten gemacht hat!

Und Vaters Werkstatt, obwohl beinahe zwei Wegstunden von meinem Vaterhause entfernt, war beinahe mehr meine Heimat als mein Vaterhaus. Mein Vaterhaus war mehr mein Mutterhaus, denn da regierte und schaffte nur meine Mutter; der Vater war nur sonntags daheim, ging vormittags zur Kirche und besserte nachmittags die Schäden an Haus und Gerät aus, auf die ihn die Mutter aufmerksam gemacht hatte. Er freilich liebte das Haus und das Blumengärtlein und den Obstgarten und die wenigen Morgen eigenen Ackers über alles, als sein Paradies, als seinen Himmel auf Erden.

Wie den Vater, so liebte ich auch meinen Großvater, obwohl dieser schon in meinem vierten Lebensjahre die Erde verließ. Aber was ließ er alles zurück auf dieser Erde, sein Handwerkszeug, seinen Zimmerkasten, dieser noch heute aufbewahrt in meinem Hause, seinen Geist und Erinnerungen, Erinnerungen! Und seine Hosen, aus denen ich, als ich zum Pfarrer May zog, ein paar neue kriegte, die leider allzubald zerrissen; das Tuch war mürbe geworden.

Aber auch hier wieder der merkwürdige Eigentumsbegriff, der aus dem Namen Vater hervorspringt!

Mein Vater zeigte mir die Kirchtürme und die Dächer der umliegenden Ortschaften, an deren Gestühl mein Großvater gearbeitet hat. Die meisten Häuser sind jetzt massiv umgebaut, aber ich sehe noch die alten Holzhäuser. Auch das Krankenhaus war ursprünglich ein Holzhaus, damals schon recht baufällig. Mein Großvater, obwohl damals schon siebzig Jahre alt, hat es neu aufgerichtet und wieder bewohnbar gemacht. Fünf Jahre später wurde es durch Massivbau ersetzt. Aber auch in diesem fühlte ich mich bis zu meinem Bruch mit der Kirche wie in meinem Eigentum, und damals hatten auch die Schwestern noch nicht vergessen, daß mein Großvater das Dach neu aufgerichtet hatte. Sie waren alle von fern her gekommen in ein fremdes Haus. Ich aber kam, sooft ich kam, in mein Eigentum, und die mich aufnahmen — alle nahmen mich mit Freuden auf — wurden auch die Meinigen.

Jesus, „der Sohn des Zimmermannes" — ich halte den Zimmermann Joseph von Nazareth für einen heilsgeschichtlich hochbedeutsamen Mann, wie ihn bisher noch kein Dogmatiker erkannt hat. Auch das Evangelium sagt nichts von dieser Bedeutung. Obwohl alle vier Evangelien in einer männlich bestimmten Zeit geschrieben sind, tritt die Mutter öfters aus den Toren ihrer Kapitel als dieser Mann, unter dessen väterlicher Leitung und Liebe die ganze irdische Jugend des Gottessohnes stand. Und die Mutter Jesu wird eben wegen jener männlichen Bestimmtheit der Zeit viel zu wenig genannt, obwohl durch sie der ganze Strom frommer Überlieferung und Gebetsfreude aus der Zeit der Psalmisten und der Propheten dem jungen Jesus zufloß. Wir wissen aus der Geschichte der altchristlichen Kunst, daß sicherlich gleich nach der Apostelzeit Maria im Mittelpunkt der christlichen Frömmigkeit stand. Schon eines der ältesten Katakombengemälde zeigt sie mit dem göttlichen Kinde auf dem Arme, den Stern ob ihrem Haupte, den deutenden Propheten zu ihren Füßen.

Dadurch ist die weitverbreitete häretische Meinung entstanden, daß Jesus schon bei der Geburt alles Wissen und alles Göttliche vom Himmel brachte und wenig oder nichts aus dem frommen Elternhause. Welcher Schaden! Der kleine Jesus erscheint gar nicht mehr als ein menschliches Kind. Der alte Modalismus hatte den Sieg davongetragen: Puer erat pater in modo pueri! Pater passus est! (Das Kind war der Vater in der Gestalt des Kindes! Der Vater hat gelitten!)

Immerhin ist es bedeutungsvoll und für unsere Gedankenführung von außerordentlicher Wichtigkeit, daß die beiden Geschlechtsregister, die das Evangelium (bei Matthäus eins und Lukas drei) für Jesus enthält, nicht über Maria, sondern über Joseph führen: „Jakob aber zeugte Joseph, den Mann Mariens, von der geboren wurde Jesus, der genannt wird: Christus." Die katholischen Exegeten haben sich arg die Köpfe zerbrochen über diese Aussagen des Evangeliums, und große Aufregung entstand, als ein protestantischer Bibelherausgeber das Fündlein machte und in den Haupttext seiner Evangelienausgabe aufnahm, daß eine syrische Handschrift offenbar den Wortlaut hatte: „Joseph; Joseph aber erzeugte Jesus." Ich gebe auf den alten Syrer nicht viel und halte mich an den Vulgatatext. Die katholischen Exegeten kamen schließlich auf den Ausweg, daß die Geschlechtsregister der Evangelien von der Absicht geleitet waren, dem jungen Jesus seinen öffentlich rechtlichen Platz in der davidischen Abstammung zu sichern und zu schützen, ein schwacher Versuch, der Schwierigkeit Herr zu werden. Denn jene Absicht, der man die Unredlichkeit der Ausführung von weitem ansieht, wäre auch durch das Geschlechtsregister Mariens erreicht worden. Nein, der Heilige Geist, der den Evangelisten die Feder geführt hat, ist auch der Geist der frommen väterlichen

Überlieferung und wollte der Vaterschaft Josephs auf diese
Weise den Platz sichern, nachdem er durch die einseitig
metaphysische Bestimmtheit des Jahrhunderts gehindert
war, ausführlich und ausdrücklich zu bekunden, was Jesus
von seinem Wissen und Wollen dem „Nährvater" Joseph
verdankte. Josephs Vaterschaft war nicht durch eine Zeugung begründet. Was ist dem Heiligen Geiste eine physi-
sche Zeugung? Die geistige Zeugung ist ihm alles und begründet ihm eine wahre Vaterschaft: Belehrung und Erziehung. Die beiden Geschlechtsregister der Evangelien
sind Innenbilder des Zimmermanns Joseph und somit die
Elementaranlagen Jesu. Und wir müßten die Reihen der
Register noch so genau kennen wie die Evangelisten und
ihre israelitischen Zeitgenossen, um ein volles und klares
Bild der jugendlichen Seele Jesu zu gewinnen, in der die
durch den auf Maria kommenden Heiligen Geist und durch
die Beschattung des Allerhöchsten entstandene göttliche
Natur Jesu nur wie ein Sonnenstrahl, wie der Laut eines
singenden Vogels, wie das Flattern eines goldenen Schmet-
terlings wirkte; im übrigen war Jesus ganz Mensch, ganz
Sohn der Jungfrau Maria und ihres rechtlichen Ehegemahls
Joseph von Nazareth.

Wer war Joseph, der Mann aus dem königlichen Stamme
Davids? Gewiß nicht bloß ein „armer Zimmermann". Die
Handwerke und ihre Cursus honorum (Aufstieg von Ehre
zu Ehre) vom Lehrling zum Meister waren damals noch
nicht so spezialisiert wie heute. Es war ja noch im 16. Jahrhundert anders. Man erkundige sich doch, bei welchen min-
dergeachteten Zünften die großen Maler, Bildhauer und
Architekten des Quattrocento, Cinquecento eingetragen
waren, der Erbauer der weltberühmten Kuppel von Sankt
Peter in Rom, die Maler der sixtinischen Kapelle! Aus der
Zunft der Goldschmiede gingen die bedeutendsten und
gewaltigsten Künstler hervor. Von meinem Vater, der sich
stets als einfacher Zimmermann ausgab, fand ich erst
lange nach seinem Tode das Zeugnis, das ihn zum Zimmer-
polier ernannte.

Was sollte ein Zimmermann in einer Zeit und in einem
Lande, in dem es keine Dachstühle, sondern nur Steinbau-

ten mit flachen Dächern gab? Trotzdem widerstrebt es mir, für Zimmermann etwa Maurer zu schreiben, wie es ja schon manche getan haben. Ich vermute, daß Joseph ein Baumeister war, für den natürlich das kleine Nazareth ein zu geringer Arbeitsbezirk war. Es ist gar nicht ausgeschlossen, daß er auch in Jerusalem gearbeitet hat, ja daß er das Lehrhaus des Tempels gebaut hat, in dem die bekümmerten Eltern den vermißten Jesus wiederfanden, so daß das erste Wort, das aus seinem Munde überliefert wird, ein natürliches Verständnis fände: „Wußtet ihr nicht, daß ich in dem sein muß, was meines Vaters ist?"

Hierzu ist natürlich das Verständnis jenes merkwürdigen Eigentumsbegriffes notwendig, den wir Kinder von Zimmerleuten eben haben: Was mein Vater gebaut hat, ist mein; da gehöre ich hin; da muß ich in dem sein, „was meines Vaters ist". In solchen Zusammenhang gestellt, würden die Worte des Zwölfjährigen zwar ihre Verwertbarkeit für den Nachweis seiner Gottheit, aber auch den letzten Klang von Pietätlosigkeit gegen die bekümmert suchenden Eltern verlieren und wären zugleich eine Huldigung für das Handwerk Josephs.

Zimmerleute sind meist gebildete Leute. Aus dem Zimmermann von Nazareth hat die christliche Dichtung, vor allem die Volksspieldichtung einen knurrenden Alten gemacht, der nicht viel mehr war als ein Eseltreiber; es reichte gerade noch zum „Nährvater", denn er hatte für das tägliche Brot der Familie zu sorgen. Daß er der Erzieher des jungen Jesus war, habe ich noch nirgendwo geschrieben gefunden. Wozu brauchte auch der dogmatische Jesus einen Erzieher, da er ja doch alle Vollkommenheiten vom Himmel mitbrachte! Viel, daß er nicht gar als Erzieher seiner Eltern gilt; auf manchen frommen Bildern der heiligen Familie sieht man ihn lehrend vor seinen Eltern sitzen, die ihm andächtig zuhören! Welche Verirrungen! Aber ich muß still sein; ich habe selbst ein solches Bild als Student der Theologie gemalt, freilich nur eine Kopie nach Feuerstein. Daß sich Jesus als junger Wanderlehrer in seinen Predigten, die er in den Synagogen hielt, als gut bewandert im „Alten Testament", der damaligen Bibel, erweist,

ist so gut wie sicher dem Zimmermann Joseph und seiner Ehefrau Maria zu verdanken.

Es waren auch keineswegs ganz ärmliche Verhältnisse im Elternhause Jesu. Das Haus in Nazareth war nicht der einzige Besitz der Familie. Vermutlich gehörte dieses den Eltern Marias und ging als Erbgut auf die junge Familie über.

Denn als Maria erst nur „verlobt war mit einem Manne, der Joseph hieß", wohnte sie in Nazareth, also wohl im Hause ihrer Eltern, sicher nicht im Hause ihres Bräutigams. Nach der Rückkehr aus Ägypten wohnten Joseph und Maria freilich in Nazareth, wohl in dem Hause, in dem die Verlobte gewohnt hatte. Einen anderen Hausbesitz scheint die Familie in Kapharnaum gehabt zu haben. Vermutlich verlegte sie ihren Wohnsitz noch vor Beginn der Lehrtätigkeit Jesu in diese Stadt, denn Jesus nennt sie gern „s e i n e Stadt", und immer wieder lenkte er seine Schritte dahin und nahm den Ausgang von da. Die Exegeten meinen freilich zumeist, daß er dort nur ein Absteigequartier hatte, und zwar wahrscheinlich im Hause des Petrus. Sie wollen durchaus die These von der Armut Jesu und seiner Eltern aufrecht erhalten. Jesus selbst hatte wohl noch kein Anrecht auf eine Wohnung in dem Hause. Aber seine Äußerung, daß er nichts habe, wohin er sein Haupt legen könnte, widerspricht oder entspricht ebenso einem Quartier bei Petrus. Ich liebte meinen Breslauer Lehrer des Neuen Testaments nicht sonderlich, aber seine These, daß die Familie Jesu in Kapharnaum ein Haus besaß, nehme ich an.

Der Zimmermann Joseph von Nazareth war nicht nur königlicher Herkunft, sondern auch ein königlicher Mann, vielleicht arm, aber nicht ärmlich, sicherlich hochgebildet, wie da wohl die meisten seiner israelitischen Zeitgenossen als gebildete Männer angesehen werden müssen; sie kannten die Theologie des Alten Testamentes besser als mancher heutige Professor der Alttestamentlichen Exegese. Der Zimmermann Joseph war die Brücke, über die der gesamte Schatz göttlicher Offenbarung aus der Zeit des Alten Bundes in die Seele des jungen Jesus übergeführt wurde.

Damit soll das Verdienst und die Bedeutung Jesu nicht geschmälert werden, aber die übertreibenden Aussagen der Dogmatiker und Prediger über ihn sollen auf jenes Maß zurückgeschnitten werden, das uns unsere Erfahrung mit Jesus in die Hand legt. Denn wie uns Jesus dargestellt wurde, schon seit frühester Jugendzeit, so enttäuscht er uns bitter, sobald uns die Schwere des Lebens zwingt, seine Lehre, sein Selbstzeugnis, seine Verheißungen und unsere Hoffnung auf seine Verheißungen ernst zu nehmen. Ich glaube an seine Gottheit; ich habe vielleicht noch nie daran gezweifelt. Ich weiß auch nicht, wie ich es sagen soll, warum ich so bitter enttäuscht bin in meinem Glauben an seine Gottheit. Ich vermute nur, daß jene übertriebenen Aussagen daran schuld sind, die letzten Fetzen der altchristlichen Häresie des Modalismus und später des Mono-physitismus (welcher lehrt, daß in Christus nur eine Natur gewesen sei, die göttliche, und daß die menschliche ganz in der göttlichen aufgegangen sei). Die Gottheit Jesu war mit ihrer Erscheinung auf der Erde gewissermaßen verirdischt worden, so schwach und armselig wie die Menschheit, so ohnmächtig und unwissend wie die Menschheit. Wie ein gewöhnlicher Mensch widersprach sich Jesus in seinen Reden. Bald sagte er, wir sollen nicht viel Worte beim Gebet machen, der himmlische Vater wisse von allein, wessen wir bedürfen; bald sagt er: „Alles, was ihr vom himmlischen Vater erbitten werdet, wird er euch geben" — ach, um wieviel ist der himmlische Vater schon gebeten worden, und er hat es nicht gegeben! Wie ein gewöhnlicher Mensch verspricht Jesus und hält nachher nicht, was er versprochen hat. Wie ein gewöhnlicher Mensch glaubt er an eine baldige Vollendung der Welt und wollte dann auf den Wolken wiederkommen in großer Macht und Herrlichkeit, aber er kommt ja nicht, obwohl wir armen Menschen schon nahezu 2000 Jahre auf ihn warten! 1945 Jahre sind eine lange Zeit. Da kann man seinen Glauben verlieren. Es geschieht kein Wunder mehr. Das einzige Wunder ist, daß wir trotz alledem noch glauben und treu sein können.

Da ist es gut, daß das Evangelium von dem Zimmermann Joseph gar nichts Außergewöhnliches erzählt. Da ist wenigstens keine Übertreibung dabei und wir werden nicht enttäuscht. Nur eine sehr späte Zeit begann, Wundergeschichten über den heiligen Joseph zu erzählen. Daraus ist ein ungeschriebenes Josephsevangelium und ein Josephsglaube entstanden, dessen Verheißungen ebensoviel Enttäuschungen zur Folge haben, wie die des Christusevangeliums. Sankt Joseph wird vor allem angerufen in allen Nöten des Haushalts und der Sterbestunde. Und es gibt natürlich Beispiele genug, in denen die Umstände so gelagert waren, daß man von wunderbarer Erhörung reden konnte.

Bei dem Schwesternkloster, das mir in der Hoffnung auf meine geistliche Berufswahl in den Gymnasiastenjahren Herberge und Tisch gewährte, lag ein großer Garten, in dessen Mitte ein alter Obstbaum, umgeben von einem kleinen Spielplatz, stand. An dem Stamme des Baumes stand auf einer Konsole eine ziemlich roh aus Holz geschnitzte Statue des hl. Joseph, bei dem ich ebenso wie die Pensionärinnen des Klosters auch in den Ängsten und Nöten des Schullebens Hilfe und Zuflucht suchte. Beim Neubau des Klosters trat anstelle der rohen Holzfigur eine „feinere" Statue aus Gips oder anderer Masse. Die Holzfigur stellten die Küchenschwestern in ihre Vorratskammer, und sobald diese Kammer leer zu werden drohte, wandten sich die Schwestern bittflehend an den „alten heiligen Joseph", und sie behaupteten steif und fest, daß dann durch irgendwelche Zuwendungen die Kammer wieder hinreichend gefüllt würde. Natürlich hatten sie auch tüchtige Sammlerinnen mit gutem Mundwerke, wie die liebe, dicke Schwester Elisabeth — Gott vergelte ihr alle mir erwiesenen Wohltaten! — hinter der einmal ein Kerl zum anderen sagte: „Wenn du artig bist, schenk ich dir die zu Weihnachten!"

Und auch unsere Speisekammer hat sich bisher, freilich unter größten Mühen und gehetzten Lauferreien meiner lieben Frau, die ich mir zu Weihnachten selber behalten will, immer noch soweit gefüllt, daß keines von uns Hungers sterben mußte. Jetzt freilich, da die Ställe geleert sind und das Land kahl gefressen ist, wird es dem hl. Joseph schwer fallen, seinen guten Ruf zu bewahren. Die Kinder werden schon nicht mehr recht satt, und die beiden Kätzlein miauen erbärmlich vor Hunger. Ja wenn es öfter so wäre wie gestern! Da brachte eine gute Nachbarin statt der Gebühr für ein Telephongespräch ein paar Pfund Körner, uns hochwillkommen, da ein Brot beim Bäcker schon 30 Mark kostet; zwei uns innig liebe Verschwisterte aus der Stadt brachten uns eine kostbare, gerettete Flasche Wein; und ein Nachbar eine kleine Handvoll Tabak, den er aus den zermahlenen Stengeln seiner sonst schon verrauchten Tabakpflanzen gewonnen hatte. Aber für eine sechsköpfige Familie und drei Flüchtlinge müssen halt viel Pfund Körner und viel Zentner Kartoffeln sein. Ich will es dem hl. Joseph später gern öffentlich quittieren, wenn er uns einigermaßen gesund und ernährt durch den bevorstehenden Hungerwinter bringt. Vielleicht kann es schon innerhalb dieses Buches geschehen.

Beim katholischen Volke gilt der Monat März als dem hl. Joseph geweiht, wohl darum, weil an seinem 19. Tage seit alters das Fest des hl. Joseph gefeiert wird. Es ist da ein Zusammenhang zwischen dem von Weihnachten her (neunmonatige Schwangerschaft) bestimmten Feste Mariä Verkündung (25. März), dem eine Woche vorher gefeierten Fest des Verkündigungsengels Gabriel (18. März) und dem Feste des hl. Joseph (19. März). Denn man nimmt an, daß die feierliche Vermählung Josephs und Marias der Erscheinung Gabriels folgte.

Ich muß gestehen, daß ich in diesem Jahre, da im Februar die Erkrankung meiner Nerven und meines Gemütes immer unerträglicher wurde, mit besonderer Sehnsucht auf den Beginn des St. Josephsmonats gewartet hatte. Ich hoffte auf eine besondere Hilfe, vielleicht auf einen seligen Übergang ins ewige Leben unter der Fürsprache des hl. Joseph. Und was geschah? Am 5. März wurde ich ins Krankenhaus geschafft, und ich möchte nicht behaupten, daß dies keine Enttäuschung meines Vertrauens auf Sankt Joseph war. Ich hatte gehofft, noch im Monat März gesund heimkehren zu können. Ich durfte in den letzten Tagen heimkehren, aber nur auf zwei Tage Urlaub und nur im Auto des Arztes, da mich meine Beine nur einige Meter weit trugen.

Wäre ich nur daheim geblieben! Aber ich fuhr mit dem Arzte ins Krankenhaus zurück, hatte dort das Unglück mit der fehlgeleiteten Spritze und der verkrüppelten Hand, machte die Dummheit mit der „Erklärung", erlebte die häßliche Geschichte mit dem Generalvikar. Wo blieb die Hilfe des hl. Joseph?

Wie der März dem hl. Joseph, so ist der Mai seiner jungfräulichen Braut und Ehefrau Maria, der Mutter Jesu, geweiht. Genau in der Mitte des Marienmonats ließ ich mich, ungeheilt und elender denn je, in mein Haus heimfahren, nicht mehr im Auto des Arztes, denn dieses war unterdessen weggenommen worden, sondern in einem fahrbaren Krankenstuhl. Ich wollte wenigstens noch einige Male, wenn auch nur vom Fenster oder vom Söller meines Hauses aus, die kleine Maiandacht miterleben, die wir schon seit siebzehn Jahren mit Gästen und Kindern an dem Marienbilde in unserem Wiesengrunde hielten. Ein rotes Lichtlein brannte alle Maiabende vor dem Bilde. Wir sangen einige Marienlieder und beteten das Salve Regina. Auch unsere evangelischen Gäste beteten und sangen gern mit uns. Jetzt ist kein Öl mehr zu haben für das Lämplein. Wir behelfen uns einstweilen mit Kerzenstümpflein, die von den Christbäumen der reicheren Jahre übrig geblieben sind. Wo bleibt der Prophet, der uns das Ölkrüglein wieder füllt? Ach, der Himmel teilt unsere Armut und unser Beraubtsein, wie die Madonna in meinem Schlafzimmer die Revolverkugel empfing, die offenbar mir galt.

Der Himmel teilt unsere Armut. Der Herrgott mit seinen Engeln und Heiligen ist so schwach und ohnmächtig wie wir. Wir singen bei unseren Maiandachten gern das Lied: „Wunderschön, prächtige, heilige, mächtige", ein Marienlied, das von einem Protestanten gedichtet sein soll. Wir sprechen in diesem Liede Maria die Macht zu: sie könne „ein ganzes Feindheer bezwingen alsbald durch die ihr verliehene göttliche Gewalt".

Im Gegensatz hierzu hängt an der Türwand meines Schlafstübleins eine Pietà, die mein Freund Hans Franke

146

für eine Hamburger Auswandererkapelle geschnitzt hat:
Die in tiefe Trauer verschleierte, schon bejahrte Frau
Maria hebt in unsäglicher Trostlosigkeit den zur Erde ge-
sunkenen Leichnam ihres gekreuzigten Sohnes zu halber
Höhe empor. Nur um den Leichnam des Gemarterten
schimmert noch eine letzte Kraft und Schönheit, alles an-
dere grenzt an Grausigkeit und Häßlichkeit. In unseren
Gebetbüchern findet sich die Andacht zur allerseligsten
Jungfrau und die Andacht zur schmerzhaften Mutter, und
in beiden Andachten ist Maria gemeint.

MARIA

Die katholische Frömmigkeit ist nicht weniger maria-
nisch als christlich, nur daß dem Christlichen zum mindesten theoretisch der unbedingte Vorrang zugesprochen
wird. Alle Verehrung der Mutter soll den Sohn ehren oder
im Sohn wurzeln. Nur selten wird der Eigenwert Marias
für die Heilsgeschichte gebührend hervorgehoben. Selbst-
verständlich weiß ich darum, daß jeder Eigenwert in der
Heilsgeschichte seinen Ursprung hat in der Menschwer-
dung und der Erlösungstat des Gottessohnes. Aber es lohnt
sich die Frage, welche Werte der Mensch Jesus auf der
Erde vorgefunden und auf dem Wege der Vererbung in
sich aufgenommen hat. Alles Menschliche hat Jesus von
seinen Eltern, davon ein gut Teil von dem Zimmermann
Joseph und ein vielleicht ebenso gut Teil von Maria.
Als zukünftige Mutter des Gottessohnes, lehrt die katholische Kirche seit 1854 glaubensverpflichtend, ist Maria im
Schoß ihrer Mutter zwar nicht, wie es manche Protestanten
mißverstanden haben, wie Jesus jungfräulich, aber doch
frei von dem Makel der Erbsünde empfangen worden.
Wäre es nicht denkbar und glaubhaft, daß Gott auch ohne
Hinsicht auf eine zukünftige Gottesgeburt einem Menschen
solche Gnade schenken könnte? Daß also Maria auch um
ihrer selbst willen, weil Gott sie liebte, vom Makel der
Erbsünde frei geblieben ist? Und daß sie dieser um ihrer

selbst willen verwirklichte außerordentliche Gnadenstand befähigte, Mutter des Gottessohnes zu werden? Aber mir selbst sind diese dogmatischen Fragen zu hoch; ich will nicht andere damit quälen. Ich möchte nur sagen, daß mit der „unbefleckten Empfängnis Mariens" das Werk der Erlösung als einer reinen Liebesentscheidung Gottes schon getan war. Es empfing nur noch seine Dramatik durch den Kreuzestod Jesu. Ich war immer empört, wenn ich in katholischen Büchern das Prädikat „Miterlöserin" für Maria fand. Von der Höhe der Glaubensentscheidung von 1854 gesehen, ist aber dieses Prädikat beinahe noch zu schwach. Zum mindesten war Maria die Ersterlöste unter den Menschen. Die in ihr beginnende Erlösung konnte nicht mehr aufgehalten werden, sondern mußte weiter und breiter strömen, erfaßte zuerst den Mariensohn Jesus und trug ihn zu der Höhe wirklicher Gottessohnschaft, vielleicht auch den hl. Joseph, der das erste und treueste Abbild des himmlischen Vaters auf Erden wurde.

Es schweben um den Ursprung und die Gottgeliebtheit Marias noch große Geheimnisse, so tief und fein, daß das viel umstrittene Dogma von 1854 nur noch ein roher Brokken dagegen ist.

Es schickt sich gerade, daß heute, da ich diese Zeilen schreibe, das Fest „Mariä Opferung" oder „Mariens Tempelgang" gefeiert wird. Die Welt kennt diesen Tag nur als den „Buß- und Bettag". Da ihn der Staat als solchen zum Feiertag erhob und auch die Katholiken verpflichtete, ihn als Feiertag zu begehen, verlegte die römische Kirche das längst aufgehobene Fest Mariä Opferung auf diesen Tag und verlieh ihm auch ihrerseits feiertäglichen Charakter (mit pflichtmäßigem Kirchenbesuch und Enthaltung von knechtlichen Arbeiten). Das Fest war außer Gewohnheit gekommen, wohl weil der Festgedanke nicht aus dem Evangelium, sondern aus der Apokryphenliteratur stammt.

Altchristliche Apokryphen erzählen nämlich, daß Maria schon als dreijähriges Kind von den Eltern in den Tempel gebracht wurde, Gott aufgeopfert und für den Tempeldienst erzogen zu werden. Es gibt auch ein ergreifendes Bild von einem großen Maler: Maria schreitet als Kind ganz allein und selbstbewußt die hohe Treppe zum Tempel oder dessen Frauenhaus empor, während ihre Eltern und Verwandte unten an der Treppe stehen bleiben und dem Kinde nachschauen. Ich kann dies alles nur aus früherer Erinnerung sagen, aber es wird wohl im wesentlichen stimmen.

Jene Erzählung wie dieses Bild paßt überraschend zu dem so viele Jahrhunderte späteren Dogma von der unbefleckten Empfängnis Marias. Ein Kind, das so sicher und selbstbewußt seinen Opfergang geht, kann von keiner Sünde oder Schuld geschwächt und bedrückt sein. Wie eine kleine Königin, so schreitet Maria die Treppe empor und ihrem Worte entgegen: „Siehe, ich bin eine Magd des Herrn, und mir geschehe nach seinem Worte!"

So ist auch als Vollendung der Erlösung zu der göttlichen Liebesentscheidung die freiwillige Selbstaufopferung gekommen. Nur das Blut des Gottessohnes unterscheidet den Tempelgang Marias von dem Aufstieg zum Hügel Golgatha. Oder auch nicht: Das Blut aus dem Herzen des Weibes und des Kindes ist nur nicht so erschreckend rot wie das Blut des Mannes. Und das Kreuz? Die Kreuze, an denen Frauen und Kinder gekreuzigt werden, sind meist unsichtbar, aber doch ebenso hart wie das Kreuzesholz, das Jesus tragen mußte.

So hat das primitive katholische Volk nicht ganz unrecht, wenn es Maria mehr und mehr in den Mittelpunkt, wenn auch nicht auf den Höhepunkt, seiner Frömmigkeit stellt. Die Theologen murren zwar, aber die Dichter?

> Wenn mich dein Hauch durchdringt,
> all meine Schwäche sinkt;
> aus deinen Augen blinkt
> Sonne mir zu.
> Und dieser Sonnenschein
> leucht't mir ins Herz hinein,
> macht mich von Sünden rein,
> Göttliche du!

Nach der Mariologie des katholischen Volkes war Maria ein Mädchen von 13 oder 14 Jahren, als „der Engel Gabriel von Gott gesandt ward in eine Stadt in Galiläa mit Namen Nazareth zu einer Jungfrau, die mit einem Manne vom

Hause David verlobt war, welcher Joseph hieß; und der Name der Jungfrau war Maria".

Wie? Ich denke, Maria war schon im Alter von drei Jahren im Tempel zu Jerusalem gottgeweiht und zum Tempeldienst berufen? Jetzt treffen wir sie zehn Jahre später als Verlobte in Nazareth? Damals war die Verlobung gleich einer stillen Eheschließung, der die feierliche Hochzeit erst nachfolgte. Der Engelserscheinung erklärte Maria als Antwort auf verheißene Mutterschaft: „Wie wird dies geschehen, da ich keinen Mann erkenne?" „Einen Mann erkennen" bedeutete in der damaligen Sprache „geschlechtlichen Umgang mit einem Manne haben". Die Verlobung und nachfolgende Ehe Marias mit Joseph war also auf die Vereinbarung hin geschehen, daß sich an dem jungfräulichen Stande Marias nichts ändern sollte. „Jungfrau" war also für Maria nicht bloß die Bezeichnung ihres damaligen, sondern eines immerwährenden Zustandes. Maria war Jungfrau von Beruf, offenbar eine gottgeweihte Jungfrau, so daß die Nachricht des apokryphen Evangeliums vom Tempelgang Marias sehr an Wahrscheinlichkeit gewinnt. Meines Erinnerns ist aber von einem Institut gottgeweihter Jungfrauen oder Tempeldienerinnen im Tempel von Jerusalem wissenschaftlich nichts bekannt. Aber es gibt ja viele Dinge auf Erden, die wissenschaftlich unbekannt oder nicht erfaßbar bleiben. Dann ist uns aber die Ehe mit Joseph ein schweres Rätsel. Mußten die Tempeljungfrauen einem Manne ehelich angetraut werden, der sich verpflichtete, die Jungfräulichkeit seines Weibes nicht anzutasten? Unser Exeget in Breslau redete viel von der sogenannten Leviratsehe. Es gab ein Gesetz, nach dem ein Israelit verpflichtet war, die Witwe seines verstorbenen Bruders zur Mutter zu machen und dem Bruder einen Sohn zu erzeugen, in dem oder dessen Nachkommenschaft er Teilnahme hätte am erwarteten messianischen Reiche. Aber Maria war keine Witwe und wußte auch nicht, wie es geschehen sollte, daß sie Mutter würde, da sie ja doch zu keinem Manne geschlechtliche Beziehungen habe.

Geschichtliche, vor allem kulturgeschichtliche Tatsachen und Einrichtungen werden gewöhnlich von mehreren, verschiedenen Seiten bezeugt und beleuchtet; findet der Historiker nur eine einmalige Bezeugung, so wird er deren Glaubwürdigkeit leicht bezweifeln, besonders wenn diese Bezeugung einer Quelle entstammt, in deren Umgebung legendär anmutende Stoffe gewachsen sind, obwohl es kein quellenkritisches Gesetz gibt, das solche Bezweiflung verlangt oder rechtfertigt. Hier bei Lukas 1, beim Titel Jungfrau, bei der Erscheinung eines jungfräulichen Gemahls neben einer jungfräulichen Ehefrau, bei dem Institut der Tempeljungfrauen haben wir eine ganz wunderbare und atemberaubende Einzigkeit der Bezeugung. Bei vielen Forschern hat diese Bezeugung nicht zum Wissen, kaum zum Glauben, oft nur zu pietätvoller Behandlung der Angelegenheit gereicht.

Ich bin auch ein unverbesserlich kritischer Historiker und habe mir bei Lukas 1 schier die Zähne ausgebrochen. Aber ich muß sagen: hier steht ein einmaliger Fels, den man weder sprengen, noch umgehen kann; ein Zeugnis, das für ein Dutzend anderer gilt!

Es sind nicht die klügsten Köpfe und nicht die feinfühligsten Herzen in meiner Bekanntschaft, die Gelehrtenkreise eingeschlossen, die mit vielsagendem Augenblinzeln sagen: Ja, wir glauben die Deutung der Kirche und der Prediger, aber vermutlich war der Zimmermann Joseph doch der natürliche Vater Jesu!

In meiner mütterlichen Verwandtschaft, den lebensvollen und lebensfrohen Strangfelden, von jeher Bergleute von Beruf, war die modern aufklärerische Denkweise eine merkwürdige bizarre Verbindung mit dem altüberlieferten Kirchenglauben eingegangen. Besonders schlimm stand es da mit meiner Mutter Bruder, meinem Taufpaten, dem klugen, helläugigen, muskelstarken und redegewandten Steiger Joseph. Dieser ließ auf seinen Namenspatron Sankt Joseph nichts kommen. Aber er hatte etwas von der Tempelprostitution läuten gehört, die in den altheidnischen Städten des fernen Orients, wie Babylon, zeitweise üblich gewesen sein soll. Um sich der Huld der Gottheit zu versichern, gaben sich Jungfrauen und Bräute im Tempel einem Vertreter der Gottheit hin, nicht einem der Priester, sondern dem „Fremden", der von den Priestern erwählt worden war. Auch Eltern brachten ihre jungfräulichen Töchter zu diesem Zweck in den Tempel, meist für eine einmalige Hingabe, manchmal vielleicht für die ganze Dauer ihrer Jugendblüte. Israel hat schon Jahrhunderte vor Marias Lebzeiten diese kultische Unsitte streng abgelehnt und bekämpft. Das hinderte aber den Steiger Joseph nicht, seinen jüngeren Mitarbeitern zuzuflüstern, auch Maria sei eine solche Tempeldirne gewesen und habe sich von dem „Fremden" bereden lassen, er sei der Engel Gabriel, er sei der Heilige Geist, er sei die Kraft des Allerhöchsten, unter dessen Beschattung sie den Sohn des Allerhöchsten empfangen werde. Die meisten Bergleute taten dies wohl als dummes Gerede ab, aber es erhielt sich im Dorf bis vor einigen Jahren. Seitdem habe ich nichts mehr davon gehört. Der Steiger Joseph ist übrigens „im Frieden mit der Kirche" gestorben. Er muß also nicht so dumm und so ketzerisch gewesen sein wie ich, dem die Kirche immer noch ihren „Frieden" verweigert. Gott habe ihn selig!

De mortius nil nisi bene, sed quodcumque verum vel iocosum (Über Verstorbene darf man nur Gutes reden, immerhin auch manches an Wahrheit und Scherz). Meine Mutter, das jüngste von zwölf Geschwistern und wohl auch das frömmste und das demütigste, hatte auch eine Schwester, die in unserer Familie mit zu Paten stand und darum „Pat Lene" genannt wurde. Diese war eine besonders lebenstüchtige, fromme und stolze Frau, die sehr auf Besitz und Ehre ihrer Familie hielt. Vor allem mußten ihre Töchter als Perlen der Sittsamkeit gelten; sie waren alle zu mir besonders liebe Kusinen. Die älteste Tochter hatte ein Verhältnis, von dem alle im Dorfe wußten, nur nicht die eigene Mutter. Oder auch diese wußte es und sah es gern; nichts war ihr sicherer als die Tugend der beiden jungen, verliebten Leute. Die Schwestern der Mutter, also die Tanten des jungen tugendhaften Mädchens, schüttelten ihre Köpfe, machten der Pat Lene warnende Andeutungen, fanden aber in dieser Angelegenheit wenig Gehör. Eines Tages waren die Tanten, auch meine Mutter, bei Pat Lene zu Kaffee und Kuchen eingeladen und ließen es sich wohl sein.

Auch Pat Lene war auf Touren, denn sie redete gern und sehr lebhaft. Ihre älteste Tochter war unwohl und lag im gleichen Zimmer krank zu Bette. Gerade hatte eine der Tanten wieder ein warnendes Wort fallen lassen, aber Pat Lene hob es nicht auf. Da ertönte ein Laut, wie ihn die Tanten von den Stunden ihrer Niederkunft kannten.

„Lene", riefen die Tanten mehrmündig, und einige erhoben sich von den Stühlen, Kaffeetassen und Kuchentellern, „geh ock schnell mal zu deiner Anna, da ist etwas passiert!"

Tatsächlich hatte die Anna soeben ein Kindlein zur Welt gebracht. „Ach Lene, wir haben es dir ja schon immer gesagt, aber du hast nicht hören wollen! jetzt hast du die Bescherung!"

Stolz richtete sich Pat Lene vom ersten Schreck und Atemverschlagen auf und rief: „Nein, nein, bei meiner Anna ist das nicht so! Bei meiner Anna muß es so sein, wie es bei der Mutter Gottes gewesen ist!"

Also eine jungfräuliche Geburt in meiner nächsten Verwandtschaft? Ich weiß nicht, ob Pat Lene auf die Dauer bei ihrem Glauben geblieben ist. Die Anna heiratete bald nachher und wurde eine tüchtige und vor allem sehr gütige Hausfrau, vielleicht nicht ganz so stolz wie ihre Mutter. Ich erinnere mich gern an ihr freundliches Gesicht, mit dem sie mir zum letzten Male auf der Kreisstraße Neurode — Glatz begegnet ist. Gott habe sie selig!

VERKEHR MIT ENGELN

Die Welt hat keine Ahnung von der Beschaffenheit eines Lebens, wie es ein katholisches Jungfräulein führt, das sich selber, ohne Kloster und Priester, Gott geweiht hat. Da ist kein Gedanke mehr an weltliche Lust, an Heirat und Hochzeit und Kinderkriegen. Da ist nur lauter Silbriges um das Leben, ein Sonnenflimmern rings umher. Die Jungfrau nennt es Gott. Die Blume des Feldes nennt es Frühling oder Sommer; das Fischlein in der Flut nennt es Bach oder Strom oder Meer.

„O wüßtest du, wie wohlig 's ist dem Fischlein auf dem Grund!" Da sind die Augen viel lichter und die Ohren hellhöriger als bei allen anderen Menschen. Da ist die Seele ganz umgeben vom Himmel, und die Himmelsgeister schweifen über die Seele. Und die Seele ist ein Haus, in dem die Engel verkehren. Und jeder Engel ist da bekannt, oft sogar mit seinem Namen. Wer hat dem Lukas gesagt, welcher Engel zu Maria kam? Niemand anders als Maria selbst. Sie kannte ihn; er war sicher nicht das erste Mal bei ihr. Sie „erschrak" nicht über die Erscheinung des Engels, sondern nur über den Wortlaut seines Grußes. „Gnadenvolle, der Herr ist mit dir; du bist gebenedeit unter den Weibern!" Das war mehr, als eine Israelitin mit ruhiger Seele anhören konnte. Die Nähe des Herrn hat sogar die israelitischen Männer immer aufs tiefste entsetzt. „Herr, geh weg von mir, denn ich bin ein sündiger Mensch!" riefen sie entsetzt und angstvoll.

Ganz klar geht aus der Erzählung des Evangelisten hervor, daß Maria in ständigem Verkehr mit den Engeln lebte. Und dies ist ein neuer, noch nie recht betonter Beweis für die Wahrheit des so stark angefochtenen kirchlichen Dogmas von der unbefleckten Empfängnis Marias. Die „Erbsünde", die Sünde Adams, hat uns um die ursprünglich allgemeine Fähigkeit gebracht, himmlische Geister zu sehen, mit ihnen zu reden, mit ihnen zu verkehren. Maria, schon seit der Empfängnis im Mutterleib frei von Erbsünde und Erbschuld, hatte diese Fähigkeit von Geburt her. Später erhielten sie einzelne Heilige, wie Francisca Romana, auf dem Wege der Begnadung. Infolge der Freiheit von der Erbsünde war die gesamte Natur Marias wesentlich anders als unsere Natur. Daß Maria jungfräulich empfangen konnte, war kein zweites Wunder, sondern nur Folge des ersten, daß sie ohne Makel der Erbsünde empfangen war. Auch daß sie einen jungfräulichen Ehegemahl fand, gehört in den Wirkungskreis jenes ersten Wunders. Unser ganzes Leben würde anders, wenn es nicht unter dem Fluch der Sünde Adams stände. So wurde auch Jesus nicht ein Kind wie andere Kinder sind, nicht darum schon Gottessohn, aber ein ganz außerordentliches

Kind, so sehr er auch ein echtes Menschenkind wurde als Kind einer menschlichen Mutter.

Der Zimmermann Joseph, Marias rechtmäßiger Ehegemahl, war nicht frei von Erbsünde erschaffen. Seine Gedanken gingen in dem gewohnten Kreise menschlicher und männlicher Gedanken. Er gedachte wohl, sich nach der feierlichen Vermählung seiner Ehefrau auch geschlechtlich zu nahen. Da „fand es sich, ehe sie zusammenkamen, daß Maria empfangen hatte vom heiligen Geiste. Joseph aber, ihr Mann, weil er gerecht war und sie nicht in üblen Ruf bringen wollte, gedachte, sie heimlich zu entlassen. Als er aber mit diesem Gedanken umging, siehe da erschien ihm der Engel des Herrn im Schlafe und sprach: ‚Joseph, Sohn Davids, fürchte dich nicht, Maria, dein Weib, zu dir zu nehmen; denn was in ihr erzeugt worden, das ist vom Heiligen Geiste; und sie wird einen Sohn gebären, dem sollst du den Namen Jesus geben, denn er wird sein Volk erlösen von seinen Sünden.‘ Als nun Joseph vom Schlafe aufstand, tat er, wie ihm der Engel des Herrn befohlen hatte, und nahm Maria heim als seine Frau. Und er wohnte ihr nicht bei, bis sie ihren erstgeborenen Sohn gebar; und er nannte seinen Namen Jesus.“

Da taucht nun gleich eine ganze Reihe neuer Rätsel auf. Warum hat Maria ihrem Verlobten oder ihrem Manne noch vor der feierlichen Vermählung nichts gesagt von der Erscheinung und Verheißung Gabriels? Joseph erfuhr erst durch ein Traumgesicht, wie es um Maria stand. Maria läßt gar keinen Zweifel, daß sie sich als Herrin ihres eigenen Lebens und Leibes fühlte und selbst ihrem Ehemann keine Rechenschaft schuldete, wie weit sie Leib und Leben ausschließlich in den Dienst Gottes gestellt hatte. Sie war Jungfrau im Sinne von Eigenherrin und Magd Gottes, nicht bloß in dem Sinne des Unberührtseins, im Wesen näher dem selbstherrlichen Manne als der magdlichen Frau. Daß Maria jetzt noch schweigt und kein Wort der Verteidigung und Rechtfertigung ausspricht, da doch in den Augen der Welt ganz offen ein Fall von ehelicher Untreue vorliegt, das atmet jenen starken Atem, der die Jungfrau von Nazareth hoch über alles weibliche Wesen in die Region der Männlichkeit und Göttlichkeit hinaufträgt. Auch Joseph scheint geschwiegen zu haben, geschwiegen und beobachtet, ohne nach einer Erklärung zu fragen und ohne den Enttäuschten zu spielen. Weil er gerecht war und Maria nicht in üblen Ruf bringen wollte, gedachte er, sie heimlich zu entlassen, heimlich, also ohne Gericht und Prozeß. Auf Ehebruch standen damals die allerschwersten Strafen, ach sogar die Steinigung. Aber Josephs Gedanken reichten vielleicht gar nicht bis zur Annahme eines Ehebruches, sondern nur bis zum Glauben an ein Mysterium. Er war kein Rationalist. Er wußte, daß die menschlichen Aussagen nicht hinreichten, um die Tiefen des Geschehens auszuloten. „Weil er gerecht war", d. h. weil sein Vorstellungs- und Denkvermögen noch ganz richtig war und nicht über die Grenzen Gottes hinausging. Er dachte und handelte im Mysterium. Unser Exeget in Breslau gab sich reichliche Mühe, den Fall aufzuklären. Hätte Joseph es von vornherein zugelassen, daß Jesus als sein Sohn galt, so hätte er sich die Teilnahme am kommenden messianischen Reiche gewissermaßen erschwindelt. Denn für den Israeliten ist der Sohn die Brücke zum messianischen Reiche. Joseph wollte nicht auf unrechten Wegen zur Teilnahme an diesem Reiche kommen. Auch Maria durfte ihm nicht dazu verhelfen.

Es bleibt aber trotz all diesem ein großes Geheimnis und Rätsel um diese Angelegenheit im Hause von Nazareth. Menschliche Ehen sind keine Idylle. Die Ehe, aus der Jesus stammte, war in Gefahr, ganz und gar idealisiert zu werden. Nicht weniger trug dazu die Erscheinung der Engel im Wachen und im Träumen bei. Menschliche Ehen sind ein kummervolles Institut. Nicht nur zwei Personen sollen eins in Liebe, zwei Leiber eines im Fleische werden; zwei Welten sollen sich in einander fügen. Jedes der beiden Eheleute bringt seine eigene Welt mit sich, und wenn Welten zusammenstoßen, geht es nicht ohne Blitz und Donner und nicht ohne Krach ab. Wohl verstehen es die Menschen meist, die Fassade zu wahren und ihrer Ehe den Schimmer des Glückes zu verleihen, den sie aus Romanen und anderen Kunstwerken mitgebracht haben in das eheliche Zusammenleben. Aber es gibt unter den Menschen keine in diesem Sinne glückliche Ehe. Glücklich sind meist nur die Zeiten der Liebe, die zur Ehe führt. Die Ehe selbst steigt empor aus einem Meere der Tränen, der Mißverständnisse, der schärfsten Auseinandersetzungen, der kümmerlichsten Versöhnungsversuche, der schmerzlichsten Entzweiungen und der mit rührend gutem Willen immer wieder versuchten Vereinigungen. Erst ganz allmählich entsteht ein Friede, den man mit dem Worte Eheglück bezeichnen kann.

Deshalb mußte der unheimliche Schatten über das Haus in Nazareth kommen, weil der Himmel alles Schwere und Verzweifelte mit uns teilt, und weil der Gottessohn wahrer Mensch werden wollte; er wollte keine glücklicheren Eltern haben als wir; sie sollten wenigstens einen Schluck trinken von dem bitteren Trank der menschlichen Ehe. Es blieb ihnen vielleicht überhaupt weniger erspart, als die Berichte der Evangelien vermuten lassen.

Zunächst half ein Traumgesicht über das Allerschwerste hinweg. Maria hätte wohl eine auch ihren Ehegemahl befriedigende Aufklärung geben können, aber sie brach ihr Schweigen zunächst nicht und ließ den Gemahl alle Bitterkeit seiner Ungewißheit verkosten, meinend, ihr und Gottes Geheimnis wahren zu müssen. Erst als Gott selbst das Schweigen brach, scheint sie den ganzen Hergang der Erscheinung Gabriels berichtet zu haben. Möglicherweise erst in ihrem Alter, denn keiner der älteren Evangelisten, sondern erst Lukas weiß genauere Einzelheiten, das Wesentliche aber wohl auch schon Matthäus, bei dem ein im Schlafe erscheinender Engel die Botschaft Gabriels bestätigt, um ihn über den Zustand Mariens zu beruhigen.

Da zeigt sich ein merkwürdiger Unterschied zwischen Maria und Joseph. Maria sah den Engel Gabriel in Wachvision und erkannte ihn bei Namen. Bei Joseph aber heißt es: „Da erschien ihm der Engel des Herrn im Schlafe." Es war also nur eine Traumvision, und es läßt sich nur unsicher vermuten, daß „der" Engel des Herrn auch Gabriel war. Maria, die unbefleckt Empfangene, die Jungfrau „voll der Gnaden", hatte vertrauten Verkehr mit der Engelwelt, Joseph aber, obwohl durch das Prädikat „gerecht" ausgezeichnet, dagegen nicht; er konnte nur im Traum Engel sehen und hören. Merkwürdig ist auch, daß Gabriel bei Lukas 1 der jungfräulichen Mutter das Amt der Namensgebung Jesu überträgt, der Engel bei Matthäus 1 aber dem Zimmermann Joseph, und Matthäus 1 betont dann noch besonders, daß Joseph dieses Amt vollzog und also ganz in die Rechte eines natürlichen Vaters eintrat.

Es gingen also Engel ein und aus in dem Hause von Nazareth. Die Bibelkritiker machen dazu bedenkliche Gesichter und möchten am liebsten den betreffenden Abschnitten bei Matthäus und Lukas den geschichtlichen Charakter absprechen und nur dichterischen, legendären Wert beimessen. Seit etwa fünf Jahren bin ich auch so schrecklich nüchtern und kritisch. Wohl hatte ich bis dahin auch keine Engelserscheinungen. Aber ich fühlte mich oft als in vertrautem Verkehr mit den Engeln stehend. Es tut mir leid, daß es jetzt nicht mehr so ist. Ich habe etwas verloren und kann es nicht mehr finden.

Bei Wartha, einem Wallfahrtsorte und Städtlein beim Austritt der Glatzer Neiße aus der Grafschaft Glatz, haben fromme Ordensleute einen sogenannten Rosenkranzberg angelegt, d. h. einen Hügel mit fünfzehn Kapellen bebaut, von denen eine jede mit Bauwerk und Bildwerk einem der fünfzehn Geheimnisse (Betrachtungsgegenstände des Rosenkranzpsalters) geweiht ist. Die erste Kapelle stellt das Haus von Nazareth dar im Augenblicke, in dem der Engel Gabriel in das Wohngemach Marias tritt und die betende Jungfrau grüßt. Da steht eine Bank gegenüber der bildlichen Darstellung der Engelserscheinung, und da kann man sich, schon ein wenig ermüdet von dem Aufstieg, niederlassen und sich fühlen, als sei man in dem Stübchen Marias zu Besuch. Ich habe vor etwa fünfundzwanzig Jahren diese Kapelle oft aufgesucht, habe all meinen Kummer und meine Sehnsucht, glückliche wie unglückliche Liebe dahin getragen, habe viele Viertelstunden lang dort gesessen, habe Engelsbotschaften vernommen und Marienantworten erhalten, und es war mir dort so heimisch und so wohl ums Herz wie in der Stube meiner Mutter oder wie bei meiner guten Tante Schmidt, die ganz wunderbare Bücher hatte

wie die „Gartenlaube" und „Über Land und Meer", darin
auch das beseligende Märchen von „Hänsel und Gretel",
und außerdem noch manch Spielzeug von ihren schon groß
gewordenen Jungen, denn Tante Schmidt war eine der
ältesten Schwestern meiner Mutter und der jüngste ihrer
Jungen war ein Jahrzehnt älter als ich.

DAS MAGNIFIKAT

Ach ja, die Tante Schmidt! Und gar ihre Tochter, meine
Base Gustel, die dem Alter nach hätte meine Mutter sein
können und die mir die ersten Hosen meines irdischen
Lebens genäht hat! So gütige Menschen habe ich wohl
sonst auf Erden nirgendwo getroffen, und hätte ich eine
Engelsbotschaft wie Maria empfangen, ich hätte sie wohl
bald zur Tante Schmidt und zur Schmidt Gustel getragen.

Maria machte sich ja auch bald auf und ging über die
Berge zu ihrer Base Elisabeth, von der ihr der Engel gesagt
hatte, daß auch ihr trotz ihres vorgerückten Alters ein Sohn
verheißen worden sei. Elisabeth war die Gattin des Priesters Zacharias. Als dieser Dienst tat am Rauchaltar des
Tempels, stand plötzlich der Engel Gabriel zur Rechten des
Altars und verhieß ihm die Geburt eines Sohnes, der Johannes heißen und dem sehnsüchtig erwarteten Messias
den Weg bereiten sollte.

Also auch hier die Berührung des Himmels mit der Erde,
sechs Monate vor der Erscheinung Gabriels bei Maria.
Maria war kein unwissendes und zimperliches Jüngferlein.
Sie wußte gut genug, was einer Frau in vorgerückten Jahren
sechs Monate nach der Empfängnis nottat, nämlich die ver-
ständige Hilfe einer jungen Verwandten. Darum die Eile
der Reise über das Gebirge, wohl schon vor Ende März.
Die alte Kirche feierte das Fest Mariä Heimsuchung, übrigens eines meiner privaten Herzensfeste, am 2. Juli. Das
war aber vermutlich der achte Tag nach der Geburt Johannes, heute nach dem Feste Johannes Baptista, also der Tag

der Heimkehr Marias. Jetzt war Marias Hilfe bei Elisabeth nicht mehr so notwendig; jetzt mußte sich Maria auch um ihre eigene Sache bekümmern: sie mußte die feierliche Vermählung mit Joseph vorbereiten und auch für die notwendige Kleinkinderwäsche sorgen. Darum ist das Fest Mariä Heimsuchung, der 2. Juli, der Tag der Heimkehr Marias von ihrem Besuche bei Elisabeth.

Wir gehen an diesem Tage zu neun Marienbildern im Hause und in der Landschaft und sagen auf dem Wege von dem einen zum anderen den „Lobgesang Mariens", das „Magnifikat" her. Wir haben an unserem Hause über der Haustür ein Standbild der Immaculata, von dessen Auffindung und Wiederherstellung ich in meinem Buche „Aussichten und Wege" erzählt habe. Ein zweites Marienbild hängt über der Gartentür eines kleinen Schüppchens nahe beim Hause. Es wurde mir vor beinahe vierzig Jahren an der Breslauer Sandkirche von einer Insassin des dortigen Armenhospizes geschenkt, und ich hatte es schon in Breslau sechzehn Jahre lang an der Außenwand des hinteren Balkons meiner Wohnung hängen. Ein drittes schmückte die von meinem Bruder 1884 gepflanzte, jetzt hoch emporragende Weide in unserem Wiesengrunde, im Erlengrunde. Ich hatte dort erstmalig 1909, als ich meine akademische Laufbahn begann, einen Buntdruck der „Mutter des guten Rates" in einem großväterlichen Rahmen angebracht und mit einem Dächlein überdacht, habe es dann nach meiner Umsiedlung hierher auf Messingblech neu gemalt, seitdem aber unberührt hängen lassen, obwohl Sonne und eindringende Feuchtigkeit die Farben sehr zerstört haben. Ein viertes Madonnenbild haben wir von einem uns verwandten Bildhauer schnitzen lassen für einen im Jahre 1881 von einem frommen Steinmetz errichteten steinernen Bildstock auf der Höhe des nächst benachbarten Berges, nachdem das ursprüngliche, auf Eisenblech gemalte Bild der Marienkrönung mit den vierzehn Nothelfern völlig vom Rost zerstört war. Es zeigt Maria mit dem Kinde, umgeben von einer ornamentalen Schrift, die unsere Namen nennt (wir hatten sie nicht bestellt; der Bildhauer ist auf diesen Gedanken gekommen). Auf der Rückseite des Schnitzwerkes sind die „Acht Seligkeiten" eingeschnitten, die zusammen mit den „Zehn Geboten" schon auf der Rückseite des ursprünglichen Bildes standen. Ein fünftes Marienbild, das wir am Feste Mariä Heimsuchung besuchen, ist der Gipsabdruck eines italienischen Madonnenreliefs, das im Jahre 1912 mein Bruder aus München mitbrachte. Es war ihm im Rucksack zerbrochen; wir setzten es aber wieder zusammen und mauerten es in die Außenwand meines Studentenstübleins zwischen die beiden ummalten Fenster am benachbarten, väterlichen Hause ein; ich malte es bunt, mein Bruder malte einen Louis-seize-Rahmen darum. So steht es heute noch, freilich mehrmals in der Farbe erneuert.

Wenn ich nun noch erzähle, daß wir allein in unserem kleinen Eßzimmer vier Madonnenbilder haben, ich in meinem Schlafstübchen deren sechs, so wird man uns für große Marienverehrer halten. Wir sind aber nur ganz kleine. Die meisten Madonnenbilder sind uns zugelaufen oder geschenkt worden, und wir hatten nur nicht das Herz, ihnen die Tür zu weisen oder einen Platz an der Wand zu verwehren.

Nicht nur aus den am Feste Mariä Heimsuchung besuchten Marienbildern, sondern von allen unseren Wänden klingt uns das Magnifikat, Mariens Lobgesang, in die Seele. Und wenn sonst nie und nirgends sein erster prophetischer Vers sich erfüllt hätte, bei uns, in unserem Geschlecht, in unserem Hause hat er sich erfüllt: „Denn er hat angesehen die Niedrigkeit seiner Magd; siehe, von nun an werden mich selig preisen alle Geschlechter der Erde!" Obwohl unsere Frömmigkeit durchaus christologisch, keineswegs einseitig mariologisch ist!

Hinter Wesen und Geheimnis Mariens kann man kaum auf anderem Wege besser kommen, als indem man das Magnifikat zu seinem täglichen Gebete wählt. Ganz offen wird da von der „Niedrigkeit der Magd", also von dem echten, armseligen Menschentum Mariens gesprochen. Sie kam wohl „von den Bergen her", aber nicht „von den Zwergen her", nicht aus einem Zauberreiche, nicht aus einem Märchen. Sie war keine Göttin und kein Engel von Herkunft. Und wenn sie in irgend einem Liede oder Gebete „Göttliche du" genannt wird, so geschieht es im Sinne des lateinischen Prädikats „diva", was nicht nur „göttlich", sondern auch bloß „verehrungswürdig" zu übersetzen ist. Maria ist eine rein menschliche Mutter des Gottessohnes Jesus Christus, nicht anzubeten, wohl aber tief und innig zu verehren, zu lieben, zu besingen, wie kaum sonst eine Mutter. Aber sie war königlichen Geblütes. Wenn vor einigen Jahren ein ganzes Buch erschien über den aristokratischen Charakter der Lehre und des Wesens Jesu, so war auch Maria eine Aristokratin, ein hohes stolzes Frauenwesen, von der katholischen Frömmigkeit, auch noch von Luther als solches erkannt und geehrt und erst von der Frömmigkeit der späteren Reformationszeit immer mehr zu einem gewöhnlichen Weibe gemacht. Das Magnifikat ist eine Dichtung von hohem, künstlerischem Werte, ein Zeugnis feinster Geistesbildung. Die Sängerin muß durch die höchsten Schulen ihres Volkes gegangen sein. Erst vor wenigen Jahren hat ein leider im Kriege gefallener evangelischer Theologe den geschichtsphilosophischen Charakter des Magnifikat bewundert und in einer besonderen Schrift herausgestellt. Eine solche Mutter konnte ihrem Sohne reiche geistige Gaben vererben, und Jesus brauchte nicht Gott zu sein, um ein so hoher Künstler des Wortes zu sein. Er war es, aber mehr aus anderen Gründen.

Maria nennt im Magnifikat den Gott, in den ihr Geist aufjubelt, schon ihren „Heiland", genau wie wir seit frühester Kindheit Jesus Christus zu nennen gewöhnt sind. Ist sie schon, emporgetragen von ihrem Lobgesang, bis zur Erkenntnis der Göttlichkeit ihres Kindes gelangt? Wir tauchen ja manchmal in eine hohe Erkenntnis empor und sinken dann wieder, niedergezogen von der erfahrbaren Wirklichkeit, herab in die tiefste Nüchternheit und Kritik. Diesem „Heiland" schreibt sie dann alle Prädikate zu, die von dem alttestamentlichen Gott ausgesagt wurden: daß er mächtig ist; daß er Kraft in seinem Arme übt und zerstreut, die da hochmütig sind in ihres Herzens Sinne; daß er die Gewalthaber vom Throne stürzt und die Demütigen erhöht; daß er die Hungernden mit Gütern ausstattet und die Reichen leer ausgehen läßt.

Es klingt aber auch durch diese Verse ein bis dahin ungehörter Klang von der Schönheit der Armut und der Niedrigkeit. In Armut, Erniedrigung, Demut und Durst liegt der Keim und die Verheißung zukünftigen Reichtums, zukünftigen Ruhmes in einer Entwicklung, die nicht nur gnadenhaft, sondern beinahe kausal notwendig vor sich geht. „Er hat angesehen die Niedrigkeit seiner Magd; siehe von nun an werden mich selig preisen alle Geschlechter der Erde!" Mit dem „Siehe" geht ein Vorhang auf, und ganz Unerwartetes läßt sich blicken. Es ist gar keine Entwicklung; es ist alles schon vorbereitet hinter dem Vorhang. So ist „Gott unser Heiland", in dem unsere Seele aufjubelt. Es gehört zum Wesen Gottes, daß er nur im Niedrigen, Schwachen, Armen, Dürstenden wirkt. Trotz der Macht seiner Arme und der Fülle seiner Güter ist er selber der Schwache, der Arme, der Dürstende. Es kann ein jegliches Wesen nur in seinem Element leben und wirken. Darum ist Armut, Erniedrigung, Schwäche und Durst das Element Gottes. Diese Wahrheit ist noch zugedeckt und verschleiert, übertönt durch laute Betonung von Macht und Fülle. Aber schon zerreißt der Schleier. Der alte, laute, hochgepriesene Gott der heidnischen und jüdischen Antike muß abtreten. In Marias Schoß lebt ein winziger Keim. Das wird der „Gott unser Heiland" sein. Das Magnifikat ist das Abendlied einer Götterdämmerung, die inzwischen in tiefe Nacht übergegangen ist. Denn noch will die Nacht nicht glauben, daß das Kindlein in Mariens Schoß ihr Gott und Heiland ist.

Wer also in Wahrheit arm ist, trägt in sich Kern und Verheißung zukünftigen Reichtums und Ruhmes. Offen gestanden: was ich hier schreibe, h a b e ich einmal geglaubt und möchte es wieder glauben, kann es aber zur Zeit nicht glauben, m u ß es eben schreiben. Viele werden lachen und spotten über einen Schriftsteller, der selbst nicht glaubt, was er schreibt. Aber ist denn der Schriftsteller sein eigener Herr? Darf er nur schreiben, was seines Glaubens ist und nicht, was seines Herzens ist? O hier ist ein süßes Geheimnis!

Ich bin gewiß wahrhaft arm auf die Welt gekommen, habe zuerst in einem Wäschekorb, dann in einer Holzkiste, dann auf der Hobelbank meines Vaters geschlafen, bekam fast nie ein neues Kleidungsstück, sondern meist nur Sachen, die mein um elf Jahre älterer Bruder abgetragen oder „ausgewachsen" hatte. Mein Spielzeug, bis auf das alle Jahre wiederkehrende Pferdchen vom Christkind, mußte ich mir selbst herstellen aus Brettlein und Latten, Abfällen von der Arbeit des Vaters. So hatte ich mir eine kleine Leiter hergestellt und kletterte an ihr die Hauswand empor. Das Stubenfenster stand offen. Mein Bruder, damals Tischlerlehrling, war auf Sonntagsurlaub daheim und redete mit der Mutter über dies und jenes; ich achtete wenig darauf. Auf einmal hörte ich meinen Bruder altklug sagen: „Aus dem Joseph wird noch etwas Tüchtiges werden!" Da muß man wissen, wie schön zu jener Stunde die Sonntagnachmittagssonne schien, und wie große Hochachtung ich vor meinem Bruder und allem, was er sprach, hatte. Das Wort ging mir so durchs Herz, daß ich es heute noch spüre. Ich war einfach glückselig, daß mein Bruder so gut von mir redete. Und was er gesagt hatte, glaubte ich nicht nur mit dem gewöhnlichen Glauben; es war für mich eine Offenbarung und eine goldglänzende Verheißung. Wohl gab es Zeiten, in denen ich nicht mehr daran dachte. Aber wenn ich daran dachte, dann leuchtete das Gold wieder auf. Wenn ich aber recht bitter meine Armut empfand, z. B. einmal auf dem Wege zum Dorfe, als ich an meinen geflickten Rockärmeln und an meinen zerschrumpften Hosen hinunter sah und plötzlich den heißen Wunsch spürte, auch einmal so nett gekleidet zu sein wie die Dorfjungen, mit hohen Schnürschuhen, Kniestrümpfen, kurzen Hosen und gut geschneiderten Jäckchen, da schoß der Gedanke in mir auf: Einmal muß mich Gott erhöhen aus meiner Niedrigkeit; er ist seinem Wesen nach dazu verpflichtet. Nun, einmal hatte er es getan: er hatte es gefügt, daß ich, der arme Junge aus dem armen, strohgedeckten Vaterhause, im hohen Dom von Breslau die Priesterweihe und auf der Universität die höchsten akademischen Würden erhielt; daß ich es weiter brachte als alle jene Dorfjungen; daß ich Universitätsprofessor wurde und in großen Hörsälen mit mehr als hundert Zuhörern dozieren durfte; daß ich sogar ein Jahr lang Dekan der kath.-theologischen

Fakultät war und in Sammetmantel und Sammetbarett bei den Feierlichkeiten der Universität unter den Würdenträgern sitzen durfte. Das ging elf Jahre lang, wurde aber dann durch den Bruch mit der Kirche so schändlich unterbrochen, daß ich es nicht mehr als Erfüllung der Verheißung ansehen konnte und daß ich von Gott von neuem Erhöhung aus der Niedrigkeit fordern mußte, besonders seitdem Erkrankung und Verkrüppelung über mich gekommen, mein Haus verwüstet worden und alle meine Einkünfte gesperrt worden sind, so daß ich wieder bettelarm in der Welt dastehe, ärmer als je in meiner Jugendzeit. Betteln müssen wir gehen, betteln die Kinder schicken um ein Stück Brot, einen Topf Milch!

Nun soll Gott unsere Niedrigkeit ansehen, und siehe — ach daß ich keine lügnerische Prophetie ausspreche! — von nun an werden mich selig preisen alle Geschlechter der Erde! Was ist das für eine Stimme, die ich oft zu hören vermeine: Du bist voller Gnaden, der Herr ist mit dir; er wird dich wieder mit Gütern ausstatten; er wird dich erhöhen.

Wie fromm waren alle meine Voreltern! Ich habe den Glauben, daß Gott mit ihnen gesprochen hat, auch über mich, daß er mich nicht verlassen werde. Das Magnifikat schließt mit den Versen: „Er nimmt sich Israels an, seines Knechtes, wie er gesprochen hat zu Abraham und zu unseren Vätern ewiglich!"

Das Magnifikat fand seine wesentliche Erfüllung im Leben Jesu. Doch was war dies für eine Erfüllung? Lauter Armut, Kreuz und Leid, der bittere Tod am Kreuze, das dunkle Grab; dann freilich die Auferstehung am Ostertag, Wochen verklärten Lebens bis zur Himmelfahrt! Und unter all dem stand Maria, nunmehr die „schmerzhafte Mutter"! Menschenschicksal!

DER „IRRSINNIGE". DIE GROSSE ENTDECKUNG

Menschenschicksal ist es, Loblieder auf Gott zu singen wie die selige Jungfrau, die mit der jungen Frucht im Schoße über die Berge zur Base Elisabeth wandert, um dann als echtes Kind der Mater dolorosa ein kleines Kindlein als Gott im Stall von Bethlehem zu gebären und mit diesem Kinde die schmerzlichen Wege dieser Erde zu gehen bis zum Kreuze auf Golgatha und weiterhin teilzunehmen am Aufbau einer jungen Kirche inmitten einer Jüngerschaft, der Jünger Jesu, von denen wohl die meisten und treuesten im Martertode endeten, im Martertode für den als Kindlein in Bethlehem geborenen Gott.

Voller Schmerzen war wohl schon die Reise der werdenden Mutter mit ihrem Ehegemahl nach Bethlehem zu der vom Kaiser befohlenen Volksaufnahme. In Bethlehem kein Quartier zu finden. Ein Stall der Herberge oder eine Höhle in der Umgebung der Stadt war die einzig mögliche Unterkunft für die zu erwartende Niederkunft Marias. Aber es strahlt ein wundersames Leuchten um die ersten Kindheitstage des neugeborenen Gottessohnes. Die Sterne leuchten wunderbar; ein Gestirn blieb über dem armen Gemache stehen.

> Die Erde schweigt, der Himmel spricht,
> die Engelscharen singen;
> die Hirten sehn ein Wunderlicht,
> sie stehen auf und springen:
> Ein jeder will das Gotteskind
> zuerst im Stall begrüßen
> und will von heilger Lieb entzündt
> hinfallen ihm zu Füßen.
>
> (Grulicher Krippenspiel)

Die Botschaft der Engel ist eindeutig: D e r H e i l a n d i s t g e b o r e n ! Strahlend reden die Hirten zu der jungen Mutter, und diese erwägt all ihre Worte in ihrem Herzen. Im Gotteshause nähern sich dem Kinde Greise und

166

Greisinnen, Simon, Anna, und lobpreisen und weissagen. Von dem Wundergestirn angelockt und geführt, kommen Magier, weise Männer, königliche Gestalten, aus dem fernen Morgenland, um dem „neugeborenen König der Juden" zu huldigen. Und sie bringen Geschenke dar, Gold, Weihrauch und Myrrhen. Wie einem Gott huldigen sie dem Mariensohne. Gold und Weihrauch, aber auch Myrrhen. Ach, sie haben das Horoskop Jesu gut studiert; sie wissen von dem Passionswege des neugeborenen Gottes!

So leuchtet der neue Gottesbegriff in Strahlen auf, und man sieht kaum die drohenden Wolken. Aber schon hat Herodes den Plan gefaßt, das Kind zu töten. Die Magier werden im Traume gemahnt, auf einem anderen Wege in ihr Land zurückzukehren. Maria und Joseph müssen mit dem Kinde nach Ägypten fliehen. In der Sonnenstadt Heliopolis sollen sie eine Zuflucht gefunden haben, bis Herodes vom Tode hingerafft wurde.

War wenigstens dann, nach der Heimkehr nach Nazareth, ein ruhiges und freudiges Familienleben möglich? Dichter und Maler schildern es als ein idyllisches Familienleben. Und das Evangelium scheint ihnen recht zu geben. Wie sein Bericht sich liest, denkt man sich das Zusammenleben mit einem jungen Gotte!

Der Evangelist Lukas, offenbar entweder ein Legendendichter, was ich persönlich nicht annehmen mag, oder ein vertrauter junger Freund der alternden Gottesmutter und furchtloser Geschichtschreiber auch übernatürlicher Vorgänge — er ist es ja, der fast als einziger Evangelist vertrauliche Kenntnis der wunderbaren Empfängnis und Geburt Jesu hat — schildert das Jugendleben Jesu mit folgenden Worten: „Das Kind aber wuchs, ward stark und voll Weisheit, und die Gnade Gottes war in ihm. Und Jesus zog mit Maria und Joseph hinab und kam nach Nazareth und war ihnen untertan. Und er nahm zu an Weisheit und Alter und Gnade bei Gott und den Menschen."

So hat die Mutterliebe von ihrem Knaben erzählt. Kein Wort davon, daß der Knabe Gott war, Gottessohn! Aber auch kein Wort von irgendwelcher Betrübnis, die er von seinem eigenwilligen Verbleiben im Tempel von Jerusalem den Eltern bereitet hätte; auch kein Wort von solcher Betrübnis nach der Heimkehr aus Jerusalem. Wohl aber, was den Exegeten viel Kopfzerbrechen macht, weil es dem Glauben an die ihrem Wesen nach unveränderliche Gottheit Jesu zu widerstreiten scheint, ganz offenbares Zugeständnis geistigen und religiösen Wachstums. Kein Zweifel: der Evangelist sah deutlich vor sich den Menschenknaben, den Menschen Jesus und dachte, als er jene Zeilen schrieb, wohl kaum an die Göttlichkeit des jungen Menschen.

Marias menschliche Mutterliebe sprach so lieb von ihrem menschlichen Sohne. Ist weiter gar nichts Außerordentliches vorgekommen? Ach, wenn meine Mutter von meiner Jugendzeit sprach, sagte sie immer: „Er war ein guter Junge." Dabei habe ich ihr doch auch manche Sorge gemacht. Stundenlang verträumte ich auf meinen einsamen Schulwegen zwischen den Blumen und Gräsern der Feldraine oder saß oben beim Einsiedler auf dem Berge und ließ sie vergeblich auf meine Heimkehr warten. Oder als ich 18 oder 19 Jahre alt war, litt es mich bei beginnender Abenddämmerung nicht mehr daheim. Ich nahm Hut und Stock, wohl auch den Revolver und irgend eine Hiebwaffe und lief in die Wälder und Berge, möglichst auf Wegen, die ich nicht mehr kannte, bis die tiefe Nacht über mich kam. Ich weiß nicht, was ich wollte; ich lief mehr wie ein irrsinniger Mensch als wie ein vernünftiger Mensch, hatte wohl manchmal irgend eine Verliebtheit im Herzen, meist aber nur einen dunklen Drang; ich war kein eigentlicher Gottsucher, aber was ich suchte war wohl Gott. Unser religiöser Unterricht war so, daß uns Gott ebenso klar zu sein schien, wie das Einmaleins. Aber gerade diese Klarheit war mir wohl verdächtig. Wenn die Berge einmal so klar und nahe sind, daß man meint, sie mit den Händen greifen oder mit den nächsten hundert Schritt in sie eintreten zu können, so sagt man hier: Es wird trübes und schlechtes Wetter geben. Ich wollte und sollte ja Priester werden. Da gab es viel zu bedenken. Ich beschäftigte mich auch damals schon, obwohl es nicht so Mode war wie in den letzten Jahrzehnten, mit meiner Herkunft aus dem Volke, mit Wesen und Art meiner Vorväter, ihren frommen Gebeten und Gebräuchen, ihren sinnigen Schnitzereien, ihren mechanischen Weihnachtskrippen, von denen die meines Großvaters die ganze Länge und Viertelbreite unserer Stube einnahm, ihr Triebwerk auf dem Backofen stehen hatte und mit ihrem Zugseil und Laufgewicht bis in die Scheune reichte. Natürlich hatte die Mutter Kummer um ihren in der Nacht umherirrenden Sohn, und es kamen auch unheimliche Begegnungen vor. Aber die Mutter fragte nichts und sagte nichts, fragte mich nie, ob es mir schwer falle, mein junges Leben dem Herrgott zum Opfer zu bringen in meinem Priestertum, das schon durch die Forderungen der Ehelosigkeit ein schweres Herzensopfer bedeutete. Mutterherzen müssen das wohl in sich haben, daß sie einen Sohn wie einen Irrsinnigen umherirren lassen, hoffend, daß ihm Gott begegne. Wir wissen von Maria und ihren Verwandten, den „Brüdern Jesu", daß sie sich während der Wanderungen Jesu mit dem Gedanken abfanden, daß Jesus irrsinnig geworden sei, und daß sie auszogen, um ihn einzufangen und heimzuholen.

Wir wissen von Gottsuchern, daß sie tage- und nächtelang im Lande umherirrten, bis sie Ruhe fanden in Gott. Wir wissen dies von Jakob Böhme, von Hermann Stehr. Ich weiß es von dem guten, heiligmäßigen Pfarrer unseres Dorfes, Franz Heinisch, der auch oft von Knecht und Magd in den Wäldern und Wiesengründen gesucht werden mußte und allein wohl nicht mehr heimgefunden hätte, ein so kluger und vernünftiger Mann! Da ist auf einmal Heim und Haus vergessen, und die Seele irrt ihrem Gott nach, bis sie ihn findet.

Da ist auf einmal Heimat und Vaterhaus, Vater und Mutter vergessen, und die Seele wittert ihren höheren Ursprung. Rein verirdischt oder säkularisiert findet sich dieser Zug wieder in der Unbeständigkeit und im Wander- und Reisezwang junger Leute.

Wir wissen von Jesus, daß er eigenwillig, und ohne sich um die Eltern zu kümmern, im Tempel von Jerusalem zurückblieb, als seine Reisegesellschaft zur Rückkehr nach Galiläa aufbrach. Als die suchenden Eltern ihn endlich fanden und zu ihm sprachen: „Kind, warum hast du uns dies getan?

Siehe, dein Vater und deine Mutter haben dich mit Schmerzen gesucht!" gab er zur Antwort: „Warum habet ihr mich gesucht? Wußtet ihr nicht, daß ich in dem sein muß, was meines Vaters ist?" Die Eltern aber verstanden nicht, was er ihnen sagte.

War er in dem, was seines Vaters ist? Hatte nicht Maria soeben von ihrem Ehegemahl Joseph als seinem Vater gesprochen? Es ist ein alter theologischer Grundsatz, daß sich Natur und Übernatur immer zusammenfinden, das eine das andere bedingend. Zweifellos hatte der Zimmermann Joseph an dem Lehrhaus, in dem Jesus sich mitten unter den Schriftgelehrten befand, gebaut, so daß der Zimmermannssohn das Haus als Werk des Vaters und als Eigentum des Vaters empfand. Aber ebenso zweifellos ist, daß Jesus über dem irdischen, gesetzlichen Vater die Vaterschaft Gottes sah. Nicht das eine nur und nicht das andere nur! Ich erinnere an den Gartenzaun des Fabrikherrn von Niederwalditz und an die Kirchtürme und Dachstühle, an denen mein Großvater gearbeitet hatte!

Ich habe in meinen Büchern viel und, wie die Leute sagen, schön vom himmlischen Vater geschrieben und wohl auch manches Freundliche von meinem irdischen Vater erzählt in einer Zeit, die nicht nur die Liebe, sondern jegliche Pietät der Söhne gegen ihre Väter verloren hatte, in der man viel vom Gegensatz der Generationen sprach und schrieb. Da sagten viele Leute zu mir: „Nur weil Sie einen so guten Vater auf Erden hatten, können Sie so freudig an den Vater im Himmel glauben. W i r können es nicht, denn wir haben einen schlechten Begriff von Vaterschaft bekommen!"

Wie unendlich lieb und gut muß der Zimmermann Joseph zu dem jungen Jesus gewesen sein, daß dieser seine Theologie auf den Vaterbegriff gründen konnte! Es ist höchst wahrscheinlich gar so, daß wir die selige Botschaft vom Vater im Himmel im menschlichen Grunde dem Zimmermann Joseph zu verdanken haben!

Vielleicht offenbarte Joseph dem jungen Jesus, gerecht wie er war, daß er keinen eigentlichen Anspruch auf die

Anrede Vater habe. Vielleicht hat da Maria das Geheimnis ihrer wunderbaren Empfängnis unter der Überschattung der Kraft des Allerhöchsten preisgegeben, so daß der Mensch Jesus anfing, seine geheimnisvoll verborgene Gottessohnschaft zu ahnen. Vielleicht trieb diese Ahnung ihn wie die uns bekannten Gottsucher in langen Wanderungen durch das Land. Es steht nichts von solchen Wanderungen und Fahrten des jungen Jesus im Evangelium. Ich habe davon erfahren vielleicht erst in meiner Krankenhauszeit, in der mein Geist unablässig auf den Wegen Jesu streifte. Ich wollte doch einmal, wenn er vorüber käme, am Wegrand sitzen und rufen: „Jesus, Sohn Davids, erbarme dich meiner! Herr, wenn du willst, kannst du mich heilen!" Er hat mich nicht geheilt. Ich sah ihm an, daß er es weder konnte noch wollte. Er war der Sohn des lebendigen Gottes, aber in seinem Bewußtsein lebte er als junger Mensch und wurde genau so umgetrieben wie wir in jungen Jahren. Er war auf den Wegen der großen, weltgeschichtlichen Entdeckungen, daß das, was über uns waltet, keine Baalsgottheit ist, sondern ein unendlich Liebendes und Väterliches, und daß wir nicht verlorene Kreaturen sind, sondern Kinder und Söhne dieses Väterlichen. Er fühlte in sich nicht die Macht eines Zauberers, sondern nur Hunger und Durst nach einem Worte, das aus dem Munde Gottes kommt. Er selber war arm und ohnmächtig, und eben deshalb selber Gott, so arm und ohnmächtig wie wir.

Wer die wunderbaren Zeiten der Jugendbewegung mit erlebt hat; wer mit den jungen Wanderern von Land zu Land gezogen ist; wer in stillen Nachtstunden die Offenbarungen Gottes vernommen hat, wird mich verstehen und wird den jungen Jesus wandernd und suchend sehen.

Nein, Jesus blieb nicht als „Muttersöhnchen" daheim sitzen, blieb nicht „auf der Ofenbank hocken". Das Handwerk seines Vaters ließ ihm wohl manchen Tag und manche Woche frei. Wohl hat er gründlich die Bibel studiert und manch anderes Buch vorgenommen, hat auch lange bei den Alten gesessen und mit ihnen diskutiert. Schriftlich steht davon nichts in den Evangelien, aber es steht in unserem eigenen jungen Leben. Jesus selbst sagte: „Es geziemt sich, daß wir jegliche Gerechtigkeit erfüllen", d. h. alles, was recht ist, müssen wir mitmachen, und er hat alles mitgemacht, was ein rechtes junges Leben ausfüllt. Nur einmal verirrt sich ein Strahl davon in das schriftliche Evangelium. Einmal treffen wir den jungen Jesus auf einem seiner Wanderwege, recht weit entfernt von Vaterhaus, Werkstatt und Heimat. Der Evangelist Markus, der am meisten historische unter den Evangelisten, schreibt den Satz: „Und es begab sich, daß Jesus zu derselben Zeit von Nazareth aus Galiläa kam und von Johannes im Jordan getauft wurde." Wohl kommt es dem Evangelisten auf die Nachricht von der Taufe an, aber er muß vorher die Wanderung Jesu aus Galiläa nach Judäa an die Taufstelle des Johannes, einen weiten Weg, berichten. Und er sagt nicht, daß Jesus den Weg antrat, um sich von Johannes taufen zu lassen, sondern läßt den Weg für sich in die Geschichte Jesu eingehen; die Taufe war eine mehr zufällige Folge des Weges. Solcher Wege hat Jesus wohl viele gemacht. Am Ziel dieses Weges hat er gefunden, was er suchte, nämlich daß er den Himmel offen sah und den Heiligen Geist wie eine Taube herabkommen und über ihm bleiben, und daß er eine Stimme vom Himmel hörte: „Du bist mein geliebter Sohn, an dir habe ich Wohlgefallen!"

Jetzt endlich erblicken wir das wahre Bild Gottes, nicht die schreckliche, gewitterdrohende Wolke, nicht einen glühenden Baal, nicht einen starren Zeus oder gewaltigen Jupiter, nicht den Ens a se oder die Causa sui, sondern „wie eine Taube", ein weißes flimmerndes und flatterndes Wesen, das Sanfteste und Zärtlichste, was zwischen Himmel und Erde schwebt. Man hat es gedeutet als Offenbarung der „dritten Person in der Gottheit", des „Heiligen Geistes". Es ist aber die Offenbarung der Gottheit, des „Väterlichen" der himmlischen Gewalten, das Jesus gesucht und gefunden hat. Das Väterliche, indem Jesus zugleich der geliebte Sohn genannt wurde! Das Väterliche ist bedingt durch das Vorhandensein des Sohnhaften. Darum mußte zu gleicher Zeit, in dem das Himmlische als Väterlich erkannt und gefunden wurde, der Erkenner und Finder als Sohn Gottes offenbar werden, weshalb Jesus später einmal sagte: „Niemand kennt den Vater als der Sohn und wem ihn der Sohn offenbaren will!"

Lange möchten wir stehen bleiben in diesem Augenblicke. Anbetend! Aber schon ist Jesus wieder auf der Wanderung. „Der Geist trieb ihn alsbald hinaus in die Wüste", „damit er von dem Teufel versucht würde". Man muß auch wandern, um sich zu bewähren! Und es heißt, daß Jesus nun vierzig Tage nichts aß. Gewiß nicht, um ein rituelles Fasten zu vollführen, auch nicht „um sich auf seinen Beruf vorzubereiten", sondern einfach, weil er von jenem Worte, das die Stimme vom Himmel rief, so gesättigt war, daß er so lange keiner Speise bedurfte. Denn, wie er selbst sagt: „Nicht vom Brote allein lebt der Mensch, sondern von jedem Worte, das aus dem Munde Gottes kommt."

Wer wüßte nicht, wie er erquickt ist, wenn ihm ein Wort vom Himmel wird! Und gar wenn dieses Wort heißt: „Du bist mein geliebter Sohn! An dir habe ich Wohlgefallen!"

Man verwendet dieses Wort apologetisch zum Beweis der einzigartigen „eingeborenen" Gottessohnschaft Jesu. Aber es kann auch zu einem jeden von uns gesagt werden. Denn Jesus hat außer diesem „Eingeborensein" vor uns nichts voraus, weil er uns „in allem gleichgeworden" ist.

Auch ich habe dieses Wort schon gehört, zuletzt im Krankenhause, aber wir sind ja religiös so verbildet und zu einer verfluchten Bescheidenheit erzogen, daß wir ein solches Wort gar nicht ernst nehmen zu dürfen meinen. Es ist aber die einzige Möglichkeit, in allem, was ich dieses Jahr erlitten habe, einen Sinn zu finden. Auch wir werden nachher vom Teufel versucht.

Um die Versuchungsgeschichte des Evangeliums ist es eine merkwürdige Sache. Der Teufel knüpft seine Versuchungen immer an die vorhandenen Gedankengänge oder an bewußte oder unbewußte Wünsche. So können wir den „drei Versuchungen" mancherlei von dem entnehmen, was Jesus auf seinen Wanderwegen durch Kopf und Herz gegangen ist, wie einem Menschen eben manches durch Kopf und Herz geht, auch wenn er damit nichts zu tun haben will. Die Antworten Jesu sind so prägnant und so gefeilt, daß sie eine lange Übung voraussetzen! Doch davon in einem anderen Buche! Heute fällt uns nur auf, daß der Wandertrieb Jesu auch nach den drei Prüfungen nicht gestillt ist. Das ganze fernere Leben Jesu bleibt ein Wanderleben über Berg und Tal. Am Tag mit den Jüngern, in der Nacht auf den Bergen mit dem Vater im Himmel. Bis ihn die Häscher am Ölgarten fangen und binden. Es soll doch niemand denken, daß jemand solches Wanderleben in den Dreißigern beginnt. Wer es nicht in der Jugend begonnen hat und zur Leidenschaft werden ließ, dem wird es im späteren Leben nicht zur Gewohnheit.

Viele Jungen und Mädel aus der Jugendbewegung, jetzt Männer und Frauen, werden mir zustimmen, daß Wandern, Gott und Gottesbegriff Korrelate sind. Eines meiner liebsten Weihnachtslieder hat die Strophe:

> Groß, groß, groß, — die Lieb ist übergroß:
> Gott hat den Himmelssaal verlassen
> und muß wandern auf den Straßen!
> Groß, groß, groß, — die Lieb ist übergroß.

Das innerste Wesen des Wanderns muß wahrhaft göttlich sein; das innerste Wesen Gottes muß Wandern sein. Darum mußten die Gottsucher wandern, um den großen Wanderer zu finden. Gott ist nicht der Allgegenwärtige, sonst brauchte man ihn nicht zu suchen; er wäre da, wo ich mit der Hand hingreife oder meinen Fuß hinstelle. Sondern er ist der wesenhaft Wandernde. Soeben ging er an mir vorüber und schon ist er wieder weiter gewandert; ich muß mich aufmachen und ihm nacheilen; vielleicht hole ich ihn noch ein! Er ist der goldene Schmetterling, der immerdar flattert und fliegt. Kaum merkt man, daß er sich auf eine Blume niederläßt, um ihre Süße in sich aufzunehmen; kaum hat man seine Hand ausgestreckt, um ihn zu fassen, schon ist er wieder aufgeflogen und gaukelt im Himmelsblau. Die ihn als Ens a se faßten, die gelehrten Scholastiker, glaubten ihn endgültig gefaßt zu haben, aber längst ist er ihnen entronnen und entflogen. Der Ens a se bleibt nur in den Dogmatiken stehen als Lernstoff für die Studenten der Theologie. Möchte sie aber der geweihte

Theologe dem Volke predigen, sähe er sie wohl über alle Köpfe und Herzen davonflattern.

Man kann wohl sagen: Jesus Christus hat Gott abgesetzt und seinen Vater dafür eingesetzt. Er gibt diesem zwar manchmal den alten Namen Gott, um die Stelle anzuzeigen, an der sein Vater im Himmel steht, aber gemeint ist immer der Vater.

Jesus Christus hat das Hauptwort Gott zu einem Eigenschaftswort gemacht. Sein Hauptwort ist „Vater".

Ergreifend sind seine echten Reden an den Vater, seine Gebete zum Vater. Er ist sich bewußt, daß er den rechten Namen gefunden hat. „V a t e r , ich habe d e i n e n N a m e n verherrlicht!" „Wenn ihr betet, so betet so: V a t e r unser, der du bist in den Himmeln, geheiligt werde d e i n N a m e !" Es ist wohl klar, daß hier nicht der Name „Gott" gemeint ist.

Da die Evangelien von Menschen geschrieben sind, wobei die Leitung des heiligen Geistes und der Einfluß der Gemeindetheologie in Konkurrenz standen, hat sich oft der alte Gottesbegriff sowie der alte Gottesname wieder vorgedrängt, aber, einmal aufmerksam geworden, werden wir uns nicht täuschen lassen. Manchmal mag sich auch Jesus, um sich seinen Zuhörern verständlich zu machen, der hergebrachten Redeweise bedient haben, z. B. in dem schönen Ausspruche: „Gott ist Geist, und die ihn anbeten, sollen ihn im Geiste und in der Wahrheit anbeten!" Aber klingt es nicht gerade in solchem Ausspruch wie der Durchbruch eines neuen Gottesbegriffes?

In Jesus selbst ringt der neue Gottesbegriff, seine große Entdeckung und theologische Revolution, zum allmählichen Durchbruch. Er war den Menschen gegenüber Gott im wahrsten Sinne des Wortes, wenngleich als solcher unerkennbar in Knechtsgestalt, Gott gegenüber aber Mensch, auch im wahrsten Sinne des Wortes, d. h. er mußte um die Erkenntnis Gottes und um die rechten Begriffe und Namen Gottes ringen wie ein Mensch. So konnte er einmal sagen: „Ich und der Vater sind eins", das andere Mal, ohne sich zu widersprechen: „Der Vater ist größer als ich." Er mußte auch erst mühsam den alten Gottesbegriff abtun, den alten

Gottesnamen sich abgewöhnen, und er erreichte vielleicht in der Todesstunde, am Kreuz, den vollen Sieg über die alte Geisterwelt. In seinem drittletzten Worte nannte er, einen alten Psalm rezitierend, Gott mit dem alten Namen: „Mein G o t t, mein G o t t, warum hast du mich verlassen?" Damit zeigte er an, daß er mit dem alten Gottesbegriff fertig war. „Verlassen", das heißt: Ich habe ihn nicht mehr; er ist für mich nicht da; ich bin Atheist geworden; der alte Gott hat seine Verheißungen an mir nicht erfüllt; ich habe ihn mit dem schönsten Namen dieser Erde verherrlicht; er aber läßt mich am Schandpfahl des Kreuzes hängen und leiden und sterben; er ist ein trügerischer Gott! Aber alsbald schreit die Seele des Gemarterten von neuem auf, jetzt nicht mehr in der Klage des Gottesverlustes, sondern in jubelndem Vertrauen zu seiner neuen Gotteserkenntnis, in letzter Hingabe an das Höchste und Liebste, was er kennt und das er errungen hat. Und er ruft: „V a t e r, in d e i n e Hände befehle ich meinen Geist!"

Jetzt endlich ist das hohe Geisteswerk vollbracht, und mit lauter Stimme schrie Jesus in die Totenstille der Welt hinein: „E s   i s t   v o l l b r a c h t !" Als Thomas von Aquin seine große Summa theologica vollendet hatte, konnte er nicht mit größerem Recht und lauterem Ruf sagen: „Es ist vollbracht!" Kein Wirker eines großen Werkes konnte so hell und weithin dringend rufen: „Es ist vollbracht!" Wo wäre eine andere Entdeckung auf der Erde, die mit gleichem Klange verkündet werden konnte? Die theologische Welt hat freilich auch dieses Wort mißdeutet, als habe Jesus sagen wollen: Jetzt ist mein Leiden und Sterben, jetzt ist meine Opfertat am Kreuz, jetzt ist die Erlösung der Welt vollbracht! Nein, vollbracht war viel Größeres. Vollbracht war die Überwindung des heidnischen Gottesbegriffes; vollbracht war die große Entdeckung des wahren, erlösenden Namens des Allerhöchsten; vollbracht war die letzte und größte Offenbarung Gottes!

So sehr ich auch von alledem überzeugt bin, so sicher weiß ich auch, daß sich keine Geschäfte damit machen lassen und daß sich kein Profit davon erwarten läßt. Zwar hat der Vater Jesu Christi alle unsere Haare gezählt, hindert aber weder, daß eines ausfällt, oder daß vor Kummer eine ganze Strähne weiß wird. Wohl kann man ihm alle Wege befehlen; er wird uns nicht hindern, irrige Wege einzuschlagen. Wohl sitzt er in seinem Regiment, aber „was er tut und läßt geschehen", nimmt keineswegs immer „ein gutes End", wie es so schön im Kirchenliede heißt. Die meisten frommen Sprüche, die auf den alten Gott hinzielten und wirklich tröstlich klangen, sind vor seinem Angesicht leere Phrasen.

> Bist du einst tief beklommen
> in Waldesnacht allein,
> einst wird von Gott dir kommen
> dein Tau und Sonnenschein!

Vielleicht auch nicht! Vielleicht wird die Waldesnacht noch viel schwärzer; vielleicht verwandelt sie sich in Grabesnacht und die Beklommenheit steigt dir bis zum Halse hinauf und erwürgt dich. Wohl ist es möglich, daß dir noch einmal Tau und Sonnenschein kommen, wenn du noch jung bist. Die Jugend ist da zu allerlei fähig. Aber je älter du wirst, desto geringer ist die Aussicht, daß dir noch einmal Tau und Sonnenschein kommen.

Aber der Vater im Himmel hat seinen eigenen Sohn am Kreuze sterben lassen; er verspricht dir keine goldenen Berge, denn er ist ein wahrhaftiges Wesen!

Wie oft hörte ich in den letzten zehn Jahren die Menschen jammern: „Wie kann Gott so etwas zulassen!" Ich antwortete darauf wohl immer:„Laßt hier den Namen Gottes aus dem Spiel! In der Welt regiert nicht Gott, sondern der Teufel!" Aber wer hörte auf meine Antwort: „Wo bleibt dann die Gerechtigkeit?" — „Auf der Welt gibt es keine Gerechtigkeit!"

Der himmlische Vater hat keine andere Macht als die Macht seiner Liebe; er hat nichts anderes zu schenken als sein väterliches Herz! Im übrigen zeigt er sich in dieser Welt so schwach und ohnmächtig wie wir selber. Unsere Armut und Ohnmacht sind die Zeichen und Ausweise unserer Gotteskindschaft.

Wem dies zu wenig und zu traurig ist, dem kann ich nicht helfen, aber mir hat es die Welt zum Paradiese gemacht;

mir hat es das ganze Leben verklärt. Enttäuscht und trüb-
sinnig wurde ich nur, wenn ich anstatt an den Vater lieber
an den alten theologischen Gott dachte. Aber ich muß zugleich betonen, daß in der Armut ein ungeheurer Reichtum verborgen ist, in Ohnmacht und Schwäche eine unge-
heure Macht, ein Reichtum, der alle Seligkeiten des Himmels aufwiegt, eine Macht, die Tote erwecken kann. Auferstehung und Himmelfahrt sind nur leise Handbewegungen
der Ohnmacht und Schwäche. Schon von Gott sagte man,
daß er stark sei im Schwachen. Das wurde aber ziemlich allgemein als billiger Bibeltrost aufgefaßt, während es doch
in die Wesensbestimmung Gottes hineingehört.

Während der zehn Wochen meines Krankenhauslagers
habe ich wohl oft gerufen: „Mein Gott, mein Gott, warum
hast du mich verlassen?" Und ich habe wohl kaum einmal
daran gedacht, daß dies das Abschiedswort an meinen
alten, aus der Schule mitgebrachten Gottesbegriff sein
würde. Immer wieder hoffte ich, daß dieser Gott ein Wunder an mir tun und mir die volle Gesundheit zurückschen-
ken würde. Es war eine vergebliche Hoffnung. Und mit
ihr versank auch all das Vertrauen, das ich bis dahin auf
die Engel und Heiligen Gottes setzte, die von der Christenheit als Nothelfer verehrten himmlischen Wesen. Auch
Jesus hat in den Tagen seines Leidens und Sterbens keines
dieser Wesen um Hilfe angerufen. Der ganze Himmel versank mir. Und ich konnte mir gar nicht denken, warum
mir dies alles geschah. Ja es trat sogar der Versucher an
mich heran; ich solle es einmal mit ihm probieren; er wolle
mir helfen. Ich sah sein teuflisches Angesicht, dessen Häßlichkeit allein genügt hätte, jeden derartigen Pakt abzuleh-
nen. Ich wußte, es war alles krankhafte Einbildung, aber
ich nahm es ernst und wandte mich von dem Versucher ab.
Lieber gar keine Hilfe, als die Hilfe von Seiten des Teufels!
Lieber die völlige Verlassenheit als solche Gesellschaft!
Doch ich will von diesen Stunden nichts Genaueres erzählen, außer daß mir auch solches nicht erspart blieb.

DER WANDERNDE GOTT. DER GELIEBTE

In der Kapelle des Krankenhauses wurde täglich am frühen Morgen, meist während ich endlich etwas Schlaf gefunden hatte, das heilige Meßopfer dargebracht. Die Klänge der frommen Lieder, die dabei von den Gläubigen gesungen wurden, drangen bis an mein Krankenzimmer herauf. Und gegen Abend vernahm ich auch die Gesänge und Gebete der Abendandacht, die eine Schwester mit ihren Idiotenkindern abhielt. Es war ein rechtes Geplärre, aber ich hörte gern zu. In meiner Kindheit war ein Nachbarhaus umgebaut worden. Da die Ziegel auf eigenem Grund und Boden hergestellt wurden, war ein Lehmteich davon zurückgeblieben, und in diesem Teiche hatten sich einige Dutzend Frösche angesiedelt, deren Quäken die Stille unserer Feierabende erfüllte. Auch daran hatte ich ja immer Freude gehabt. Des Abends kam die Schwester an mein Bett und betete mit mir das Abendgebet der Luise Hensel: „Müde bin ich, geh zur Ruh." Sooft nun während dieser Feiern und Andachten das Wort „Vater" an mein Ohr drang, erhob sich meine Seele andächtig. Im übrigen war mir im Krankenhause das Vermögen zu beten gänzlich verloren gegangen. Erstmals in meinem Leben erlebte ich Wochen, in denen ich nicht beten konnte. Gott war mir verloren gegangen, und der Vater Jesu Christi kam nur vorübergehend in die Nähe meines Krankenbettes.

Da habe ich nun erfahren, was es heißt: Gott wandert. Er wandert auch aus der Gestalt des Vaters in die Gestalt des Geliebten. Und erstmalig in meinem Leben verstand ich etwas von dem Sir Hasirim, dem Lied der Lieder Salomons, dessen Sinn mir bisher versperrt war durch die erlernte Schulweisheit von der Allgegenwart Gottes. Die Lehre von der Allgegenwart Gottes darf nicht im Widerspruch stehen zu dem wesenhaften Wandern Gottes. Wenn einer viel wandert, so ist kein Ort sicher vor ihm;

man kann ihn überall treffen, aber auch überall verfehlen. Mein guter Pfarrer May war viel unterwegs. Unvermutet traf man ihn an einem Orte, an dem man ihn nicht gesucht hätte. Und wiederum wurde man auch überall von ihm getroffen. Er hatte ein feines Gespür dafür, daß einer seiner Schüler zu ihm unterwegs war. Unbenachrichtigt ging er ihm entgegen und traf ihn auch. Wie oft hat er mich so getroffen! So ist Gott allgegenwärtig.

Die Allgegenwart Gottes darf also nicht mechanisch aufgefaßt werden. Hier in der Grafschaft Glatz erzählt man sich folgende Geschichte: Der Pfarrer hatte im Religionsunterricht die Lehre von der Allgegenwart Gottes durchgenommen. Da meldete sich ein Schüler, einer von den Lausejungen, mit der Frage: „Herr Pfarrer, ist der liebe Gott auch in unserem Keller?" Der Pfarrer antwortete: „Ja freilich ist Gott auch in eurem Keller!" Darauf der kleine Spitzbub: „Herr Pfarrer, wir haben ja gar keinen Keller!" — Reingefallen, hochwürdiger Herr Pfarrer!

Wo bliebe das wunderbare Suchen nach Gott im Hohenliede, wenn Gott allgegenwärtig wäre im Sinne des Katechismusunterrichts?

Man hat das Hohelied selten oder gar nie recht ernst genommen; manche haben es für ein gewöhnliches Liebeslied oder für eine Sammlung von Liebesliedern erklärt. Dabei steht es mitten unter den Offenbarungen Gottes, nicht des alten, heidnischen, schulgerechten Gottes, nicht einer himmlischen Starrheit und Dunkelheit, sondern des lebendigen Gottes, den Jesus seinen Vater nannte, des Gottes, dessen Kraft den jungfräulichen Leib Marias überschattete, so daß ein mütterlicher Keim Marias befruchtet wurde. Es ist lauter Leben und Liebe, soviel Leben und Liebe, wie sich sonst in keinem Gottesbuche findet. Es ist die Selbstoffenbarung eines ungeheuer lebendigen Lebens und zugleich die wonnige Sprache des liebenden Gottes zu unserer herrlich-bräutlichen und doch meist so armselig geschilderten Seele; es ist der Sang von Liebesstunden Gottes und der Seele. Kein Rosenstock ist so reich an Rosen, wie dieses Lied an Lobpreisungen der Seele durch Gott und Gottes durch die Seele. Kein Hochzeitsfest steht so in Glanz und Schmuck.

Hier ist der wahre Gottesbegriff, wie ein Springbrunnen reich an leuchtenden Tröpflein. Wie schildert die Seele den geliebten Gott?

„Gleichwie der Apfelbaum unter den Bäumen des Gebüsches, so ist mein Geliebter unter den Söhnen!" „Mein Geliebter gleicht einer Gazelle und einem jungen Hirsche; siehe, schon steht er hinter unserer Wand, sieht durch die Fenster und schaut durch die Gitter. Siehe, mein Geliebter spricht zu mir: Mache dich auf, eile, meine Freundin, meine Taube, meine Schöne, und komm!" „Meine Taube in den Felsenklüften, in der Höhlung des Gesteins, laß mich dein Angesicht schauen, laß deine Stimme in meinen Ohren klingen! Denn deine Stimme ist süß und dein Angesicht hold!" „Auf meinem Lager ruhend, suchte ich in den Nächten, den meine Seele liebt. Ich suchte ihn und fand ihn nicht. So will ich aufstehn und die Stadt durchwandern, auf Plätzen und Straßen suchen, den meine Seele liebt. Ich suchte ihn und fand ihn nicht. Es fanden mich die Wächter, welche die Stadt bewachen. Habt ihr ihn, den meine Seele liebt, gesehen? Kaum war ich von ihnen ein wenig weiter gegangen, da fand ich ihn, den meine Seele liebt. Ich erfaßte ihn und will ihn nicht lassen, bis ich ihn in das Haus meiner Mutter gebracht und in die Kammer meiner Gebärerin!"

Ich müßte das ganze Hohelied abschreiben, wollte ich die Geschichte schreiben, die ich während der zehn Wochen Krankenhaus mit meinem geliebten Gott erlebt habe. Es ist nicht, wie die Exegeten behaupten, die Geschichte zwischen Gott und seinem Volke Israel; es ist die Geschichte zwischen Gott und mir. Seht ihr nicht sogar den Kardinal-Fürstbischof und seinen Generalvikar hinter den Zeilen stehen? „Es fanden mich die Wächter, welche die Stadt bewachen!"

Aber verwechsle ich nicht Bild und Begriff? Klingt es nicht wie eine Gotteslästerung, wenn ich sage: Gott gleicht einer Gazelle, einem jungen Hirsche? Man wird mir wohl erlauben zu sagen: „Gott gleicht . . ." Aber man wird nicht ganz mit Unrecht vermuten, daß ich hinter dem Gleichnis die Wesensbeschreibung sehe. Ist Gott der Geliebte meiner Seele oder gleicht er nur einem Geliebten, einem Bräutigam? Ich glaube, er gleicht nicht nur, er ist! Und das Verhältnis von Gott und Seele gleicht nicht nur einem Liebesverhältnis, sondern ist ein Liebesverhältnis. Die Begegnung mit Gott, der Glaube an Gott ist ein wahres und wirkliches Hochzeitsfest, eine Vermählung, der gegenüber alle anderen Vermählungen auf dieser Erde nur Schatten und Abbilder sind.

Ich las nicht selten in alten Büchern, daß ein Mann, der ein Mädchen geliebt hatte, dieses geschwächt habe. Ich las schon als Kind in solchen Büchern und habe mich baß gewundert über solchen Ausdruck. Später, als ich etwas mehr von der Liebe verstand, meinte ich, es müsse ein ganz irrtümlicher Ausdruck sein; es müsse im Gegenteil eine Stärkung von Leib und Seele die Folge einer Liebesvereinigung sein. Wiederum später, als ich hinter medizinische Bücher geriet, las ich, daß die Liebesvereinigung als eine Art gegenseitiger Vergiftung, Blutvergiftung als Folgeerscheinung auftrete. Wie es sich in Wahrheit damit verhält, weiß ich bis heute nicht. Aber ich höre, wie die Braut im Hohenliede, der von Gott geliebte Mensch, mehreremale Liebe und Krankheit in einem Atemzuge, in einem einzigen Vers, zusammen nennt. „Mein Geliebter ist wie ein Myrrhenbüschlein an meiner Brust!" Die Myrrhe ist ein Heilmittel gegen Krankheiten, zugleich aber ein Symbol des Leidens. Gewinnen nicht die Erkrankungen der Menschen im Licht des Hohenliedes ein ganz neues Gesicht? Sind nicht insbesondere manche Erkrankungen Folgen einer Liebesannäherung Gottes an den Menschen? Waren nicht die ganz offenbar von Gott geliebten Mystiker und Mystikerinnen krank gewordene Menschen? Ich denke wie zufällig an wunderbare Seherinnen der letzten Jahrzehnte. Bei diesen wurde es durch besondere Gnaden und Gaben, durch Wunder, besonders offenbar, daß Gott mit ihnen war, und daß er sich mit ihrer Seele bräutlich verbunden hatte.

Freilich, die größte Mystikerin aller Zeiten, Maria, die Sängerin des Magnifikat, ging, wie es scheint, völlig ungeschwächt aus der Überschattung des Allerhöchsten hervor. Sie wagte sogleich die weite Fußwanderung über das Gebirge zu ihrer Base Elisabeth; „sie machte sich eilends auf". Und sie blieb bei ihrer Base bis zu deren Niederkunft und noch eine Woche länger, versah ihr offenbar alle Dienste, die schwangere Frauen einander zu leisten pflegen: Elisabeth stand schon in vorgerückten Jahren, und Maria hat ihr wohl den ganzen Haushalt geführt. Auch was wir von der Reise nach Bethlehem, kurz vor der eigenen Niederkunft, und was wir von der Heiligen Nacht wissen — unser Breslauer Exeget behauptete wohl mit Recht, daß Maria in ihrer Stunde keinerlei weibliche Hilfe, keine Hebamme, zur Seite gehabt! — spricht dafür, daß Marias jungfräuliche Kraft weder durch die Empfängnis noch durch die Niederkunft noch überhaupt durch die seligen Stunden des „der Herr ist mit dir" irgendwie gelitten habe. Aber sie war eben die „ohne den Makel der Erbsünde Empfangene"; sie hatte noch die Kraft und Gesundheit ursprünglicher und unverdorbener Schöpfung.

Es war wohl bloß Zufall, allerdings ein ziemlich merkwürdiger, daß mir, während ich diese letzten Zeilen da schrieb, während des Vorübergehens an meinen Bücherregalen ein Büchlein in die Augen und Hände fiel, das den Titel führt: „Paracelsus, Krankheit und Glaube". Dieses Büchlein hatte mir im Jahre 1923 mein Freund Eugen Rosenstock geschenkt, ehe wir uns noch von Angesicht kannten. Ich hatte es damals gelesen; ich erinnere mich noch deutlich an meinen Dankbrief; seitdem habe ich das Büchlein aber weder mehr in die Hand genommen, noch überhaupt noch einmal gesehen, meinte, es sei mir abhanden gekommen. Der genannte Titel ist nur ein Umschlagtitel. Die eigentliche Titelseite lautet: „Theophrast von Hohenheim, fünf Bücher über die unsichtbaren Krankheiten, eingeleitet und herausgegeben von Dr. Richard Koch (einem Arzte) und Professor Dr. Eugen Rosenstock (Frommanns philosophische Taschenbücher, Stuttgart 1923). Der Umschlagtitel überraschte mich. Da er nicht mit dem Titel der Titelseite übereinstimmt, enthält er ein besonders stark betontes Bekenntnis, vermutlich meines Freundes Rosenstock und des mir auch nahe stehenden Leiters der Taschenbücherei Professor Dr. Hans Ehrenberg. Beide sind mir als tiefgläubige und im Glauben erfahrene Männer bekannt. Sie wissen also, daß Glaube und Krankheit sehr eng zusammenhängen, nicht bloß in dem Sinne, daß Glaubensbewegungen im Volke auffällige Krankheitserscheinungen zur Folge haben wie etwa die Geißlerfahrten oder die Hexenprozesse, sondern auch in dem Sinne, daß Krankheit und Glaube in einem durchaus normalen Verhältnis stehen, einander regelmäßig oder notwendig oder wenigstens in manchen Fällen bedingen. Durch solche Auffassung werden die Krankheiten, die bislang zu den unerfreulichsten und merkwürdigsten Erscheinungen des Lebens gerechnet und fast der Sünde gleich geachtet wurden, zu einer sehr hohen Würde erhoben. Wenn sie zuträfe, wäre der kranke Mensch der von Gott geliebte und ausgezeichnete Mensch; die Erkrankung gehörte in den Bereich der religiösen Erlebnisse, der höchsten Erlebnisse. Leider ist heute die Krankheit völlig säkularisiert und zu einer rein medizinischen Angelegenheit geworden. Nur wenn sie mit „außerordentlichen" Zeichen auftritt wie etwa mit Prophetie, Fernschau, Reden in unbekannten, etwa biblischen Sprachen, „Stigmatisation" oder sonstigen an das Leiden Christi erinnernden Blutungen, erlangt sie den Charakter eines religiösen Phänomens. Aber warum erst dann? Säkularisationen sind immer nachträglich. Das Ursprüngliche ist das Religiöse. Als der Medizinmann noch Priester und der Priester noch Medizinmann war, war die Welt und ihr Denken noch in richtigerer Ordnung, wenngleich nicht mehr in der ganz ursprünglichen. Wenn Jesus Krankheiten heilte, bestand seine Tätigkeit nicht in der Vernichtung der Krankheiten, sondern er nahm die Krankheit auf sich. Er war der Geliebteste Gottes; die Krankheiten gehörten ihm; er hat sie zwischen Gethsemane und Golgatha durchlitten. Noch heute erzählt man sich von auserwählten Seelen, daß sie mit einer gewissen Leidenschaft Krankheiten anderer auf sich nehmen. Wenn man sagt, daß sie „stellvertretend leiden", so ist das kein richtiger Ausdruck. Sie sind wie Ährenleserinnen; sie sammeln die Liebe Gottes von den Feldern anderer, die sie liegen lassen.

So rücken Leiden und Kreuz Christi aus der Reihe der menschlichen Willküräkte und Grausamkeiten; sie gehören wesentlich in das Leben dessen, über dem die Stimme rief: „Dies ist mein geliebter Sohn." Jesus litt und starb, weil der Vater ihn liebte und weil diese Liebe solches Leiden und Kreuz zur wesentlichen Folge hat.

All solche Gedanken sind mir während der zehn Wochen Krankenhaus nicht gekommen. Da haderte ich vielmehr meist mit Gott oder, wenn ich an den alten Gott nicht mehr glauben konnte, mit meinem Schicksal, daß ich aus Gesundheit und Arbeit herausgerissen und von Woche zu Woche elender wurde. Nur einmal leuchtete mir der Gedanke auf, daß ich ja durch mein Schrifttum vielen Menschen zum Erlöser von innerer Qual und Dunkelheit geworden bin und also in ähnlicher Weise Kreuz und Leiden auf mich nehmen müsse wie der große Erlöser und Heiland Jesus Christus. Ich wehrte aber solche Gedanken wie eine Versuchung des Hochmutteufels ab. Und doch war dieser Gedanke ein Wegweiser zum rechten Ziele.

Da auch die eingehendsten ärztlichen Untersuchungen zu dem Ergebnis führten, daß alle meine Organe völlig gesund seien, das Herz so, daß ich 100 Jahre, die Lungen so, daß ich 96 Jahre alt werden könnte, war meine Erkrankung eigentlich medizinisch unerklärlich. Nur weil die Ärzte meinen, irgend eine Diagnose stellen zu müssen, sprachen sie schließlich von Schlafmittelvergiftung, mußten aber dann selber Schlafmittel verordnen, oder sprachen von der Schädlichkeit des Tabakrauchens, mußten dann aber zugeben, daß ein schwerer Bronchialkatarrh trotz Tabakpfeife gewichen war. Oder sie erklärten mich „eben als Versager", als ihre probatesten Mittel bei mir nicht anschlugen. Keiner stellte die Diagnose auf Gott!

Es fehlen bei mir freilich alle Zeichen des Göttlichen und Außergewöhnlichen; ich bin ein ganz gewöhnlicher Kranker; ich habe keine Stigmata; ich rede nicht in fremden Sprachen, habe leider alle fremden Sprachen, die ich gelernt habe, vergessen, z. B. mein geliebtes Griechisch. Ich habe zwar eine starke Phantasie und vermag mir Leben und Leiden Jesu so lebhaft vorzustellen, als spiele es sich vor meinen leiblichen Augen ab. Aber das ist Naturanlage, keine gnadenvolle Schau. Und doch glaube ich, daß meine Erkrankung nichts anderes ist als Liebe Gottes, indem ich mich im übrigen an das Wort Christi erinnere: „Wenn ihr nicht Zeichen und Wunder sehet, so glaubet ihr nicht!"

Es ist doch eine falsche Rechnung und die große Häresie unserer Tage, daß sich das Gewöhnliche zum Ungewöhnlichen, das Ordentliche zum Außerordentlichen so verhalte wie das Nichtgöttliche zum Göttlichen. Im Gewöhnlichen ruht das Göttliche; im Ungewöhnlichen regt es sich. Aber es ruht sicherer im Gewöhnlichen, als es sich im Ungewöhnlichen regt. Denn was sich im Ungewöhnlichen regt, kann leicht etwas Anderes sein. Eine gewöhnliche Erkrankung ist sicherer etwas Göttliches als eine ungewöhnliche.

Wenn ich so schreibe und es auch ernstlich so meine, müßte ich meiner Erkrankung froh sein wie so viele Heilige, die erkrankt waren. Aber solche Freude würde die Schwere der Erkrankung mindern und den Erweis der göttlichen Liebe verringern. Darum wohl bleiben diese Erkenntnisse den meisten Kranken dieser Erde verhüllt, und darum wohl bleibt das biblische Buch des Hohenliedes ein versiegeltes Buch, und alle Erklärungsversuche drücken nur neue Siegel auf, ein verschlossen Buch, und alle Schlüssel sind falsch.

Nein, ich habe lange Zeit die hohe Würde meiner Erkrankung nicht erkannt, obwohl sie so deutlich im Hohenliede geoffenbart ist. Ich haderte lange Zeit mit dem in der Schule erlernten Gotte oder mit meinem Schicksal. Wohl hatte ich den Vater unseres Herrn und Heilands Jesus Christus schon erkannt. Wohl habe ich die Worte nachgesprochen: „Vater, nicht wie ich will, sondern wie du willst!" Aber der Vatergedanke, der Vaterglaube will in Stunden schweren Leidens nicht genügen. Es ist ein Rätsel, daß er dem gemarterten und gekreuzigten Gottessohne genügt hat. Wie kann ein Vater seinen Sohn so schmerzlich leiden und so qualvoll sterben lassen? Es gibt nur eins, was die Qualen des Leidens und sogar das Sterben als Preis für sich vom anderen fordert. Das ist die Liebe des geliebten Mannes. Zwischen Gottvater und Gottessohn muß außer dem Vater-Sohn-Verhältnis noch ein anderes Verhältnis bestehen, für das wir keinen Namen haben, wohl aber die Analogie des Verhältnisses von Bräutigam zu Braut, von Mann und Weib. Wir kennen das Zeugnis des Himmels für Jesus: „Dieser ist mein geliebter Sohn, an dem ich mein Wohlgefallen habe." Wir werden diesen Satz auflösen müssen in zwei Aussagen: „Dieser ist mein Sohn" und „dieser ist mein Geliebter". Ich bin ja wohl unterrichtet genug, um zu wissen, wie weit sich dies mit der altkirchlichen und der scholastischen Trinitätslehre verträgt. Daß es sie wesentlich bereichert und das göttliche Vater-Sohn-Verhältnis weit über das menschliche hinausgeht, wird wohl niemand leugnen können. In der Liebe zwischen Mann und Weib geht es um Leben und Tod. Da wird selbst der schlimmste Schmerz in Kauf genommen. Da kann sich widerspiegeln sogar das Kreuz von Golgatha.

Der Aufstieg der Glaubensbekenntnisse Jesu geht nur bis zur Erkenntnis der Vaterschaft des Allerhöchsten. Lob und Dank sei ihm für diese Offenbarung. Das Hohelied erwähnt Jesus nicht, aber es harmoniert in Stil und Ton ganz wundersam mit vielen seiner Gleichnisse. Jesus wußte, daß er seinen Jüngern noch nicht alles sagen könne. „Wenn aber der Geist der Wahrheit kommt, der wird euch alles offenbaren und euch an alles erinnern, was ich euch gesagt habe!"

DIE TRUHE DES HIMMLISCHEN VATERS

Ist der Geist der Wahrheit schon da? Ach, es ist uns noch so vieles versiegelt, so vieles noch nicht gesagt! Trotz Pfingsten kann der Geist der Wahrheit noch nicht in seiner ganzen Fülle und Macht gekommen sein. Wie wäre uns sonst das Hohelied noch ein so stark versiegeltes Buch? Jesus hat es vermutlich deshalb nie erwähnt, weil er sein geheimstes Verhältnis zu Gott-Vater noch verborgen halten wollte — wie ein Vater oder eine Mutter die Briefe aus der Brautzeit vor den Augen der Kinder noch verbirgt. Das eine aber erkennen wir schon jetzt, daß durch das Hohelied wie die Krankheit so auch die Liebe von Mann und Weib zu einer wesentlich höheren Würde emporgetragen wird, als es sonst in den heiligen Schriften der Offenbarung Gottes geschieht. Das Hohelied ist die goldene Truhe, in der die Dokumente der Brautzeit Gottes aufbewahrt werden.

Und es singt das Hohelied: „Er führte mich in den Weinkeller und teilte mir die rechte Liebe mit." Gab er dem geliebten Wesen von seinem Wein oder von seinem Blut?

Wir hören die Stimme Jesu in dem Gleichnis vom Weinberg: „Gehet auch ihr in meinen Weinberg!" Das ist jetzt auf einmal nicht die Stimme eines Arbeitgebers auf dem Markte. Es ist die Stimme des Liebenden, die zum Trank der rechten Liebe einlädt. „Der Wein ist mein Blut!"

Als ich mich entschloß, das geistliche Studium zu erwählen, hörte ich dieselbe Stimme: „Gehe auch du in meinen Weinberg!" Ich bin der Stimme gefolgt; ich ließ mich von dem Geliebten in den Weinkeller führen; ich kann nun aussagen, welches die „rechte Liebe" sei, die dort der von Gott geliebte Mensch empfängt. Wie in der Sprache der heiligen Bücher der geschlechtliche Umgang mit dem Worte „Erkennen" bezeichnet wird — „Wie soll dies geschehen, da ich keinen Mann erkenne?" —, so ist die Seligkeit des Erkennens ähnlich und vielleicht noch tiefer, zum mindesten andauernder als das Glück der geschlechtlichen Umarmung. Einem wahren Rausch zu vergleichen ist die vieljährige Beschäftigung mit der Gotteswissenschaft und die lebenslängliche Betrachtung des Gotteswortes und der Gottestaten. Und wenn erst der priesterliche Dienst am Altare beginnt, dann handelt es sich wirklich um wahres Fleisch und wahres Blut, lebendig gemacht durch den Geist; dann beginnt eine mystische Hochzeit von einer Glückseligkeit, von der die Welt freilich keine Ahnung und kein Fassungsvermögen hat. Dazu kommt noch die unendliche Zärtlichkeit und beglückende Ehrfurcht, die das gläubige Volk für den jungen Priester hat. Und mir waren noch besondere Gaben des Glückes zugedacht, eine sonnige Heiterkeit des Gemütes, Sinn für alle Schönheiten der Natur und Kunst, einiges eigene Vermögen an Kunstfertigkeit, Malen, Schnitzen, Dichten, die Nähe meiner Heimat, die Möglichkeit, mein Vaterhaus schön zu machen, Freundschaft und Gunst besonders bei älteren und reifen Menschen, gleich zu Anfang eine mehrjährige Reise nach Italien und Nordafrika, eine zweite Heimat bei einem geliebten Bruder in München und was noch alles! Mit Glück und Freude hat mich der geliebte Gott überschüttet in seinem Weinberg. Und es war kein unfruchtbares Glück. Eine ganze Reihe wissenschaftlicher, religiöser und volkstümlicher Bücher konnte ich schreiben und dem geliebten Gott darbringen. Ja, „er führte mich in seinen Weinkeller und teilte mir die rechte Liebe mit!"

Ein Schrei erfolgt unmittelbar nach diesen Worten im Hohenliede. Nichts sagt das geliebte Wesen von der Seligkeit des Geschehens im Weinkeller. Es ruft vielmehr um Hilfe: „Erquicket mich mit Blumen, gebt mir Äpfel zur Stärkung, denn ich bin krank vor Liebe!" Ein Schrei, gemildert durch die Melodie des Liedes, aber doch ein Schrei! Ein Schrei, wie ihn manche Bräute ausstoßen sollen, wenn sie sich plötzlich auf der Höhe ihrer bräutlichen Seligkeit fühlen! Ein Sturz ins Glück wie ein Sturz ins Meer, ein Erschrecken inmitten erfüllter Sehnsucht.

Und auf den Schrei folgt eine Antwort. Auch der geliebte Gott leidet unter unserer Liebe. Ein großes Mysterium! Es ist wohl das Mysterium des Kreuzes. „Du hast mein Herz verwundet, meine Schwester, meine Braut. Du hast mein Herz verwundet mit einem Blicke deiner Augen, mit einer Locke deines Halses!"

Nicht mit einer Sünde, nicht mit einer Untreue, sondern nur mit einem Blicke des Auges und einer Locke des Haupthaares. Wie unendlich zart ist hier die Frage beantwortet, warum der Gottessohn am Kreuze leiden und sterben mußte! Um unserer Liebe willen! Nicht mit tausend guten Werken haben wir die Gnade Gottes verdient, sondern mit einem Aufblick aus unseren Augen und dem Opfer einer einzigen Locke! Die Schreibfedern der Theologen müssen viel feiner und weicher werden, und ihre Stimme leiser und zärtlicher!

Die Braut ruft um Hilfe: „Erquicket mich mit Blumen, gebt mir Äpfel zur Stärkung!" Der Bräutigam klagt nur: „Du hast mich verwundet!" und ruft nicht nach Erquickung und Stärkung. Christus hängt still am Kreuze. Seine „sieben letzten Worte" sind weder Anklage noch Hilferuf.

In den Stübchen oder Zellen unseres Priesterseminars hing nur je ein kleines, armseliges Kruzifix, das Kreuz aus

Holz, der Gekreuzigte aus Porzellan oder ähnlicher Masse, so wie man ihn oft in den Stuben ärmster Leute findet. Wir durften auch keine anderen Bilder an die Wände heften. Zwischen dem Kruzifix und dem jungen Kandidaten des Priestertums fanden nun jene oft erschütternden Auseinandersetzungen statt, die einer so ernstlichen Berufswahl voranzugehen pflegen. Wüßte die Welt davon, sie würde von herzzerreißenden Szenen reden. Da fiel es mir zum ersten Male auf, wie still der Gekreuzigte am Kreuze hängt. Es werden nicht mehr sieben Worte laut, aber fünf Wunden bluten.

Ein solches Kruzifix hing auch im Krankenhause, in meinem Krankenzimmer. Zweiundvierzig Jahre lagen zwischen den beiden Kreuzesbildern, aber es waren noch die beiden selben Herzen, die miteinander sprachen, miteinander stritten, miteinander bluteten.

Das ist das dem Himmel vorbehaltene Wunder, daß der Vater zugleich der Geliebte, der Sohn zugleich die Braut sein kann. Die irdische Väterlichkeit ist zu selten und die irdische Liebe bei aller Zärtlichkeit zu roh und zu gierig, als daß sie sich in einem begegnen und zusammenfinden könnten. Als Johannes an der Brust seines Meisters lag, der Jünger, „den der Meister liebte", geschah wohl auf Erden einmal das himmlische Wunder der Brautschaft eines männlichen Wesens. Es scheint auch, daß die Mystiker dieses Wunder erlebt haben. Jetzt, da die Welt sich dem Untergange neigt und durch alle Leeren und Nüchternheiten sinken muß, sind wir ja auch sonst wie verdorrende Bäume und haben für die Wunder des Himmels kein Fassungsvermögen. Die Sprache des Hohenliedes ist uns unverständlich geworden. Wir halten das ganze Hohelied für ein Produkt orientalischen Überschwangs und bedenken gar nicht, wie arm wir geworden sind, wie dürr unsere Religion, wie säkularisiert unser Verhältnis zu Gott, wie heidnisch unser Gottesbegriff — ach, was sage ich heidnisch! Die Heiden wußten noch von solcher Liebe Gottes zu den Menschen!

Als ich im Krankenhause lag, überkam mich oft eine starke Sehnsucht nach dem Tode. Dabei weiß ich, daß ich mir den Tod noch nicht wünschen darf. Was soll aus meinem Hause, was aus meinen Kindern werden, wenn ich jetzt schon sterbe! Mein Haus leidet schon schrecklich unter der Verkrüppelung meiner linken Hand. Ich, der ich mir das Haus selbst gebaut habe und alle seine Einrichtungen, die elektrische Stromleitung, die Pumpe und die Wasserleitung wie ein Installateur selbst in Ordnung halten konnte, vermag kein Werkzeug mehr recht zu führen. Alles im Hause beginnt zu kranken. Stürbe ich, so müßte das Haus mit mir sterben. Wo aber bliebe dann für meine Kinder das schützende Dach? Aber die Todessehnsucht löscht alle Fragen und Sorgen aus. Der Tod ist wie die Liebe. Was fragt die Liebe?

Beide, Tod und Liebe, scheinen ein unbedingtes Anrecht auf den Menschen zu haben. Ist der Tod ein Liebesakt Gottes? Wie singt das Hohelied? „Ich gehöre meinem Geliebten, und sein Verlangen geht nach mir!" Es klingt auch hier wieder die unendlich zarte Sprache. Nichts von Recht und Notwendigkeit, nur Anerkennung der Zugehörigkeit und des Verlangens! Dies alles läßt Rückschlüsse tun auf das Wesen Gottes und auf unser eigentliches Verhältnis zu ihm. Es ist da überall eine unendliche und unsägliche Zartheit, gar nicht „die Religion" und was wir darunter verstehen, nichts von alle dem, was die Menschen, auch die besten unter ihnen, so sehr abstößt von allem religiösen Wesen.

Ach sterben! Ja, sterben! Das Süßeste und Höchste, was wir erhoffen und erwarten dürfen. „Seine Linke ist unter meinem Haupte, und seine Rechte hält mich umschlungen!" Da verschwinden alle schauerlichen Bilder vom Tode und vom Gericht. Dieser einzige Vers des Hohenliedes macht die ganze alte Eschatologie, die „Lehre von den letzten Dingen", zuschanden. Ein wunderbarer, unsäglich schöner Friede läßt sich über die Krankenbetten und Sterbelager nieder; eine wahre Erlösung kommt über die geängstigte Menschheit. Dem Himmel sei Lob und Dank dafür!

MARCION

Eine Ahnung von dem Gott, der nur Güte und nichts anderes, nicht Gerechtigkeit, nicht Allmacht, nicht Allwissenheit, sondern nur reine Güte ist, erwachte schon wenige Jahrzehnte nach dem Tode der letzten Apostel. Es war dies noch etwas anderes als die große Entdeckung und Offenbarung des Väterlichen im Wesen des Allerhöchsten, denn dem Vater unseres Herrn Jesu Christi hingen noch immer die Eigenschaften des vorchristlichen Gottes an, und die Apostel und Jünger Jesu waren noch zu sehr der alten Zeit und der alten Frömmigkeit verhaftet, um zu der Idee eines Gottes der reinen Güte (Deus solius bonitatis) vordringen zu können. Leider erwachte diese Idee im Herzen eines Mannes, dessen Leben nicht einwandfrei genug war, um als Bürgschaft einer wahren Lehre gelten zu können. Und wiederum leider führte diese Idee gleich von Anfang an auf falsche Wege und erging sich, aus Bruchstücken des Neuen Testaments eine neue Bibel schaffend, in Schlußfolgerungen, die von den alten Führern der Christenheit als Irrlehren verworfen werden mußten, z. B. dem schroffen Gegensatz zwischen Altem und Neuem Testament, Gesetz und Evangelium, dem „gerechten, zornigen und bösen Gott" des Alten Testamentes und dem gütigen, erst durch Jesus geoffenbarten Gott des Neuen Testamentes. Marcion aus Sinope im Pontus, Sohn eines Bischofs, vordem reicher Schiffsherr, wegen anstößiger Lebensweise von seinem Vater aus der Kirche ausgeschlossen, war der Verkünder des neuen Evangeliums, trug es im Jahre 140 nach Rom, wurde dort aber von Bischof Polykarp mit den Worten abgewiesen: „Ich kenne den Erstgeborenen des Satans." Er gründete infolgedessen eine neue christliche Gemeinschaft, von der man heute sagt, daß sie die erste organisierte Kirche Christi gewesen sei, größer, als die bisher nur locker organisierte Christenheit.

Mit diesem Marcion und seiner Lehre will ich nichts zu tun haben. Ich verwerfe weder das Alte Testament noch den Gott des Alten Testamentes; ich verwerfe nur gewisse Aussagen über diesen Gott, die sich übrigens in gemilderter Form auch im Neuen Testamente finden. Ich halte im Gegenteil ein Buch des Alten Testamentes, nämlich das Hohelied, für die wunderbarste aller Offenbarungen Gottvaters, wie mir das Neue Testament die Offenbarung des Gottessohnes ist, die sich im Hohenlied unter dem Bilde der geliebten Braut noch verschleiert.

Ich will auch nicht gleich Marcion eine neue Lehre aufstellen noch eine neue Kirche gründen. Die alte Lehre und die alte Kirche ist für die heutige Menschengesellschaft noch gut genug, und wäre sie es nicht, so wäre es nicht meine, sondern des Heiligen Geistes Sache, hier Änderungen zu treffen. Mein Werk ist vielmehr wie das eines Malers, der unbekümmert um Orthodoxie oder Heterodoxie seine Striche und seine Farben auf die Leinwand setzt und es dem Beschauer überläßt, ob er Wohlgefallen daran finden oder Nutzen für seine Seele daraus schöpfen will. Aber er will immerhin ernst genommen sein und setzt unter sein Gemälde das Wort „Pinxit" mit seinem Signum oder seinem vollen Namen. Er hat gegeben, was er zu geben hat; er bekennt sich zu dem, was er gemalt hat. Es ist sein Bekenntnis und sein Testament. Er weiß, daß man vor zehn Jahren anders malte und nach zehn Jahren anders malen wird; er weiß, daß es in seiner Kunst keine immerwährende Unfehlbarkeit gibt. Aber er hat gemalt und bekennt sich dazu und hinterläßt sein Gemälde der Menschheit als einzige Erbschaft, die er zu vererben hat.

Vielleicht, ach sogar wahrscheinlich, ist alles oder das meiste, was in diesem Buche geschrieben steht, falsch, aber nicht falscher als das, was in meinen schöneren, dem gottgläubigen Gemüt wohlgefälligeren Büchern steht. Es gibt eine Definition des Schönen, die heißt: „Schön ist, was gefällt." Diese Definition wird als ungenügend verworfen. Sie ist aber sicher nicht viel falscher als die Definition: „Richtig ist, was gefällt." Was nicht gefällt, wird ziemlich allgemein als unrichtig verworfen. Und ich meine, nicht ganz mit Unrecht. Denn dem Menschen ist nun einmal das Richteramt auf dieser Erde gegeben, nicht nur einem bestimmten Stande von Menschen, sondern dem Menschen überhaupt. In seiner Brust sind nicht nur seines Schicksals Sterne, sondern auch jene feine, untrügliche Waage für alles das, was Gott für den Menschen geschaffen und dem Menschen angepaßt hat, vor allem alle Schönheit und alles Recht. Daneben ist aber ein schulmäßiges Maß für Schönheit und Recht entstanden. Manches Kunstwerk wird von der Schule als schön ausgestellt und gepriesen. Der gewöhnliche Mensch, der daran vorübergeht, findet nichts Schönes an ihm. Er gibt sich vielleicht sogar Mühe, etwas Schönes daran zu finden, aber die Mühe ist vergeblich. Schließlich bringt er es soweit, alles, was die Schule als schön ausstellt, entgegen allem eigenen Gefühl als schön hinzunehmen. Er preßt sich das Urteil, das Wohlgefallen, ab. Auch mit dem Richtigen, dem Recht, ist es so. Wie mancher Richterspruch erscheint dem unverbildeten Herzen nicht nur unrichtig, sondern sogar unsinnig. Aber mit der Zeit gewöhnt sich das Herz an solche Richtersprüche und macht sie sich zu eigen. Es entsteht das gewöhnliche oder allgemeine Kunst- und Rechtsempfinden, das sich ein eigenes Forum gebaut hat. Vor diesem, nicht vor jenem muß man sich anklagen lassen oder rechtfertigen, wenn man eine These vertritt oder gar ein Buch darüber schreibt. Vor diesem, nicht nur vor jenem gebe ich freimütig zu, daß vieles, was in diesem Buche steht, falsch sein kann.

WAS ICH WILL

Es hat ein jeder Mensch das Recht zu irren, ja sogar seinem Trotz oder auch seinem Übermut freien Lauf zu lassen. Und ein kranker Mensch hat auch das Recht, empfindlich zu sein, und ein in seinem Heiligsten angegriffener und verletzter Mensch hat das Recht, einmal um sich zu schlagen, ohne zu fragen, ob er jeden Hieb rechtfertigen kann. Nur lügen darf kein Mensch. In manchen Büchern darf auch kein

Mensch dichten oder erdichten, sondern muß das schreiben, was er erfahren hat. Fraglich, sehr fraglich ist es, ob er schreiben darf, was andere erfahren haben und für wahr halten, auch wenn er es wirklich glaubt. Unsere meisten religiösen Bücher beruhen nicht auf eigener Erfahrung, sondern berufen sich auf die Erfahrung und den Glauben anderer. Das macht den größten Teil unserer religiösen Literatur wertlos. Etwas anderes ist es um die wissenschaftliche theologische Literatur. Diese sagt von vornherein, daß sie sich nicht auf eigene Erfahrungen aufbaue, sondern auf den „Glauben der Kirche", auf die „Lehren der Völker", auf die „theologischen Autoritäten". So kommt es vor, daß ein ganzes Buch von Gott handelt, der Verfasser aber kaum etwas von dem wirklich glaubt und gläubig hält, was er schreibt. Solche Theologen halten sich wenigstens frei von offenbarer Lüge, obwohl sie die Menschen, die ihnen vertrauen, schwer täuschen. Ein großer Teil der theologischen Literatur ist darum zwar der wissenschaftlichen, nicht aber der religiösen Literatur zuzurechnen.

Dem Buche, das ich hier geschrieben habe, wird man es ansehen, daß ich weder lügen noch täuschen will. Es gibt aber noch ein drittes Unrecht: man kann die Wahrheit ärgerlich — ärgernisgebend — sagen. Und von diesem Unrecht weiß ich mich nicht ganz frei. Es kann aber Pflicht werden in einer Zeit, in der die Menschen der harmlosen religiösen Literatur überdrüssig geworden sind und lieber religiös hungern und dürsten, als das laue Wasser der herkömmlichen Erbauungsliteratur trinken. Es kann zur Pflicht werden, wenn man anders nicht die notwendige Frische und Glaubwürdigkeit erreichen kann. Ich will auf jeden Fall glaubwürdig schreiben, selbst auf die Gefahr, der Irrlehre oder der Lieblosigkeit zu verfallen.

Ich will aber doch wiederum etwas Wahres geschrieben haben, und dieser Wille soll nicht nur von Trotz und Gereiztheit, sondern von wirklicher Liebe geleitet sein. Was ich geschrieben habe, soll aber nicht das strenge Gesicht einer Lehre tragen, sondern nur das Aufleuchten einer fernen Erkenntnis, so wie etwa ein neuer Stern aufleuchtet, von dem man noch nicht weiß, ob er am Himmelszelt bleiben oder alsbald wieder verglimmen wird, keineswegs wie ein stolzer, berechenbarer Komet mit langem Schweif, aber auch nicht wie eine geschwinde, hell aufglühende Sternschnuppe.

DER „HERR DER WELT"

Es ist vielleicht alles falsch, was man von der Größe und Allmacht Gottes redet, schreibt oder predigt. Hier auf dieser Erde und mit den Maßen der Erde gemessen ist er gewiß unendlich klein und schwach, so klein und schwach wie der neue Lebenskeim, den Maria in ihrem Schoße über das Gebirge zu Elisabeth trug. So etwa entspricht er meiner Erfahrung. Was ich darüber hinaus Großes und Mächtiges erfahren habe, rührt alles nicht von dem lebendigen Gotte her, sondern von jenem Wesen, das Christus den „Herrn der Welt" genannt hat. Vor der unheilvollen Verwechslung des lebendigen Gottes und des Fürsten dieser Welt kann nicht genug gewarnt werden. Noch öfter als die beiden Wesen werden ihre Eigenschaften miteinander verwechselt. Viele suchen Gott und finden den Teufel und halten diesen dann für den gesuchten Gott. Dem Teufel eignen auf dieser Erde die Größe und Allmacht, die wir Gott zuschreiben. Von ihm kann sich Gott nur unterscheiden durch Kleinheit und Ohnmacht. Das Kind im Stalle von Bethlehem, die Hostie im Speisekelche des Tabernakels sind darum die von Gott gewählten Selbstdarstellungen. Indem wir sie anbeten, können wir uns nicht täuschen. Es sind dies aber beides Selbstdarstellungen des Sohnes Gottes, der auf die Erde kam, um den Fürsten dieser Welt zu überwinden; der also ein Mindestmaß der Rüstung des Gegners anlegen mußte. Dieses Mindestmaß ist wohl das geschöpfliche Sein und die sichtbare Gestalt. Gottvater müssen wir uns ohne diese beiden Rüstungsstücke vorstellen. Daß er nicht sichtbar ist wie die geschöpflichen Wesen, war schon von jeher Lehre der Gottesgelehrten. Daß er überhaupt nicht „ist" in der Weise der irdischen Wesen, hat man dadurch zum Ausdruck gebracht, daß man ihm ein „absolutes Sein" zuschrieb, den

196

Geschöpfen aber nur ein relatives Sein. Was aber ist ein „absolutes Sein"? Kein Mensch kann sich darunter etwas vorstellen, wenigstens nicht etwas als Sein vorstellen. Es gibt ja außer dem Sein noch andere irdische und himmlische Erscheinungen; es gibt zum Beispiel ein himmlisches Singen und Klingen. Man muß von allem das Feinste und Zarteste nehmen, wenn man Gottes Wesenheit bestimmen will. Es gibt im Himmel wie auf Erden etwas ganz Feines und Zartes. Das geht und weht durch unsere Seelen wie ein leiser Morgenwind oder leuchtet wie der rosige Rand einer Wolke beim Sonnenuntergang. Niemand wird sagen: „Das ist ein Sein", sondern: „Das ist ein Wehen", „Das ist ein Leuchten". Also, ich will es geradeheraus sagen: „Gott ist kein Sein", sondern Gott ist ein Glauben!" Könnte ich sagen: „Gott ist ein Wehen" oder: „Gott ist ein Leuchten" oder: „Gott ist ein Singen und Klingen", so würde das lieblicher klingen. Denn das Wort Glauben ist in den Kämpfen der Jahrhunderte hart und unliebenswürdig geworden. Wir müssen es erst wieder zart und holdselig machen, daß es lieblicher klingt als Hoffnung und Liebe; daß es so lieblich ist wie die Stunde, in der wir zum ersten Male das Antlitz unserer Braut sahen, das Aufleuchten ihrer Augen, das Erröten ihrer Wangen. Und die Seligkeit, die wir dabei empfanden, besonders wenn wir noch ganz reinen Herzens waren, und wenn die Begegnung uns als erste Liebe traf, müssen wir noch tausendfach versüßen, um ein Gleichnis für die Seligkeit des Glaubens zu finden. Und ein solcher Glaube ist Gott. Gott ist nicht das Objekt eines solchen Glaubens, sondern ein solcher Glaube selbst, eine Bewegung und Durchleuchtung unserer Seele von unsäglicher Seligkeit, nicht Größe, nicht Macht, nicht Wissenheit, nicht Gerechtigkeit, sondern reine, lautere Seligkeit.

Ich war so sehr enttäuscht, daß ich zu Gott nicht mit Jammern und Bitten vordringen konnte. Er ist ja gar kein Postschalter für Klage- und Bittbriefe; er ist ja nur Seligkeit. Ich hörte oft klagen, daß Gott, der Gerechte, so viel Ungerechtigkeiten zulassen könne. Er ist ja einzig und allein Seligkeit und hat weder mit Gerechtigkeit noch Ungerechtigkeit etwas zu tun. Die Stelle, die sich hierzu für berufen hält, ist eine ganz andere. Wenn ich vergeblich betete, öffnete sich manchmal der Vorhang der Dunkelheit, die mich umgab, und es erschien mir ein Antlitz, manchmal häßlich, wie die mittelalterlichen Maler den Teufel malten, manchmal wie das etwas gebräunte Antlitz eines schönen Engels mit glühenden Augen, und eine Stimme sprach zu mir: „Wende dein flehendes Herz zu mir; ich will dir alles geben, was du erbittest, und was dir Gott nicht geben kann, denn er ist nur Seligkeit und hat nichts anderes zu vergeben als seine Seligkeit, und seine Seligkeit ist nicht von einer Art, die du als Glück empfinden könntest. Siehe, i c h bin der Herr der Welt und aller ihrer Güter und all ihres Glückes. Glück? I c h gebe es und nehme es!"

Die Menschen denken oft, es seien nur ihre Sünden, für die sie zu büßen hätten. „Was habe ich denn getan?" rufen sie, „daß ich so viel leiden und büßen muß? Warum müssen die Unschuldigen mit den Schuldigen leiden, oder gar nur die Unschuldigen, während die Schuldigen ihrer Bestrafung zu entgehen wissen?" Das ist eben der große Ungerechte, der Herr der Welt! Das ist nicht Gott! Und nicht nur die Sünden sind zu büßen. Diese vielleicht sogar am wenigsten. Zu büßen sind vielmehr alle glücklichen Stunden, alle Freuden, die wir nicht aus der Hand Gottes, sondern aus der Hand des Herrn der Welt angenommen haben. Nicht „alle Schuld rächt sich auf Erden", sondern alles Glück rächt sich auf Erden. Der Herr der Welt fordert hohen Preis für das kleinste Glück, das er uns läßt.

Wir wissen nicht, wie der Herr der Welt zu seiner Herrschaft über die Erde und ihr Gut und Glück gekommen ist. Wir wissen ja von den meisten Herrn und Herrschern nicht, wie sie zu ihrer Stellung in der Welt gekommen sind. Gott hat sich berauben lassen auf jegliche Weise. Er hat den Ellbogen eine unglaubliche Macht eingeräumt. Es ist aber möglich, daß der Satan schon vor seinem Sündenfall zu jenem Chor der Engel gehörte, die wir Dominationes oder Herrschaften nennen, und wie Adam durch seinen Sündenfall nicht alle seine Vorzüge verlor, so auch die Engel nicht. Gott ist getreu. Was er einmal gibt, das läßt er auch. So mag er dem Satan die Herrschaft auf der Welt gelassen haben, bis sie ihm einer aus der Welt selbst entriß. Wir wissen, daß Jesus in einem fortschreitenden Eroberungszuge in der Welt begriffen war, und daß er dem Satan Stück für Stück von seiner Herrschaft entriß, vor allem die Menschenseele. Die Menschenseele allein hat noch, seit Christus für sie gestorben ist, die Macht, für oder wider den Herrn der Welt sich zu entscheiden. Auch die Macht über den Leib scheint der Herr der Welt im Bereich der christlichen Taufe verloren zu haben. Der bei der Taufe ausgesprochene Exorcismus scheint wirksam zu sein. Christliche Missionare berichten Erschütterndes über den Kampf des Herrn der Welt um den zu taufenden Menschenleib. Wo die Taufe gespendet wird, sind die Fälle von dämonischer Besessenheit außerordentlich selten, so zwar daß in diesem Bereich schier niemand mehr an die Existenz des Herrn der Welt glaubt.

Im übrigen möchte ich über dieses Thema nicht weiter schreiben. Über wen man schreibt, dem verschreibt man sich. Ich will mich aber nur dem Herrn des Himmels verschreiben. Ihn allein suche ich. Er ist das Blumenbüschlein an meinem Rock und das Myrrhenbüschlein an meiner Brust. Wenn ich sterbe, soll seine Linke unter meinem Haupte sein, und seine Rechte soll mich umschlungen halten.

Als ich Kaplan in Lauban war, lebte in einem benachbarten Dorfe ein junger Geistlicher, der eine wahre Leidenschaft hatte, der Geschichte des Herrn der Welt nachzuspüren. In seiner Bücherei stand eine ganze Anzahl ansehnlicher Werke über die Geschichte des Teufels. Oft kam er zu mir, weil sich kein anderer Geistlicher in Unterhaltung über dieses Thema einließ. Auch mir wurde dieser Gast bald unheimlich, da er über meinen Pfarrer und über die Klosterschwestern des Ortes sehr mysteriöse Geschichten vorbrachte. Vergeblich versuchte ich ihn abzulenken. Er ließ bald sein geistliches Amt im Stich. Ich hörte, er habe eine Anstellung in einem westdeutschen Hotel angenommen und eines Tages sämtliche Möbel und Geschirre auf das Steinpflaster des Hofes geworfen. Er war also irrsinnig geworden und ist auch im Irrsinn gestorben.

Ähnlich endeten innerhalb meines Bekanntenkreises alle, deren Forschung und Schriftstellerei sich dem Herrn der

Welt zuwandten. Ich rühre kaum mehr ein Buch an, das vom Herrn der Welt handelt. Man hat den Teufel nicht mit Unrecht den Affen Gottes genannt, weil er alles nachahmt, was Gott tut, so zwar, daß die Werke des Teufels oft kaum zu unterscheiden sind von den Werken Gottes. Wer kann zum Beispiel auf dem Gebiete unserer Kultur unterscheiden, was Gottes und was des Teufels ist? Bei meiner eigenen Schriftstellerei habe ich mich oft fragen müssen: was hat mir Gott und was hat mir der Teufel eingegeben zu schreiben? Gab Gott das Gebot: „Du sollst den Namen Gottes nicht vergeblich nennen", so hat der Teufel sicherlich ein ähnliches Gebot gegeben, und wahrhaftig, sein Gebot wird genauer eingehalten als das Gottes. Es ist sogar in das deutsche Sprichwort eingegangen: Man soll den Teufel nicht an die Wand malen, d. h. nicht nennen, sonst kommt er. Bei Gott hat man nicht diese Furcht.Hätte man wenigstens eine entsprechende Ehrfurcht. Trotz des Glaubens an die Allgegenwart Gottes traut man seinem Namen nicht dieselbe Kraft der Vergegenwärtigung zu wie dem Namen des Teufels.

Darum meine ich, man soll vorsichtig sein in der Suche nach Gott. Man könnte Gott rufen und der Teufel hört es; man könnte Gott suchen und den Teufel finden. Auch der Teufel wird Vater genannt, freilich „Vater der Lüge". Auch der Teufel kann schön sein wie der Bräutigam im Hohenliede. Auch er kann als Geliebter die Seele umgirren. Er kann das ganze Hohelied der Seele vorsingen. Wie sich der Gottessohn in Knechtsgestalt verbarg, um durch Schönheit und Liebenswürdigkeit anmutiger menschlicher Erscheinung die Freundschaft und Liebe der Menschenseele zu gewinnen, so verbarg sich der Herr der Welt, ursprünglich einer der schönsten und glänzendsten Geister, unter der Fratze des Teufels, um sich nicht durch seine Schönheit zu verraten. Aber eigentlich eignet ihm männliche Kraft und Schönheit. Erschiene er als Mensch, so wäre er eines der schönsten Menschenbilder, verschönt noch durch das Feuer der Empörung, das aus seinen Augen bricht. Man würde in seiner Schönheit das Dämonische erkennen und sich gewarnt fühlen, wenn er sich uns ohne Maskierung zeigte.

In dem „Erlöser der Welt" und dem „Herrn der Welt" stehen einander gegenüber die beiden Typen der menschlichen Schönheit, wie sie sich in jeder menschlichen Gesellschaft finden, nicht nur in der großstädtischen, sondern auch in jeder bäuerlichen, der Typus der stillen Sanftmut und Anmut und der Typus der feurigen Mannesschönheit. Man wird sich zwar hüten müssen, die Vertreter jenes ohne weiteres dem Himmel, die Vertreter dieses der Hölle zuzuweisen. Aber man wird nicht irregehen, wenn man seinem innersten Gefühle wenigstens anfänglich folgt und dann vorsichtig beobachtet.

Der Mächtigere von beiden wird wenigstens anfänglich der Herr der Welt sein. Ihm werden seine Pläne gelingen; er wird seine Freunde mit Erfolg fördern. An ihn wird man sich nicht vergeblich mit seinen Bitten und Wünschen wenden. Jesus hat zwar seinen Jüngern eine ganze Anzahl von Verheißungen gegeben, aber so weit meine Erfahrung reicht, dauert es zum mindesten meist eine lange Zeit, ehe er eine Verheißung erfüllt, während der Herr der Welt sehr prompt ist in der Bedienung seiner Kunden und mit auffallender Geschwindigkeit erfüllt, was er verspricht. Schon Jesus sagte: „Die Kinder dieser Welt sind klüger", d. h. auch erfolgreicher. Die Weltgeschichte ist reich an Beispielen und Beweisen dafür. Es kommt nur immer darauf an: wer zuletzt der klügere ist, und wer zuletzt gewinnt.

Was lehrt die Erfahrung? Alle Welt sucht sich als Partner ein mächtiges himmlisches Wesen. Es bleibt ihr schließlich die Wahl zwischen dem „Erlöser der Welt" und dem „Herrn der Welt". Ihre Wahl entscheidet die Frage nach der Mächtigkeit der Gewählten. Klein ist immer noch die Herde, die sich um den „Erlöser der Welt" schart. Sie hat schlechte Erfahrungen gemacht mit ihrer Wahl. Groß dagegen, überwältigend groß, ist die Zahl derer, die dem „Herrn der Welt" anhangen. Zwar gibt es kaum mehr jene Teufelspakte, von denen alte Sagen erzählen. Zu klug ist der Herr der Welt, um es auf einen solchen Pakt ankommen zu lassen. Solche Pakte würden nur Mißtrauen erregen. Dem Herrn der Welt genügt heute eine einfache Wendung des Herzens. Da ist keine Taufe notwendig; kein

201

festtäglicher Dienst wird verlangt; keine Kirche steht da mit strengen Forderungen; man kann heiraten und sich scheiden lassen, wie es einem beliebt. Es ist eine sehr einfache Sache um die Gefolgschaft des Herrn der Welt. Man braucht nicht einmal einen klaren Gedanken dazu. Es ist im Gegenteil schwer, sich dagegen zu wenden. Kein Ungehorsam ist schwerer als der Ungehorsam gegen den Herrn der Welt. Kinder, die mit ihrem Rodelschlitten das hohe Ufer eines Stromes hinuntersausen und im Strom ertrinken, — so sind die Menschen der Welt, die sich für die Gefolgschaft des Herrn der Welt entscheiden.

Ach ich wollte ja gar nicht so viel über den Herrn der Welt schreiben; wollte nur andeuten, wie schwer es ist, dem wahren Geliebten der Seele zu folgen. Es ist ärgerlich, daß dieser gar keine Reize hat, die zu seiner Nachfolge verlocken könnten, weder besondere Schönheit noch Macht. Ach, daß er nur ist wie ein unbeholfenes Kindlein!

Ich schreibe diese Zeilen am „Christ heiligen Abend". Mit Weib und Kindern stehe ich anbetend vor der Nachbildung des Stalles und der Krippe, in der die Jungfrau Maria den vom Heiligen Geiste empfangenen und in dieser Nacht geborenen Gottessohn bettete. Alle meine Vorfahren, soweit menschliches Gedächtnis zurückreicht, standen so an diesem Abend Jahr für Jahr anbetend vor der „Krippe von Bethlehem". Und sie glaubten, daß das in heiliger Nacht von der Jungfrau geborene Kind „wahrer Mensch und wahrer Gott" sei. Sie waren alle kluge Männer mit kritischem Geiste, denn sie waren alle Zimmerleute, als welche nur kluge Männer mit prüfendem Blick für Maß und Winkel, gerade Linie und rechte Gehrung brauchbar sind und auch in großer Höhe auf schmalem Brett noch schwindelfrei bleiben können, die sich also nichts vormachen lassen, aber auch vor großer und gefährlicher Höhe nicht zurückschrecken. Es ist viel zu wenig, wenn ich sage: sie glaubten an das Wunder der Heiligen Nacht. Sie glaubten nicht nur, sondern sie wußten darum, wie wenn es ihnen in besonderer Weise geoffenbart worden wäre. Und sie wußten nicht nur darum, sondern fühlten sich von innen heraus gezwungen, es darzustellen, nicht in dichterischem

Wort, sondern in künstlerischem Schnitzwerk und belebender Mechanik. Sie schufen wohl alle für ihr Haus eine bewegliche Weihnachtskrippe, die das Wunder inmitten einer lebensvoll bewegten Welt, zwischen den Straßen der Welt und den Viehwegen und Viehtrieben der Gebirge darstellte. Und nicht nur dies: Sie taten ihre ganze Liebe in ihr Werk, und es ist ein Wunder, daß sie Kinder kriegten, da doch ihre ganze Liebe nicht in den Schoß ihrer lieben Frauen, sondern in die Kunst und Bewegung ihres Werkes einging. Sie liebten ihre Frauen, aber ihre eigentliche Liebe galt dem „Christkind", das in der Heiligen Nacht geboren wurde. Sie liebten Gott, aber sie liebten und fanden ihn in diesem Kinde. Sie hatten keinen Gott außer diesem Kinde. Und wenn ein Gott für sie da sein wollte, mußte er in diesem Kinde sein. Und indem sie dieses Kind schnitzten und es zum Mittelpunkt einer ganzen bewegten Welt machten, hatten sie nicht das Empfinden, nur eine Abbildung zu schaffen oder eine geschichtliche Szene zu gestalten; sie gebaren das Kind in der Liebe ihres Herzens. Es wurde ein Kind, nicht ein Schnitzwerk.

Sie kannten die Stunden, in denen der Heilige Geist über ihr jungfräuliches Wesen kam, und die Kraft des Allerhöchsten sie überschattete. Sie wurden Marienmenschen. Die benachbarten Bauern und Bergleute kamen herbei wie einst die Hirten von den Feldern Bethlehems, und was sie da redeten, war wohl von der Art, daß es meine Vorväter im Herzen bewahrten und bewegten, wie man Göttliches im Herzen bewahrt und bewegt. Wohl wurden meine Vorväter auch weiterhin wie gewöhnliche Menschen angeredet und behandelt, aber sie blieben doch in dem Stande derer, die es mit Gott hatten. Was dies war und wie weit es ging, das kümmerte niemand. Aber daß etwas war, behielten alle im Gedächtnis.

BRAUTGESCHENKE

Christ heiliger Abend fällt genau neun Monate nach der Erscheinung und Verkündigung des Engels Gabriel, so lange als ein Menschenleben vom ersten Keime bis zum Eintritt in die Welt braucht. Meine Vorväter dachten wohl oft an die Zeit zwischen dem 25. März und dem 24. Dezember. Ein Keim göttlichen Lebens war auf die Erde gefallen und war wie ein Licht in einer Laterne aufgeleuchtet im jungfräulichen Schoße Mariens. Kein Blitz und kein Donner. Nur Stille und Wachstum. Vereinigung väterlichen Gotteskeims mit mütterlichem Keim der Erde, dort wo die Erde noch am reinsten und heiligsten war und wo sich die ersten Verse des Magnifikat zusammenfanden. Nur Stille und Wachstum, Licht und Gesang, Wort Gottes in einem menschlichen Mutterleibe!

Kein Blitz und kein Donner! Nein, so muß es gewesen sein, als der erste Keim organischen Lebens auf die Erde fiel, von einem Sterne oder aus der Hand Gottes, dem Munde Gottes, dem Schoße des ewigen Vaters. Wie es die Gelehrten wollen! Ich mag keine neue Lehre aufstellen, möchte nur sagen, daß etwas unendlich Kleines und Zartes geschah. So wie wenn ich endlich den sehnsüchtig gesuchten Gott finde, und wie er in mich eingeht. Wie ich auf ihn wartete all die achtzehn Jahre seit meinem Ausschluß aus der Kirche, all die zehn Wochen meines Aufenthaltes im Krankenhause, all die zehn Monate, die ich seitdem in meinem eigenen Hause verbringe, krank und siech, gebrechlich und verkrüppelt. Er kam nicht als ein Wundertäter und Krankenheiler; er kam nicht als freundlicher Pfarrer und nicht als kluger Generalvikar meines Bischofs. Kam er in den Plünderern, die mein Haus verwüsteten und nach mir schossen? Kam er in der Angst und Qual der letzten Monate oder im Hunger meiner Kinder, im Tode meiner besten Freunde? Er kam nicht, als ich ihn mit den Zeilen dieses Buches zu suchen und zu locken begann. Ist er überhaupt gekommen?

Es leuchtet immer wieder um mich. Es flattert um mich wie ein goldener Schmetterling. Es umklingt mich etwas, und es ist etwas in meiner Nähe.

Geschenke verpflichten. Nicht nur den Beschenkten, sondern mehr noch den Schenker. Ich komme mir manchmal vor, als sei ich von oben bis unten mit Goldgeschmeid und Edelstein geschmückt. Es ist undenkbar, daß ich nicht zu einem hohen Fest geladen sein sollte. Daß das armselige Leben, das ich jetzt führen muß, das Letzte sein sollte! Daß ich nichts mehr zu erwarten hätte!

Die Prophezeiung meines Bruders, daß aus mir etwas Tüchtiges werden würde, blieb nicht die einzige, wie sie ja auch nicht die erste war. Ich selber habe mir nie etwas besonders Gutes prophezeit, hatte vielmehr lange Zeit die allergeringsten Vorstellungen von meinen Anlagen, Fähigkeiten und Aussichten. Um so mehr überraschte es mich, als ich wahrnahm, daß mir der Lehrer in meinem zweiten Volksschuljahr eine besondere Aufmerksamkeit zuwandte, und daß er sogar zu irgend einem Bekannten meiner Mutter gesagt haben sollte, ich sei sein bester Schüler. Dieses Bewußtsein einer gewissen Auserwählung änderte sich leider beim Übergang in das nächste Schuljahr. Die Räumlichkeiten für das nächste Schuljahr erwiesen sich als zu eng. Anstatt nun eine Anzahl Schüler in der alten Klasse sitzen zu lassen, entschloß sich die Lehrerschaft, die besseren Schüler ein Jahr überspringen zu lassen. Nun fehlte aber diesen Schülern die Kenntnis des Lehrstoffes des übersprungenen Jahres. Sie gerieten bei ihren neuen, regelrecht weitergebildeten Kameraden ins Hintertreffen und bedurften mehrerer Jahre, um die neuen Kameraden wieder einzuholen. Unter den Überspringern war auch ich. Ich konnte weder so gut rechnen wie mit Tinte und Feder schreiben und wurde auf Jahre hinaus einer der „schwächsten Schüler" der Klasse. Dann kam ich aber für die drei letzten Schuljahre in die Hände eines vorzüglichen Pädagogen, der die Sachlage sofort übersah. Da galt ich bald als einer der besten Schüler der Klasse, und das briefliche Zeugnis, mit dem mich der Lehrer noch vor Beendigung des letzten Schuljahres in den Lateinunterricht des Pfarrers Heinrich May entließ, ist mir zwar dem Wortlaut nach nicht mehr bekannt; es schimmert mir aber bis heute als eine der köstlichsten Pretiosen am Gewande meines Lebens.

Pfarrer May hat ungefähr hundert Jungen auf das Gymnasium vorbereitet. Ich war und blieb der erste von ihnen, nicht nur der Reihe nach; meine Entwicklung war die glänzendste von allen hundert. Wohl gefiel dem Pfarrer mancher von den anderen Jungen vielleicht besser; manche waren persönlich liebenswürdiger oder auch hübscher von körperlicher Erscheinung; manche konnten schön singen oder auch ein Instrument spielen, was dem musikhungrigen Pfarrer des einsamen Gebirgsdorfes eine besondere Gottesgabe war. Aber am stolzesten war er auf mich. Gott schenkte ihm ein so langes Leben, daß er mein Leben weit über den Gipfelpunkt hinaus begleiten konnte. Er war der erste, der meine literarische Begabung erkannte und mir eine literarische Zukunft prophezeite, als ich in solcher Rede noch einen freundlichen Scherz und nichts weiter sah.

Es gelang dem Pfarrer, mich innerhalb von drei Wintermonaten bis in die vierte Klasse des Gymnasiums zu bringen, so daß ich zu Ostern die Prüfung für die Untertertia bestand. Wer macht mir das nach? Der Pfarrer war nur sprachlich begabt, nicht mathematisch. Mathematisch mußte ich mich selbst vorbereiten, erzielte aber gerade in diesem Fache bei der Prüfung eine vorzügliche Zensur, obwohl der examinierende Lehrer als besonders strenger Mathematiker galt und das von mir gebrauchte Lehrbuch für veraltet und ungenügend hielt. Es waren lauter Wunder, die mir damals geschahen, aber Wunder, die den Wundertäter verpflichteten.

In meinen ersten Gymnasialjahren galt es natürlich, manche Lücke der Vorbildung auszufüllen, und es gab manchmal Ach und Krach. Aber schon nach drei Jahren hatte ich es geschafft. Die Lehrer wurden aufmerksam auf mich und bevorzugten mich in vielerlei Weise. Einige, die befreundet waren mit meinen akademischen Lehrern, bahnten mir den Weg in deren Herzen und erleichterten mir so meinen Weg durch die Universitätsjahre bis zum theologischen Doktorgrad. Der Professor für Kirchengeschichte betraute mich schon in meinem ersten Semester mit einem Thema aus der Alten Kirchengeschichte, und ich hatte kaum mein erstes theologisches Examen hinter mir, da schrieb ich schon die letzte Seite meiner Doktorarbeit. Ich hatte sie wohl nicht als solche, sondern als gewöhnliche Seminararbeit geplant und meinem Professor zur Begutachtung vorgelegt. Da leuchtete wieder eine Pretiose am Gewand meines Lebens hell auf: Professor Sdralek lud mich für den nächsten Sonntagnachmittag zu sich ein. Auf einem Tischchen stand ein duftend gefülltes Kaffeeservice neben einem hochgeladenen Teller Kuchen und einer Flasche Wein, alles in feierlichster Aufmachung. Und feierlich äußerte der Professor seine Freude an meiner Arbeit und seinen Plan für meine Zukunft. Er wolle, sagte er, ein Stipendium des kaiserlich-archäologischen Instituts für mich beantragen; ein Jahr sollte ich in den praktischen Seelsorgdienst gehen, dann aber mit Hilfe des Stipendiums ein Studienjahr in Rom verbringen, um mich nach meiner Heimkehr an der Universität für das Fach der christlichen Archäologie zu habilitieren und schließlich einmal, wolle es Gott, sein Nachfolger auf dem Lehrstuhl für Kirchengeschichte zu werden.

Berauschender als schwerster Wein flossen solche Reden über meine Seele. Man bedenke: ich war ein Student im fünften Semester und sollte solche Aussichten haben! Ich arbeitete aber ruhig weiter am Quellenbestand der Alten Kirchengeschichte und konnte schon am Ende des Jahres meinem Lehrer eine zweite Forschungsarbeit vorlegen. Mein Lehrer überreichte sie dem Herausgeber der damals in hohem Ansehen stehenden Tübinger theologischen Quartalsschrift. Dieser, im Glauben, es nicht mit einem grünen Anfänger, sondern mit einem erprobten Forscher zu tun zu haben, veröffentlichte sie schon in einem der nächsten Hefte der Zeitschrift. Dort mit einer wissenschaftlichen Arbeit zu stehen, war wiederum eine große Ehre für mich, eine der Pretiosen am Gewand meines Lebens.

Damals war es ein Herkommen in der kath.-theol. Fakultät in Breslau, daß man sich erst zur theologischen Doktorprüfung melden durfte, wenn man sich zwei Jahre lang im Seelsorgsdienst bewährt hatte. Dagegen bestimmten die Statuten der Universität, daß die Meldung schon nach Ablauf des sechsten Studiensemesters erfolgen dürfe. Da gab es nun einen großen Kampf: Der Fürstbischof von Breslau wie fast der gesamte Lehrkörper der Fakultät war für das alte Herkommen, dem ich mich nun auch unterwerfen sollte. Mein Lehrer wollte aber das Universitätsstatut auch für die kath.-theol. Fakultät durchsetzen und glaubte, in mir den rechten Sturmbock zu haben. Und wir trugen den Sieg davon: Ich war der erste Breslauer kath.-theol. Doktorand, der sein Examen schon im sechsten Semester machen durfte. Mit der feierlichen Promotion mußte ich dann freilich warten, bis ich die erste von den „höheren geistlichen Weihen" empfangen hatte, also bis nach dem Diakonat, wie es das kanonische Recht erforderte.

Der „theologische Doktor" verleiht dem jungen Geistlichen auch in der Seelsorge ein besonderes Ansehen. Er ist nach außen kenntlich gemacht durch einige Eigentümlichkeiten in der Kleidung, die sonst nur dem Pfarrerstande zukommen (Birett mit drei statt vier Hörnern; Schulterkragen über dem Chorhemd; der „Doktorring", der bei der feierlichen Promotion überreicht wird, ist außerhalb dieser Feierlichkeit nicht mehr im Gebrauch). Aber das Kanzelwort des promovierten Geistlichen hat, wenn sonst gleichwertig, größere Autorität, und auch sein Beichtstuhl wird mit besonderem Vertrauen aufgesucht. Seine stärkere geistige Lebendigkeit sichert ihm im geselligen Leben der Gemeinde ein freudiges Willkommen. So wurde auch mein erstes Priesterjahr, mein Kaplansjahr in Lauban am Queis, ein Jahr voller freundlicher Ehrungen. In Voraussicht der bevorstehenden Studienfahrt nach Rom geriet ich natürlich in die Gefahr jugendlichen Übermutes und ungeistlicher Keckheit, die bis hinein in meine Predigten wirkten. Aber da war auch schon ein Dämpfer da, oder deren mehrere. Die Pfarrei war von einem altehrwürdigen Jungfrauenkloster, den Magdalenerinnen, gegründet, deren Propst zugleich Pfarrer der jungen Diasporagemeinde war, damals ein Mann von 93 Jahren, ein um die klösterliche Disziplin und um den reichen, in früheren Zeiten ganz verlotterten Grundbesitz des Klosters hochverdienter Prälat, dem meine Jugend und meine akademische Würde ein steter Grund zu Mißtrauen und pastoralen Vermahnungen waren. Die Klosterfrauen, eben jene Jungfrauen, nach denen das Kloster genannt wurde, waren von einem meiner Vorgänger an eine stark himmlisch gewürzte Seelenspeise gewöhnt, und ich — Gott sei es geklagt — war sehr weltlich gesinnt, weltlich im Sinne von der schönen Erde, von der smaragdgrünen und der rubinroten Kugel, mit allen Schicksalen der Menschen, ihrem Lachen und Weinen, ihrem Leben und Sterben. Mein Vorbild war damals Alban Stolz mit seinen „Kalendern für Zeit und Ewigkeit". Kurz, den Jungfrauen war ich zu wenig fromm und zu natürlich, derb kämpferisch. Und ich konnte mich nicht entschließen, von ihnen eine Vermahnung anzunehmen. Das störte aber mein Glück nicht, und die Pretiosen am Gewand meines Lebens schimmerten nach wie vor gleich einem Sternenhimmel.

Der alte Propst verklagte mich und den Oberkaplan beim geistlichen Amte. Der Oberkaplan wurde strafversetzt, mich aber mußten die Herren über die Alpen nach Rom fahren lassen, in zwei ganz wunderbare Jahre hinein.

In Lauban hatte mich auch die Liebe überfallen, und zwar wie einen ganz „Tumben Knaben". Ich erkannte sie gar nicht und sah gar nicht, wie sie meinem zölibatären Vorhaben widerstritt. Sie war so ganz anders als die Liebe, die mir im Breslauer Klostergarten, in den Gymnasiastenjahren, begegnet war; sie war mehr Freundschaft als Liebe, aber außerordentlich beglückende, süße Freundschaft. Der Oberkaplan hatte eine Schwester, die wesentlich älter als ich, aber noch sehr frisch, lebendig und hübsch war und ihr Herz natürlich nicht für mich aufbewahrt, sondern andershin vergeben hatte, was mir immerhin einigen Schmerz verursachte. Sie malte ganz hübsch, hübscher als ich. Ich konnte aber besser zeichnen und wußte mehr von Kunstgeschichte. So ergänzten wir uns einander. Und sie hatte wunderbar große, schöne Augen, die wie Sterne leuchteten; sie leuchteten mir auf allen meinen römischen und italienischen Wegen, bis nach Nordafrika hinein.

Außerdem hatte der fromme und würdige Kantor der Gemeinde, Vater von zwei Priestern, selbst aber auch durchaus priesterlichen Charakters, ein hübsches Töchterlein mit schmalem, sehr klugem Gesicht, von dem ich wohl nicht mit Unrecht glaubte, daß es mich irgendwie suchte. Wenn wir mit dem Kirchenchor einen Ausflug in die liebliche Umgegend Laubans machten, spürte ich immer gleich jemanden neben mir gehen, von dem eine Welle von Glückseligkeit über mich schäumte. Ich habe auch einmal sehr lange mit dem holdseligen Wesen zusammengestanden, obwohl wir eigentlich gar nichts mehr miteinander zu reden hatten. Ich kam einfach von diesen sanften, klugen, prüfenden, vielleicht fragenden Augen nicht los. Andere Reize als das Licht der Augen hatten damals Frauenzimmer für mich noch nicht. Erst viel später kam der rehartige Gang dazu. Aber eben jene Augen machten die Reise nach Rom mit. Das ganze liebe Gesicht stand soweit außerhalb der sexuellen Sphäre, daß ich mit seinem Lichtbild die Wand meines römischen Arbeitszimmers schmücken konnte, ohne den Spott der anderen jungen Leute fürchten zu müssen.

So trug ich zwei wundervolle Augenpaare als Pretiosen am Gewande meines Lebens, als ich nach kurzem Aufenthalt in meiner Heimat die Reise nach Rom antrat. Fürchte nun niemand, daß ich nach berühmten Vorbildern eine „Italienische Reise" schreiben werde. Es kommt mir ja nur auf die Sondergeschenke Gottes an, von denen ich gesagt habe: Geschenke verpflichten, nicht nur den Beschenkten, sondern auch den Schenkenden. Gerade in diesen Tagen, in denen ich diese Zeilen schreibe, kam mir ein Buch in die Hände mit dem Titel: Walther Stein, Römischer Frühling. Darin viele Abbildungen von Kunstwerken und Sehenswürdigkeiten, aber nur ein einziges ganzseitiges Porträt. Und dieses stellt in wohlgelungener Aufnahme den Rektor des Hauses dar, das mich als den ersten Breslauer Stipendiaten und Kaplan mit seltsam großen Hoffnungen, oder sage ich lieber: Neugierde?, empfing, den Prälaten Monsignore Anton de Waal, der aus der alten Bruderschaft vom deutschen Camposanto ein Studieninstitut für junge deutsche Gelehrte gemacht hatte.

Ich sehe mit Rührung in das liebe, brummige Antlitz hinein, das nicht aller Feinheiten entbehrt. Der Mann, weniger bedeutend als wissenschaftlicher Erforscher, denn als poetischer Darsteller des christlichen Altertums und seiner uns verbliebenen Reste, vornehmlich der Katakomben, hat sein Leben eingesetzt für sein Institut, hat dafür gehungert und hungern lassen. Er wählte die jungen Gelehrten weniger nach ihrer wissenschaftlichen Qualifikation als nach den Aussichten, die er auf geldliche Förderung des Instituts von Seiten der betreffenden Diözesanbischöfe oder auch der Landesregierungen hatte. So war eine ursprünglich mehr österreichische Gründung mehr und mehr eine reichsdeutsche geworden. Ganz ehrlich, aber auch ganz geheim und tief verborgen war weniger sein Streben nach tüchtigen Wissenschaftlern, als vielmehr nach einem künstlerischen Darsteller des christlichen Altertums, nach einem Dichter, der erfolgreicher als er selbst die Heldenzeit des Christentums verherrlichen konnte.

Ich brachte ihm einmal eine von ihm bestellte Buchbesprechung für seine wissenschaftliche Zeitschrift „Römische Quartalsschrift" und beobachtete ihn, wie er sie zu lesen begann. Seine Augen leuchteten auf. Er ließ das Manuskript sinken und sagte: „Wie Sie das alles anfassen! Was Sie für Worte finden! Die Besprechung ist wissenschaftlich gut, aber poetisch ist sie ein Meisterstück. Sie sollten die Wissenschaft lassen und sich ganz der Kunst des schönen Wortes zuwenden!"

Und ich — verstand nicht, was er meinte. Heute verstehe ich es. Und es wurmt mich, daß ich den Wink nicht beachtet habe. Aber ich darf die gute Meinung des Prälaten zu den Pretiosen meines Lebens rechnen, zumal sie sich doch später ein wenig durchgesetzt hat, wenngleich nicht auf dem Gebiete der Katakombendichtung. Denn als Dichter bin ich zeitweise über Gebühr gepriesen worden. Das Wort des Prälaten war eine Prophetie gleich der des Pfarrers Heinrich May.

Das kaiserliche Stipendium war für ein Jahr berechnet und verpflichtend. Desgleichen die Kaplanstelle am deutschen Camposanto. Aber zusammen machte dieses zwei Jahre.

Der Prälat beließ mir gern die Kaplanstelle für ein zweites Jahr. Er sagte, ich sei der gute Geist des Jahrganges. Ich war eben zusammen mit dem später berühmt gewordenen Ichthys-Forscher Franz Joseph Dölger der Jüngste des ganzen Kollegiums und immer fröhlich. „Wenn Sie kommen, geht gleich die Sonne auf", sagte der Prälat. Und es kam soweit, daß sich der Prälat mit dem Gedanken trug, mich in Rom zu behalten und zum Vizerektor des Hauses zu machen. Da wäre ich recht bald päpstlicher Hausprälat geworden, und mein Leben hätte einen ganz anderen Weg genommen. Aber mich lockte die Heimat. Rom war mir trotz aller geistigen Freuden, die es mir bot, fremd geblieben, ein Kapitel der Kirchengeschichte, aber keine Heimat. Ich war mit meinen 26 Lebensjahren noch zu jung für Rom. Ganz befangen in der heimatlichen Romanik und Gotik, hatte ich noch nicht einmal den Weg zur römischen Renaissance, geschweige denn zum römischen Barock gefunden. Die römische Landschaft tat es mir wohl an; sie lockte mich weite, einsame Wege, auf denen mir nur noch mein Priesterkleid Schutz gegen räuberische Elemente bot. Aber für die südlichen Farbensymphonien hatte ich noch keinen Sinn. Die Grafschaft Glatz erschien mir vielmal schöner als die Campagna Romana.

Dazu kamen noch herrliche Verheißungen von der heimischen Universität Breslau. Trotz meiner Jugend hatte die theologische Fakultät für mich einen außerordentlichen Lehrstuhl beantragt, und das Ministerium hatte so gut wie zugesagt. Die Heimfahrt nach dem Norden war für mich eine leuchtende Fahrt ins Glück. Intrigen von Seiten der Gegner meines Lehrers, der die ganze Angelegenheit eingefädelt hatte, vermochten zwar diesem Glück in letzter Stunde noch für einige Jahre den Weg zu versperren, aber das Glück und der Stolz der verheißungsvollen Heimfahrt blieben mir doch wunderbare Geschenke Gottes, Pretiosen am Gewand meines Lebens.

Es war also wohl eine kleine Demütigung, daß ich nicht gleich nach der Heimkehr aus Rom, in so jungen Jahren, einen Lehrstuhl der Breslauer Universität besteigen durfte, sondern erst ein halbes Jahr mit der Kanzel der Pfarrkirche von Patschkau und zweiundeinhalb Jahr mit der von St. Marien auf dem Sande in Breslau vorlieb nehmen mußte. Aber dort wäre ich Anfänger gewesen — wer wüßte nicht Bescheid um die Armseligkeit erster Dozentenjahre! — hier aber war ich schon Meister. Unendlich viel Schönes, Ehrenvolles und Freudenreiches haben mir die drei anfänglich unerwünschten Kaplansjahre in Patschkau und Breslau gebracht. In einem anderen Buche (Höregott) habe ich das Verhältnis des jungen Priesters zu seiner Seelsorgsgemeinde mit dem Verhältnis von Bräutigam und Braut nicht nur verglichen, sondern gleichgesetzt. Die Grundlage dieser Gleichsetzung waren die drei genannten Kaplansjahre. Dabei habe ich viel zu wenig betont, wie herrlich sie sich einander schmücken, dieser Bräutigam und diese Braut. Es geziemt sich auch nicht, öffentlich davon zu reden oder zu schreiben, denn es sind bräutliche Geheimnisse. Noch heute, nach vierzig Jahren, wird von jenen Jahren mit leuchtenden Augen gesprochen. Herrlich waren die Geschenke Gottes an den Kanzeln und an den Beichtstühlen.

In außergewöhnlich jungen Jahren Professor werden, galt vor vierzig Jahren noch als eine sehr hohe Ehre, und ich muß sie mit zu den Brautgeschenken Gottes rechnen. Ich stand noch im 30. Lebensjahre, als mir die volle Vertretung des erkrankten Ordinarius für Kirchengeschichte anvertraut wurde. Zwei Jahre später hatte ich einen eigenen Lehrstuhl mit eigenem Lehrauftrag, und wiederum vier Jahre später war ich Professor ordinarius für Alte Kirchengeschichte, Patrologie und kirchliche Kunst.

Gleichzeitig begann mir ein Geschenk zuzufallen, das die Prophezeiung alter geistlicher Freunde erfüllte: Ich wurde ein religiöser Schriftsteller außerhalb meiner wissenschaftlichen Fächer, aber auf gleichem Grund und Boden und im gleichen Geiste. Ganz unversehens stand ich wenige Jahre später in dem Rufe, einer der besten religiösen Volksschriftsteller Deutschlands zu sein. Alle angesehenen religiösen Zeitschriften warben um meine Mitarbeit; die größten und angesehensten katholischen Verlage sagten noch nach Jahrzehnten, daß ich ein guter und aussichtsreicher Mitarbeiter gewesen sei.

DIE BRAUTKRONE

Als ich so in voller Blüte stand und zwischen den Blüten schon golden die Früchte leuchteten, flocht Gott für mich die Brautkrone, die Dornenkrone, mit der er auch seinen eingeborenen Sohn geschmückt hat. Und als bräutliches Lager bettete er für mich das Kreuz. Ich brauche nicht weiter zu erzählen. Meine Leserschaft kennt meine Passion, anfangend mit meiner Osterbotschaft von den Erlösten, eingehend in die dunkle Nacht meines Ausschlusses aus der Kirche, und endend — ja wann und wie endend? Jesus, der eingeborene Sohn Gottes starb den Tod am Kreuze und wurde am dritten Tage auferweckt von den Toten. Ich lebe den Tod am Kreuze. Es wird wohl auch mir einmal der dritte Tag kommen.

Dornenkrone und Kreuz scheinen mir zum wahren und vollen Gottesbegriff zu gehören. Als der Urkeim des Lebens auf die Erde fiel, war er wohl schon gezeichnet mit Dornenkrone und Kreuz. Dornenkrone und Kreuz müssen seine Gestalt gewesen sein.

Der Ens a se der Scholastik versucht auch, in die Kirche einzudringen, er geht auch mit Kreuz und Krone um. Er macht aber aus dem furchtbaren Ernst von Dornenkrone und Kreuz pontifikalen Zierrat. Dreifach setzt er dem Papst die Krone aufs Haupt, die Tiara; in Mißgestalt der heidnischen Mitra den Bischöfen und anderen Prälaten. Und das Kreuz legt er ihnen an goldener Kette an die Brust. Es hat aber schon mancher Papst unter der Tiara die Dornenkrone getragen, und mancher Prälat mußte wirkliches Kreuz auf gebeugte Schultern nehmen. Denn der christliche Gott, der Vater im Himmel, kümmerte sich nicht um die Zierat des heidnischen, sondern gibt seine Liebe und seine Brautgeschenke nach dem Spruch des eigenen väterlichen Herzens.

Aber ich habe dem heidnischen Gott angehangen, indem ich sagte, Gott könne mich doch nicht am Kreuze hängen lassen; er müsse mich doch noch einmal verherrlichen; er

214

müsse meiner Armut und meines Leids gedenken. Ich sehe jetzt ein, daß der Vater im Himmel das Höchste gibt an Verherrlichung, indem er Dornenkrone und Kreuz gibt, denn diese sind die Mitte seines Wesens und sind seine Gestalt, in der er dem Menschen bräutlich begegnet.

Ich blättere das Büchlein, in dem ich die wenigen Reimereien meines Lebens zusammengeschrieben habe, zurück bis an den Anfang des Jahres, in dem Gott begann, mir seine Brautkrone darzureichen. Da waren wir zum Tauffeste des Töchterleins eines Freundes eingeladen. Es war schon mitten im Kriege, und es war uns nicht möglich, ein kostbareres Taufgeschenk zu besorgen als ein kleines goldenes Kreuzlein. Auf Bitten meiner Frau schrieb ich dazu einige Verse, die mir in letzter Stunde vor dem Gange zu dem festlichen Hause einkamen. Ich wunderte mich: sie kamen mir wie mühelos angeflogen, während mir sonst jeder Vers Mühe macht:

Für Karin, am Tauftag, 4. Januar 1942

Ein federleichtes Kreuzlein
aus sonnenlichtem Golde,
Karin, du kleine Holde,
wir legen dir's ans Herze.

Dein Herr, dem du geweiht bist
in hohem Christenstolze,
trug es aus schwerem Holze
in Schmach und Leid und Schmerze.

Er litt für dich die Schmerzen,
er trug für dich die Bürde.
Dir sei es Glück und Würde,
du junges Christenherze.

Wenige Blätter nachher, vom März 1944, finden sich die Verse:

Antwort

Du hast wohl meiner schlimm gelacht,
daß ich über Kreuz und Leiden geklagt.
Hörtest du mich ja immer sagen,
daß Christus für mich das Kreuz getragen!

Er hat es wohl für mich gemacht,
doch hat er's nicht statt mein gemacht,
er hat es mir nur vorgemacht.

Karin muß jetzt etwa ein Kind von fünf Jahren sein. Die drohende feindliche Invasion veranlaßte ihre Eltern, ihr wunderschönes Heim zu verlassen und mit ihren Kindern flüchtig zu werden; sie flohen in lauter Kreuz und Unglück hinein. Ihr Haus wurde von den Feinden geplündert und besetzt. Ihre Mutter muß in einer fremden Stadt für die feindlichen Machthaber arbeiten, um nicht zu verhungern. Vom Vater hörten wir dieser Tage, daß er weitab davon seine Familie und einen neuen Beruf sucht. So sieht das „federleichte Kreuzlein aus sonnenlichtem Golde" nach Ablauf von vier Jahren aus! Mein Herz ist schwer und voll Bitternis, wenn ich an Karin und an ihre mir innig befreundeten Eltern denke.

Wir haben uns sehr an den Gedanken gewöhnt, daß Jesus stellvertretend für uns gelitten habe. Hunderte Male hörten wir davon predigen. Unsere Erbauungsbücher waren übervoll davon. In Wahrheit ist es aber so, daß unser Verhältnis zu Gott ein völlig selbständiges ist. Wir können nichts auf die Schultern Jesu bürden. Es gibt eine stellvertretende Vaterschaft, aber keine stellvertretende Brautschaft. Insofern unser Verhältnis zu Gott ein bräutliches ist, kann von einer Stellvertretung keine Rede sein. Wir stehen Gott genau so gegenüber da wie sein eingeborener Sohn, dessen Sohnschaft nach himmlischem Begriff einer irdischen Brautschaft ähnlicher war als einer irdischen Sohnschaft, als welche wir sie meist begreifen, weil wir nur nach irdischen Begriffen begreifen.

Wir begehen den großen Fehler, daß wir im Irdischen das Vorbild, im Himmlischen das Nachbild sehen. So schon bei der Vaterschaft und der Sohnschaft Gottes. Wir kennen die irdische Vaterschaft und die irdische Sohnschaft und beurteilen danach die himmlische, so als ob die irdische das Vorbild, die himmlische das Nachbild wäre. Es ist aber so: ohne den Vater, der da ist in den Himmeln, gäbe es keine Vaterschaft auf der Erde. Und die Vaterschaft auf der Erde ist nur zu begreifen, wenn man die himmlische Vaterschaft begreift und anbetend erfaßt. Es gibt nur einen eigentlichen Vater, den im Himmel, und nur einen eigentlichen Sohn, den Sohn Gottes.

Genau so verhält es sich mit der Brautschaft. Die irdische Brautschaft ist etwas ganz Rätselhaftes und Unverständliches, eigentlich etwas Häßliches, Triebhaftes, Tierhaftes. Und doch, wie verklärt, wie selig und beseligend erleben wir sie! Wie ein Stück vom Himmelreich tritt sie in unser Leben. Weil eben im Himmel ihr Urbild und ihr Ursprung ist! Die irdische Braut, der irdische Bräutigam ist in Wahrheit etwas Göttliches in unserem Leben, nicht erst von der Poesie dazu gemacht, sondern nur von der Poesie als solches erkannt und verherrlicht. Wie sagt und singt doch der Dichter?

> O zarte Sehnsucht, süßes Hoffen!
> Der ersten Liebe goldne Zeit!
> Das Auge sieht den Himmel offen,
> es schwelgt das Herz in Seligkeit.
> O! daß sie ewig grünen bliebe,
> die schöne Zeit der jungen Liebe!

Alles irdische Schwärmerei! Nur e i n Vers enthält göttliche Wahrheit: „Das Auge sieht den Himmel offen", obwohl gerade dieser Vers als Schwärmerei aufgefaßt wird. Das „Auge" sieht und erkennt Urbild und Ursprung der jungen, der bräutlichen Liebe. Von dieser Liebe fällt auf einmal alles Triebhafte und Tierhafte ab, und der Himmel öffnet sich über ihr. Und alle Verse werden Wahrheit und himmlischer Gesang von der gleichen Echtheit wie das „Gloria in excelsis Deo", wie die kleine und wie die große Doxologie.

So wird die echte, von reinem Herzen unternommene Brautsuche eine echte Gottessuche, ungewollt, ungeahnt, weil wir weder von Mensch noch Gott eine rechte Ahnung haben. Und so gehört in den rechten Gottesbegriff die Bräutlichkeit Gottes.

Und jeder Versuch, Gottes habhaft zu werden in rechter Erkenntnis, in Freude wie in Leid, wird zu einem Roman und zu einem Hohenliede. Ach, er verbirgt sich wieder vor mir, und ich erleide alle die Leiden, die ein Mensch durchleiden muß, der von seiner Liebe verlassen ist und doch weiß, daß er nicht verlassen werden kann.

Ich trage Dornenkrone und Kreuz als Brautgeschenk Gottes und als Unterpfänder seiner Liebe. Ich will Gottes Dasein und Wesen und alle seine Liebe inmitten von Krankheit und Elend mit schönen, schimmernden Worten beantworten. Und da ich nicht dichten kann, will ich es in Prosa tun. Es soll aber klingen wie das Lied der Jugendbewegung vor 25 Jahren:

> Ich geh, mit meinem Leide
> geschmückt und angetan,
> als wär's ein Kleid von Seide
> mit schimmernden Perlen daran!

WIEDERGEWINNUNG DER KIRCHLICHEN HEIMAT

Als ich noch im Vollbesitz all meiner irdischen Güter und Kräfte war, beheimatet und verwurzelt im väterlichen Grund und Boden, schrieb ich einigen Freunden in mein Buch vom „Verlorenen Vaterunser" als Widmung die Zeilen:

> Solang ihr noch das Vaterunser habt,
> quillt euch am Weg ein Brünnlein, das euch labt,
> reift euch ein Beerlein süß, das euch erquickt,
> ein Auge tut sich auf, das euch erblickt.
> Und sieben Glöcklein läuten euch ins Ohr,
> und sieben Rößlein stehn vor eurem Tor,
> und sieben Engel fahren euch sogleich
> zum Vater unser in dem Himmelreich.

Ich setzte, halb unbewußt, in dichterischer Phantasie eine Lebenslage voraus, in der von allen irdischen Gütern und selbst von den Gütern des inneren Lebens, auch von den Schätzen des Glaubens, der Hoffnung und der Liebe nichts mehr übrig bliebe als das Vaterunser, die schimmernde Perle an den Gewändern unserer Freude wie unseres Leides, sonst alles verloren: Heimat, Vaterland, Haus und Gerät, Religion und Kirche, Sakrament und Sakramentale. Ja eine solche Lebenslage, wie ich sie noch nie und meine Eltern und Voreltern selbst in bitterster Not ihres Lebens nie erlebt haben. Einigen Besitz und einigen Trost außer dem Vaterunser hatten wir wohl immer.

Ist es also eine Lüge, auf die jene Zeilen aufgebaut sind? Es war eine Prophetie, die sich noch erfüllen sollte. Ja vielleicht hat sie die Wahrheit, die grausige Wirklichkeit erst herbeigezogen, und Gott hat sie erst nachträglich in die Brauttruhe gelegt.

Ich hatte die Niederschrift meines Buches zu Epiphania abgebrochen und in späteren Januartagen, bis etwa zum 17. Januar, kaum sieben Zeilen hinzugefügt; ich hatte gar nichts mehr zu sagen und zu schreiben. Außer ernsten Nahrungssorgen verliefen die nächsten Wochen ziemlich ruhig. Es war aber eine öde Winterzeit, keinerlei Postverkehr, und unsere Freunde, soweit sie noch im Lande waren, fürchteten jetzt die weiten, einsamen Wege zu uns und die zeitig hereinbrechende Dunkelheit. Es wurde viel geschossen in der Umgegend, aber wir waren das Geknalle schon gewöhnt. Manchmal drangen auch Polen ins Haus, ließen sich aber immer wieder abweisen. Gerede und Gerüchte von baldiger Vertreibung aus der Heimat hielten wir zunächst für zweckhafte Drohung; sie wurden aber im Februar schmerzliche Wahrheit. Schon am 17. Februar ging der erste Transport, etwa 1200 Schlegler, darunter der Pfarrer und andere Befreundete, unter Glockengeläute nach Glatz, von wo er in Viehwagen innerhalb von 8—10 Tagen weiter nach Westdeutschland, nach Friesland, geleitet wurde. Ostfriesland sollte die neue Heimat der Schlegler werden. Der Pfarrer schrieb später von dort inmitten eines meilenweiten Seelsorgsbezirkes, der wahrlich kein religiöses Paradies, sondern eine religiöse Wüste ist: „Die Leute beten hier zwar nicht das goldene Kalb, wohl aber die goldene Kuh an."

Es war noch bitter kalter Winter. Ich wollte durchaus nicht die Heimat verlassen, sondern lieber unter fremder Besatzung sterben. Meine liebe Anka versuchte aber, durch Verhandlungen mit dem Stellvertreter des in Eckersdorf stationierten Bürgermeisters, dem polnischen Gemeindesekretär, der einige Sympathie mit uns zu haben schien, den Termin unserer Austreibung möglichst in eine wärmere Jahreszeit hinauszuschieben. So konnten wir noch einige Wochen im heimischen Neusorge bleiben, freilich unter immer schwierigeren Lebensverhältnissen. Auf dem Pfarrhof war schon vor dem 17. Februar ein polnischer Geistlicher, ein Jesuit, eingezogen. Er kam auch einmal nach Neusorge und machte einen freundlichen Eindruck; er riet uns sehr zum Bleiben. In seiner Gewalt wußten wir unsere im Pfarrhaus versteckte Tasche mit unseren kostbaren Wertsachen, z. B. meinem Meßkelch und den goldenen Kaffeelöffelchen, die Ankas Mutter aus der Hinterlassenschaft eines früheren Großdechanten gekauft hatte. Er gab aber nichts aus dem Pfarrhaus heraus, selbst nicht dem deutschen Pfarrer die von Glatz aus erbetene Wolldecke.

Meine liebe Anka bestach den Gemeindesekretär mit einem Stück der goldenen, von ihren Voreltern ererbten Kette, so daß wir auch bei der zweiten und dritten Schlegler Evakuierung noch nicht vertrieben wurden. Aber die Zeit wurde immer schwüler.

Mitten in dieser Hochspannung erreichte uns ein Telegramm der kirchlichen Behörde, zugleich ein Brief des Breslauer Kapitelsvikars Dr. Piontek, meines Studienfreundes, mit der kurzen Nachricht: „J o s e p h W i t t i g f r e i v o n E x k o m m u n i k a t i o n" — ohne besonderen vorhergehenden Antrag und ohne Bedingung, außer daß ich mir nach Wiederherstellung der Gesundheit beim geistlichen Amte weitere Weisungen einholen solle.

Was war geschehen? Geistliche Freunde brachten mir und Anka sogleich die Krankenkommunion, aus Gabersdorf der gute Pfarrer, aus Breslau ein treuer Pfarrerfreund, beide hocherfreut wie die meisten unserer Freunde im Lande, die katholischen wie die evangelischen. Man sprach viel über das kirchenrechtlich überraschende und aufregende Ereignis. Man sagte, der polnische Bistumsverweser von Breslau oder der polnische Kardinal Hlond von Posen habe es betrieben und erreicht zum Tort gegen die deutsche Geistlichkeit und den verstorbenen Kardinal Bertram. Ich sei, so hieß es auch, als Sterbender nach Rom gemeldet worden, dem die Gemeinschaft mit der Kirche nicht mehr verweigert werden dürfe. Oder: Rom habe ein „Feliciter se

subiecit" („er hat sich unterworfen"), also einen Sieg der
Kirche propagandistisch in die Welt hinausrufen wollen.
Niemand wußte Genaues.

Ich stelle gewohnheitsmäßig jegliche Diagnose zunächst
auf Gott, jetzt nachdem ich auf den vorausgehenden Seiten
dieses Buches den „Gott der Philosophen und Scholastiker"
so leidenschaftlich geschmäht und geleugnet hatte, auf den
„himmlischen Vater", den Vater unseres Herrn Jesus Christus, den wir auch mit dem Namen Gott zu ehren gewohnt
waren. Ich sah in der Rekonziliation, jenem kirchlichen
Telegramm, einen Sieg des himmlischen Vaters über den
heidnischen Gott in der Kirche. War der „Vater" aber doch
vielleicht gleichzusetzen mit dem verlästerten Gott? Dann
war der Fall eingetreten, daß die Lästerung und Leugnung
die stärkste und wirksamste Form des Bittgebetes und
Hilferufes ist, der kein Himmel zu widerstehen vermag. Ich
begann zu sagen: Soweit der Name Gott ein höchster
Ehrenname ist, will ich ihn dem „Vater im Himmel" nicht
versagen. Ich erkannte ja auch, daß dieser Name „Gott"
kaum in der frommen Rede zu vermeiden ist.

Wichtiger als die Erklärung des Ereignisses war das Ereignis selber. Jesus Christus in der Gestalt von Brot und
Wein trat in unser Haus, die Hostie, das hauchdünne Blättlein Weizenbrot, von dem ich schon in der Kindheit gewußt
und gesagt habe: das ist unser lieber Heiland, unser Herr
und Gott! Vom Winde fortzuwehen, so schwach und ohnmächtig, und doch unser Gott und Herr! Der Gott, „der
meine Jugend erfreut" hat!

Wenn an jenen Tagen, an dessen Frühmorgen die Sonne
jene Regentröpflein an den Zweigen meines Birnbaumes zu
leuchtenden Edelsteinen aufglänzen ließ, die Mittagszeit
sich plötzlich verdunkelt hätte und erst wieder gegen Abend
ein heller Sonnenblick über die Landschaft gegangen wäre,
so wäre dies ein getreues Bild meines Lebens bis zum
9. März 1946 gewesen.

„Gegen Abend"; es war aber noch nicht Abend, es war
noch nicht Nacht. Abend und Nacht sollten noch kommen.
Noch war unerfüllt der Wille des Bischofs Bertram von
Breslau, daß ich von meinem Hause und meiner Familie

getrennt werden sollte. Gott wollte, daß dieser Wille irgendwie erfüllt werde, selbst wenn dieser Wille so unmenschlich war, wie ihn der damalige Weihbischof nannte. Denn wie Gott den Luzifer auch nach seinem Sturz aus der Engelswelt noch als „Herrn der Welt" — wer weiß aufgrund welches ursprünglichen Vertrages oder Übereinkommens — belassen hatte — Gott ist getreu! —, so erfüllt er auch jedes bischöfliche Wort.

VERLUST DER IRDISCHEN HEIMAT UND HABE

Einige Wochen nach dem 9. März, der kirchlichen Rekonziliation, gab es erneute nächtliche Überfälle auf unser Haus. Das erste Mal hielt die starke Verbarrikadierung unserer Haustüren und unser Hilfegeschrei die Plünderer ab, vollends in das Haus einzudringen. Das zweite Mal drückten sie eine große Fensterscheibe ein und schoben einen Jungen, dessen Stimme noch nicht gebrochen war, in unser Frühstücksstüblein, damit er das Haus von innen öffne. Dann stürmten etwa zehn bewaffnete dunkle Gestalten die Treppe herauf zu unseren Schlafzimmern, vor deren Türen wir standen, schlugen meine liebe Frau mit Fäusten ins Angesicht und mit schweren Knüppeln über Schulter und Arm, warfen mich, der ich noch elend und krank war, zu Boden und hüllten mich in eine Decke ein, zogen mir alle Kleider vom Leibe, traten auf mich, traten mit schweren Stiefeln auf die im Bett liegenden Kinder, rissen meinem großen Jungen die Arbeitsstiefel von den Füßen und schlugen sie ihm um den Kopf, schnitten die Betten auf, zerstreuten die Federn im ganzen Haus, raubten uns alle Kleidung und Wäsche, in die wir unser letztes Geld und Gold eingenäht hatten, und alles Gepäck, das wir für eine Abreise bereit stehen hatten, sogar das Christkindlein und mehrere Hirten von unserer Weihnachtskrippe.

Wir konnten am Morgen unsere Betten nicht verlassen, weil wir keine Kleider mehr hatten. Nur unserem großen

Jungen hatten sie den alten Arbeitsanzug vom gräflichen Dominium gelassen, wo er als Ochsenknecht um ein bißchen Nahrung für uns arbeitete, so daß er früh ins Dorf gehen und einige Befreundete um Kleidung für uns anbetteln konnte. Die guten Barmherzigen, die uns Kleider schickten, sollen genannt sein: der Inspektor vom gräflichen Hofe — der Graf arbeitete als Bergmann auf der Kohlengrube — und die beiden Freundinnen meiner Frau, Eva Thienelt und Hedel Herrmann.

Immer noch wollte ich die Heimat um keinen Preis verlassen. Aber es war nicht mehr weiter möglich. Der polnische Gemeindeverwalter, der uns eine gewisse Sympathie zuwandte, erklärte, daß er vor Banditen unser Haus nicht schützen könne; wir sollten es nun verlassen. Nun aber baten uns unsere Kinder kniefällig, doch mit einem Zuge der Evakuierten nach Westdeutschland zu fahren. „Das wird mein Tod sein", erklärte ich, „aber ich will mein Leben für euch auf's Spiel setzen." Mein väterliches Anwesen und die nächsten Nachbarhäuser waren schon enteignet und besetzt. Der neue Geistliche der Stadt erklärte auf der Kanzel, daß die Deutschen kein Eigentum, die deutschen Kinder kein Recht auf ihr Spielzeug mehr haben und daß Plünderung keine Sünde sei.

Und immer stärker drängten die Freunde, vor allen unser treuer Eckart, Kurt Klammt, der sich in Glatz in das Evakuierungswerk einzuschalten verstanden hatte, uns in Sicherheit zu bringen und uns dem letzten, von ihm mitbetreuten Evakuierungszuge anzuschließen.

So war mein Entschluß gefaßt. Am 1. April verließen wir bei Nacht und Nebel unser Haus und bis auf einige Ballen alles Eigentum, Geräte, Bücher, Bilder und Manuskripte, und fuhren auf einem vom Dominium gestellten Brettwagen 16 km nach Glatz. Gott verhüllte den Wachtstellen in Eckersdorf die Augen, so daß wir glücklich vorbei kamen. Wir machten in Glatz die Kontrolle durch und besiedelten dann mit dreißig anderen Flüchtlingen einen Viehwagen des Zuges, der nach langem Warten endlich in acht Tagen bis nach Westdeutschland fuhr. In Altena in Westfalen wurden wir endlich am 10. April ausgeladen und in ein Lager, eine alte Schule mit doppelstöckigen Lagerbetten gebracht, ich selbst schier bewußtlos, so daß mich nach zwei Tagen ein barmherziger Arzt nach dem städtischen Krankenhause brachte. Dort kam ich in die Pflege von evangelischen „Bethelschwestern", die mich mit großer Liebe betreuten, als sie dahinter kamen, daß ich der Verfasser meiner Bücher sei. Die Stationsschwester, die von den Ärzten sehr geschätzt war, erkannte mich als erste an einem Zitat aus meinen Büchern in einem ihrer evangelischen Betrachtungsbücher.

IN WESTFÄLISCHEN KRANKENHÄUSERN

Ich lag in einem Zimmer, das als Zimmer der aussichtslos Kranken galt; der eine Patient, ein Walzer in einer der vielen Altenaer Drahtfabriken, starb tatsächlich nach wenigen Wochen an einer fußballgroßen Krebsbeule in den Lungen, wie man erst bei der Sektion der Leiche erkannte.

Der Zweite, ein unglücklicher Mensch, markierte nur Krankheiten, war mit dem ganzen Hause als ewiger Nörgler und Schimpfer zerfallen, angeblich Inhaber eines Berliner Speisehauses, der sich eine Menge schöner Kleidungsstücke zusammen-„organisiert" hatte und auch mir ein von einer Schwester geschenktes Nachthemd zu „entleihen" versuchte. Der dritte war ich.

Es kam die ärztliche Visite: Der Chefarzt durchaus kühl — „Ja, wenn Sie I. Klasse angereist gekommen wären, hätte es wohl anders sein können, aber so III. Klasse, da gilt ein Professor nicht viel", sagte jemand —; der Erste Assistenzarzt, ganz offenbar ein ernster, zuverlässiger Arzt von 35 Jahren, der die ersten neurologischen Untersuchungen an mir vornahm und auf „allgemeine Nervenentzündung (Neuritis)" diagnostizierte und als Ausgebombter mit Frau und Kind im Krankenhaus wohnte; der Zweite Assistenzarzt, ein außerordentlich sympathischer Mensch von 26 Jahren, den ich vom ersten Blick an lieb gewann, ein ruhiger

Beobachter, der einen totalen Verbrauch aller meiner körperlichen und geistigen Kräfte infolge übervieler Arbeit und langer Kämpfe an mir wahrnahm und in mir einen echten Menschen, „eine Seele" zu finden glaubte, was er schon lange suchte, ein Dichter mit den höchsten Zielen des Dichtertums im Sinne Hölderlins — Hymnen und Sonette —; mit ihm wurde ich gleich befreundet; er saß stundenlang, manchmal bis nach Mitternacht, an meinem Bette, nie von Medizin, sondern von Dichtung und Seele sprechend, und erhob wieder meine Seele zu lebendigem Selbstbewußtsein; wir wurden bald Freunde; er nannte mich wie meine Kinder: „Vater Wittig".

Der Chefarzt gab bald die Hoffnung auf meine Wiederherstellung auf. Die beiden jungen Ärzte nahmen sich vor, mich ihm zum Trotz zu heilen. Es gelang ihnen tatsächlich, daß ich geistig wieder auflebte. Körperlich taten die beiden Krankenwärter vor allem durch Unterwassermassage sehr viel: ich konnte allmählich wieder mit beiden Füßen vorwärtsschreiten.

Unterdessen war meine liebe Anka mit den drei Kindern Dank einer Hedwigsschwester, die vor der Flucht in Neurode war, in einem winzigen Stüblein der Isolierstation des anderen, des Katholischen Krankenhauses St. Vinzenz (mit Vinzentinerinnen) untergebracht. Es war auch unterdessen in weiteren Kreisen bekannt geworden, daß ich im Städtischen Krankenhaus liege. Von der Caritaszentrale von Freiburg im Breisgau aufgefordert, begann nun der katholische Pfarrer für mich zu sorgen und bot mir ein Stüblein neben dem Zimmerchen der Meinigen an. Da das Städtische Krankenhaus überfüllt war, bekam ich nach zehn Wochen vom Chefarzt die Entlassung, so daß ich an der Pfingstvigil dorthin übersiedelte. Dort war die eine Schwester anfänglich herb gewesen, aber auch sie erkannte mich an Zitaten ihrer Erbauungsbücher als den Verfasser des „Leben Jesu in Palästina, Schlesien und anderswo" und war seit dem unsere rührendste Fürsorgerin. Schon vorher hatte der katholische Vikar in rührender Weise für die Meinigen gesorgt und verschwendete nun alle seine Liebe und Fürsorge, sogar die reichliche Hälfte all seiner Tabakvorräte an mich.

225

Ich erholte mich bald soweit, daß ich die steile Straße zur katholischen Pfarrkirche hinuntersteigen und dort das wundervolle Bild U. L. Frau von Altena, gemalt um 1850 von dem Düsseldorfer Karl Müller, einem Freunde Iffenbachs und Degners, sehen konnte. Das war eine seelische Heimat für mich; ich kam ganz in den Bann dieses Bildes.

Vierzehn Tage nach der Umsiedlung merkte ich eines Nachts einen lästigen Druck oberhalb meines schon mehrjährigen Leistenbruches. Ich dachte an Einklemmung des Bruches, die ja lebensgefährlich gewesen wäre, und ließ es dem dortigen Chefarzt, einem tüchtigen Chirurgen, sagen, der die Untersuchung und dann die Operation übernahm. Der Leistenbruch fand sich in Ordnung, der Blinddarm, nach dem dann gesucht wurde, war nicht entzündet. Ach ich muß vorher sagen, daß ich schon jahrelang nicht so froh und selig war wie an dem Tage der Operation. Endlich, endlich mich ganz in die Hände Gottes geben und in die Unbewußtheit eintreten, das erschien mir eine Seligkeit. Nach einer Morphiumspritze fiel ich in Ätherrausch und ohne zu zählen gleich in Narkose (um 17 Uhr am 25. Juni). Es wurde für den Arzt die schwerste Galleoperation seiner Praxis. Ein Stein so groß wie eine mittlere Kartoffel, von keiner Kolik vorangemeldet, aber offenbar die Ursache meiner Erkrankung seit 1941, hatte die Gallenblase bis hinter den Blinddarm hinuntergezogen wie einen langen Sack, der erst punktiert werden mußte. Nach vier Stunden wachte ich erstmals wieder auf, sah und begrüßte nur das Antlitz meiner lieben, zum Tode erschrockenen Anka und versank sogleich wieder ins Unbewußtsein.

Wunderbar gut und schnell ging die Heilung der chirurgischen Schnitte vonstatten. Schon nach drei statt der vorhergesagten sechs Wochen durfte ich ins Freie gehen. Alle meine lästigen und hinderlichen Nervenschmerzen waren verschwunden; ich konnte zwar nur langsam, aber richtig laufen, bald sogar mit dem Vikar und Anka auf die Burg Altena hinauf, nach der ich mich sehnte als einer entscheidenden Probe.

Unsere Zeit in Altena war zu Ende. Wir merkten, daß die Vinzentinerinnen auf unseren Weggang warteten, da

sie die Isolierstation und den Zugang dazu für Kartoffel-
vorräte unterkellern wollten. Unsere Existenz in Altena
wurde im wahren Sinne des Wortes untergraben.

Der Abschied wurde uns schwer. Das kirchliche Leben in
Altena war reich und von feinster Kultur. Täglich wurde
uns das himmlische Brot gereicht, und vor allem in Anka
war die einstige Begeisterung für die katholische Liturgie
neu erwacht.

Das himmlische Brot! Des Gottmenschen Jesu kostbares
Fleisch und Blut! Wahrhaftig, wirklich und wesentlich! Un-
trennlich von ihm die Person des Gottmenschen, und un-
trennlich von dieser der Vater und der Heilige Geist.
„Glückselig das Volk, dem sein Gott so nahe ist", hörte ich
in einer frommen Fronleichnamspredigt. „Wer von diesem
Brot ißt, wird in Ewigkeit nicht sterben!" „Pharmakon
athanasias", Arznei der Unsterblichkeit nannten die Ersten
Christen das konsekrierte Brot. Nun hatten wir es empfangen, täglich. Aber wenn wir es auch nur einmal hätten
empfangen und verkosten können, und dann nie mehr, so
könnten wir nicht „sterben", nicht den ewigen Tod erleiden.
Einmal empfangen, ist es ein Schild gegen den Stachel des
ewigen Todes. Muß man es immer wieder empfangen, sicher
noch einmal auf dem Sterbebette? Das wäre gewiß gut,
wenn es möglich wäre. Wir kommen bald in Umstände,
unter denen es vielleicht nicht möglich ist. Also keine Furcht!
Keine Minderung des Schutzes!

IN DER GÖHRDE

Wir mußten Altena verlassen, 400 km weiter nach der
Lüneburger Heide, an deren Ostrand die Forstmeisterei
Göhrde uns eine Dauerheimat zu werden versprach; mitten
im Walde, 35 km abseits von Welt, Kirche und Schule, ohne
katholischen Geistlichen, ohne hl. Messe, ohne Sakramente,
aber mit dem Gottmenschen Jesus Christus, mit seinem
Fleisch und Blut in unserem Leib und Blute, mit dem Vater,
der da ist in den Himmeln, mit dem Heiligen Geiste, der an

keinen Ort gebunden ist, als mündige Christen, die nur geistig kommunizieren; mit Jesus Christus, mit unserem Gott und Herrn, in dem der Gottesbegriff als Vaterbegriff seine volle Verwirklichung hat.

So sind wir nun einsam geworden mitten im Walde; wir sind eine kleine Kirche, wo wir gehen und stehen. Kein ferner, kein philosophischer Gott, kann uns mehr bedrohen, Gott als hauchdünnes Blättlein Brot, vom Winde verwehbar, ist unser Gott, wunderbar gütig, in unserem Fleisch und Blut wirksam. Es ist der wahre Gott, über dem kein anderer Gott ist. Er hat mir die smaragdgrüne Kugel leuchten lassen. Er hat aus seinem Blute die rubinrote Kugel um mich gebildet; und ich bin am Ende allen Kummers und aller Spekulation. Was ich am Michaelistage 1945 begonnen, das ist nun für mich und meine Familie vollendet. Preise, du stille Göhrde, preist ihr zweihundertjährigen Linden, preiset ihr sechshundert Jahre alten Eichen unseren höchsten Herrn, den Vater im Himmel, preiset die winzige Hostie, die wir ehrfurchtsvoll unseren Herrn und Gott nennen, preist den Heiligen Geist, der, ausgehend vom Vater u n d dem Sohne, der Geist der katholischen Kirche geworden ist; ausgehend von dem Vater mit all seiner Pracht durch den Sohn, der Geist (vom Vater allein) der Ostkirche, die infolgedessen keine Entwicklung und keine Vollendung haben kann; preist den Geist des Verbum, des „Wortes Gottes", den Geist der evangelischen Kirche.

Wir fuhren zuerst nach Schloß Bodelschwingh bei Dortmund zu alten evangelischen Freunden, die sich aufrichtig mit uns freuten, daß die katholische Kirche wieder unsere Heimat geworden ist, indem Gott auch das Wort unseres Bischofs wahr gemacht hat als der auch den Bischöfen treue Gott, daß ich Heimat und Familie verlassen müsse; die Familie hat er mir gelassen; das nach dem Ausschluß aus der katholischen Kirche mit eigener Hand und eigenem Plan gebaute Haus habe ich verlassen müssen, denn Gott macht alles wahr, was in seinem Namen gesagt und gefordert wird. Freilich hat auch der Bischof, ehe er starb, sein Haus und sein Bistum verlassen müssen.

So hat Gott der Vater alles vollendet, und ihm sei alles gedankt, was er seinem alten Diener und Schreiber Joseph Wittig getan und bereitet hat.

Hochpreiset meine Seele den Herrn
und mein Geist frohlockt in Gott meinem Heilande,
denn er hat angesehen die Niedrigkeit, Armut und Schwäche
    seines Knechts.
Siehe von nun an werden mich selig preisen alle
    Geschlechter der Erde.
— Und auch mein Grab wird herrlich sein! —

Im Namen des Vaters, des Sohnes und des heiligen Geistes.

NACHWORT

Es steht mir nicht zu, über dieses letzte Buch eines leiden-schaftlichen alten Mannes ein Urteil abzugeben Das werden andere reichlich besorgen, und nur soviel will ich an Vermutung dazu geben: daß das letzte Wort über dieses Buch wohl über-haupt noch nicht heute gesprochen werden wird. Aber eines liegt mir ob, als einem der wenigen Menschen, die das Glück haben durften, ständige Zeugen der letzten drei Lebensjahre Joseph Wittigs zu sein: seinen Lesern zu berichten, wie Wittig in diesen letzten drei Jahren seines Lebens war. Das läßt sich ganz kurz sagen: er war wie ein Heiliger. Zwar nicht als einer von der Art, die immer vernünftig, geduldig und friedlich sind. Doch das macht wohl auch nicht das eigentliche Wesen der Heiligen aus. Aber als ein Mensch, von dem nahezu ununter-brochen ein Licht ausging — selbst noch in den Stunden, in denen er vor körperlicher Schwäche schon wie erloschen war! Ich spreche dabei nicht in erster Linie davon, daß auch in dieser Zeit ein wahrer Strom von Besuchern aus aller Welt zu ihm in seine Einsamkeit gekommen ist, unter denen keiner war, der nicht innerlich erhellt wieder von ihm weggegangen wäre. Es wird allerdings nur sehr wenige Menschen in der heutigen Welt geben, zu denen *so* verschiedene Geister kommen. Denn unter diesen Besuchern waren Menschen beinahe aller Art: Männer und Frauen, Minister, Professoren, Schulräte und Landstreicher, Gräfinnen und Mönche, Christen, Heiden und Philosophen, Kommunisten und Nationalsozialisten und ruhige Staatsbürger. Alle diese sind aber immer nur auf Stunden oder Tage bei ihm gewesen und könnten ja auch aus Neugier gekommen sein oder weil sie von seinen Büchern angerührt waren. Und zwischen einem Manne und seinen Büchern kann ein großer Unterschied sein. Viel wichtiger ist es deshalb, die Tatsache zu berichten, daß dieser Mann und sein Haus während jener drei Jahre — nicht mit einem Schlage, aber unwiderstehlich — auch das Licht und der geheime Mittelpunkt der kleinen Menschenwelt des entlegenen Waldviertels geworden sind, in das ihn sein

Flüchtlingsschicksal in seinem achtundsechzigsten Jahre hinein- und aus dem ihn der Tod in seinem einundsiebzigsten Jahre wieder herausgeführt hat, einen Tag bevor er es auf irdischere Weise verlassen wollte. Und *diese* Menschen wußten im allgemeinen wenig von ihm, die meisten von ihnen hatten seine Bücher nicht gelesen, waren weder seines Glaubens noch seines Stammes. Aber sie kamen alle, „Gebildete" und „Ungebildete" — angezogen längst nicht immer von seinen Worten, denn er sprach oft nur noch wenig, aber von dem Frieden und der Leuchtkraft, die schon von seinem Gesicht und Wesen ausgingen. Und unter diesen waren auch Menschen, die ihm keineswegs von Anfang an gewogen gewesen waren, die gegen das, was er schrieb, ihre Bedenken hatten: begegneten sie ihm dann aber selbst, mußten sie erkennen, daß alle ihre Regeln der Menschenkenntnis bei ihm nicht mehr stimmten, weil Liebe und Weisheit in ihm alles Allzupersönliche eingeschmolzen und, wo es noch da war, „verklärt" hatte. Er selbst glaubte freilich in diesen Jahren, seine alte Kraft über die Herzen verloren zu haben. Aber darin irrte er, wie er ja manchmal geirrt hat. Ich weiß, daß auf seinen Spaziergängen sogar die Tiere bisweilen auf ihn zukamen.

Aber auch sein Geist war trotz aller körperlichen Beschwernisse ganz wach und hell, und mit wem er sich in Gespräche einließ, der erstaunte vor der Klarheit, Nüchternheit und Kraft seines Denkens. In solchen Gesprächen konnte dann manchmal auch die ganze bittere Skepsis zum Ausbruch kommen, die in so vielen Zeilen dieses Buches lebt. Aber das Seltsame an ihm war: mochte er noch so skeptisch und pessimistisch geredet haben, verabschiedete man sich dann von ihm, so bekam man aus seinen sehr hellen Augen genau denselben Blick einer ganz unirdisch strahlenden Heiterkeit und Güte wie nach dem leichtesten und fröhlichsten Streitgespräch, deren er so Meister wie Liebhaber war.

Ich sage das alles hier nur deshalb, weil es sein könnte, daß jemand sich der Härte dieses Buches zu entziehen versucht mit der Ausflucht, es sei ein alter, zerbrochener, seines Geistes nicht mehr mächtiger Mann gewesen, der es geschrieben hat. Das ist aber nicht so. Überall da, wo Joseph Wittig von sich selbst redet, geschieht es mit einer ganz besonderen, nur ihm eigenen Form der Ironie, die alles verändert. Der klare, offene, heitere Ernst war in seinem Leben und Wesen und steht *zwischen* den Zeilen seiner Bücher, für den, der sie zu lesen versteht.

Ich glaube, daß es heute noch niemandem möglich ist zu sagen, was das Eigentliche an Joseph Wittig war. Er selbst wollte vor allem zweierlei sein: ein Vater und ein Kirchenhistoriker. Das erste ist er bis zu seinem letzten Atemzuge mit aller Kraft des Herzens gewesen; daß er das zweite einmal hatte aufhören müssen zu sein, war ein großer Schmerz seines Lebens. Aber was war er nun eigentlich für die Welt? Ich glaube, daß die ihm unrecht tun, die ihn einen Dichter nennen. Er selbst empfand seinen Auftrag anders. Aus meinen ernstesten Gesprächen mit ihm weiß ich, daß er sich mit aller seiner Leidenschaft bewußt war, dies eine sein zu müssen: ein Schriftsteller. Nicht in dem flachen Sinne, in dem dieses Wort bei uns auch gebraucht wird, sondern in dem starken, in dem Matthias Claudius und Kierkegaard es gebraucht haben: als eines Menschen, der ohne Amt und Autorität und ohne dabei nach rechts und links sehen zu dürfen „auf seine Art und in allen Treuen durch Ernst und Scherz, durch gut und schlecht, schwach und stark auf das große Thema aufmerksam macht" (wie Matthias Claudius es von sich gesagt hat); der das aussagt, was den anderen „auf der Zunge schwebt" — aber auch das, was „von den andern nicht gewußt oder nicht bedacht" durch das Labyrinth *seiner* Brust wandelt: weil er weiß, daß es unter Menschen immer wieder notwendig und heilsam ist, reine Erfahrung rein auszusprechen — ein

„Knecht und Schreiber Gottes".

R. L.

HORST-KLAUS HOFMANN

WACHSTUM AUS STILLE UND STURM
WARUM ES SICH LOHNT, JOSEPH WITTIG
KENNENZULERNEN

> „Gott, dessen Wille
> das Schicksal der Menschen ist,
> will nicht angebetet werden."
>
> Joseph Wittig

[handschriftliche Randnotiz: will nicht ver-standen, sondern]

Es gibt Menschen, in deren Nähe es einem leichter wird, dem Leben zu vertrauen. Im Hören auf sie entdeckt man erstaunend mitten im Alltag verborgene Kostbarkeiten. Ihre Worte machen Mut zu lieben, zu hoffen und zu glauben.

Joseph Wittig war solch ein Wegweiser zu erfülltem Leben.

Heute, rund 40 Jahre nach seinem Tode, kennen nur noch wenige den Namen Joseph Wittigs. Das großartige schriftstellerische Werk des schlesischen Dichter-Priesters (1879-1949) scheint vergessen und verloren. Dabei sehnt sich unsere kalte, berechnende und verschlagene Zeit zutiefst nach warmherzigem, aufrichtigem und einfacherem Leben, wie es die Erlebnisse und Erkenntnisse der Wittig-Erzählungen durchpulst.

Wittig rief aber auch „nach der Wiedergeburt der urchristlichen ökumenischen Liebeskirche" aus dem erstarrten Gehäuse einer von Verwaltungsjuristen und theologischen Konstrukteuren gegängelten Amtskirche. Er hoffte, wie Johann Christoph Hampe zeigte, auf eine neue „Kirche des Dienstes und der Armut, der Unauffälligkeit und der Treue, des Glaubens, der nicht sieht und doch hat". Darum freue ich mich, daß Wittigs Bücher bei Brendow wieder verlegt werden. *Roman mit Gott* ist der tapfere Anfang.

233

Dieser erste Band der neuen Wittig-Ausgabe stellt jedoch im reichen Gesamtwerk erst den Schlußstein des altgewordenen Wittig dar, den zusammenfassenden Bericht seines dramatischen Lebenskampfs mit Gott und der Kirche und dessen Ertrag. Ich will mit meinem Nachwort auch auf frühere Texte hinweisen, die so frisch und eindeutig zum befreienden, frohmachenden Christenglauben einladen und hinführen.

Meine Versuche, sich Wittig wieder anzunähern, greifen in sein ganzes Wirken während der verschiedenen Abschnitte seines bewegten Lebens und sollen damit näher an den ganzen Wittig heranführen. So können die Abschnitte des vorliegenden *Roman mit Gott* ergänzt und der Wunsch verstärkt werden, bald auch die anderen Bücher wieder kaufen und lesen zu können, z. B.

– *Leben Jesu in Palästina,* Schlesien und anderswo

– *Herrgottswissen von Wegrain und Straße* – Geschichten von Webern, Zimmerleuten und Dorfjungen

– *Der Ungläubige* und andere Geschichten vom Reich Gottes und der Welt

– *Höregott* ein Buch vom Geiste und vom Glauben

– *Alter der Kirche,* eine ungewöhnliche Kirchengeschichte, gemeinsam mit Eugen Rosenstock-Huessy

– und die zahlreichen Wittig-Beiträge in der einzigartigen Zeitschrift *Kreatur.*

AUFSTIEG UND FALL DES JOSEPH WITTIG

Am „Glück und Unglück" durchschreitenden Schicksal des Schlesiers Joseph Wittig ist abzulesen, wie unvergleichlich kostbar das Leben des einzelnen auch in unserem Massenzeitalter geblieben ist. Daß Joseph Wittig neben der Durchhaltekraft der Demut auch die Aussagekraft des Dichters, eines geistbewegten Erzählers, verliehen war, erlaubt uns Nachgeborenen noch an diesem bewegenden Schicksal teilzunehmen und daraus für uns und die Christenheit zu lernen.

Der beglückende Aufstieg bis zum 43. Lebensjahr, der Weg Wittigs in der ersten Lebenshälfte, ist wie die Erfüllung eines kleinbürgerlichen Traumes: der Zimmermanns-Bub wird von seinem Dorfpfarrer „entdeckt" und gefördert. Er steigt auf bis zum gefeierten Hochschullehrer, dem es vergönnt ist, in dreizehn Jahren immer vor gefüllten Hörsälen Vorlesungen zu halten über die Geschichte der ersten Christen, christliche Archäologie und die Frühzeit der Kirche. Wittig wird international angesehener Wissenschaftler, Studentenseelsorger und bleibt Beichtvater. Er wird zum Volksschriftsteller, zur Stimme der kleinen Leute seiner schlesischen Waldheimat und zum Dichter seines Glaubens. Mit seiner schlichten, herzwarmen Sprache holt er die biblischen Texte von Jesus Christus aus der gelehrten Stube und läßt sie miterleben „in Palästina, Schlesien und anderswo".

Unverhofft erfolgt der tragische Sturz aus der Höhe der Universitätslaufbahn, aus dem kirchlich geordneten Rahmen eines geachteten Priesterlebens in die Verbannung des Ausgestoßenseins. Erschüttert und verwundet erlebt Wittig, daß ihn die Exkommunikation heimatlos und „mundtot" gemacht hat. „Genau besehen war ich aus der Bahn geschleudert; die römische Kirche hat mich als Schriftsteller wirklich totgekriegt." (*Roman mit Gott*, S. 52)

Walter Dirks, der langjährige Herausgeber der Frankfurter Hefte, schrieb nach dem Tode Wittigs 1949 darin: „Der Fall Wittig gehört zu den schmerzlichsten Ereignissen im Leben der Kirche in Deutschland zwischen den Weltkriegen." – „Für Walter Dirks bedeutete Willigs narrative, befreiende Theologie, die dieser fürs Volk erzählte, eine Befreiung aus der Enge, Skrupulösität und Verklemmtheit der neuscholastischen Theologie, die diese beklemmende Aura besonders um das Bußsakrament und das 6. Gebot verdichtet hatte, und die Beichten zu einer peinlichen, buchhalterischen Bilanzierung von Aktiv- und Negativposten zwischen Gott und dem Sünder verkommen ließ. Dirks erinnert sich, daß er Glaube, Erlösung, Frohbotschaft als Geschenke, die sich auf sein gesamtes Leben auswirkten und ihn engagierter und couragierter

sein Christsein leben und behaupten ließen, erfuhr."
(Magdalena Bussmann)

AUGENÖFFNER FÜR DEN GRUND
EWIGER FREUDE

In der Art, wie Joseph Wittig das Evangelium für das Volk erzählte, brachte dies unzähligen jungen Menschen Befreiung aus der damals in katholischen Kreisen weitverbreiteten Verklemmtheit und Gewissensquälerei. Wittig suchte und fand ein vom Geist des Neuen Testaments geprägtes Verständnis von Buße und Beichte, das zu Herzensfrieden und Glaubensgewißheit führte und im veränderten Umgang mit Liebe und Sexualität, in Freude, Entzücken und Anbeten seine Gestalt finden sollte.

Für die Gegenwart „dieses unseres menschennahen Gottes" und die Erfahrung der Geschöpflichkeit der Welt im alltäglichen Leben will Wittig die Augen öffnen. „Weil aber die Menschen meinen, das Heilige und Göttliche müsse immer gleich leuchten und unendlich fromm und brav sein, so vermögen sie es gar nicht auf der Erde zu erkennen. Sie gehen daran vorüber und haben nichts davon", berichtet er den Freunden unter der Überschrift: „Daß ich in dem sein muß, was meines Vaters ist."

„Gott und seine Offenbarung sind Wirklichkeiten, gegenüber denen die sichtbare Welt mit all ihren Greifbarkeiten nur eine nachgebildete Wirklichkeit sein kann", bekennt er in seinem ersten Buch vom *Herrgottswissen.*

In seiner Osterbotschaft von 1922, dem Aufsatz *Die Erlösten,* der schlußendlich die Katastrophe der Ausstoßung ausgelöst hat, ruft Wittig mit klarer, prophetischer Stimme ins Lager seiner Amtsbrüder:

„O ihr Dogmatiker, zeigt mir das erlöste Volk!... Könntet ihr eure Erlösungsgeschichte nicht so verkündigen, daß das katholische Volk sich wirklich von der Sünde erlöst fühlt ... daß es aufjubeln kann in seiner Erlösung? Ihr schreckt aber selbst das Volk, niemand sei vor der

Hölle sicher, stellt unzählige Bedingungen, ehe der Mensch der von euch gepredigten Erlösung teilhaftig wird. (...) Manche von euch haben sich in der Türe geirrt und sind statt in die Schatzkammer in die Folterkammer geraten." (*Die Erlösten*)

Dieser Wittig-Aufsatz, der seine Kirchenleitung so verstörte, ging wie ein Lauffeuer durch Deutschland. Er zeigte nacherlebbar und lesbar die befreiende Botschaft von Jesus in einfachen, das alltägliche Leben der Menschen treffenden Geschichten. Wie das damals unter der katholischen Jugend gewirkt haben muß, läßt sich noch nachempfinden aus dem Bericht, den die spätere Ehefrau von Joseph Wittig, Anca Geisler, 1925 niedergeschrieben hat:

„Wir saßen . . . und lasen . . . in uns hinein Wittigs osterfrohen Erlösungsaufsatz. Und von Seite zu Seite, von Zeile zu Zeile wurden wir glücklicher . . . Oh ja – aufjubeln in der Erlösung müßt ihr – da stand es klar und licht! Das wollten wir ja so gerne! Aber immer und überall wurden uns bisher Gitter dazwischen gestellt und Drähte gezogen, in denen man hängen blieb und seufzend den frohen Mut und die Bewußtheit des Erlöstseins verlor. Und man quälte und plagte sich mit der Sünde und ihren Folgen, wagte die heilige Kommunion nicht öfter als zwei-, dreimal (im Jahr) zu empfangen, weil die ganze Not des Nichtankönnens gegen den Tag mit seinem mindestens siebenmaligen Straucheln uns zu Boden drückte. Und das schwere, schwere Beichten! Es ist uns armseligen Menschlein nun mal so ganz gegen die Natur. Die Gewissenserforschung ist so hart, weil oft genug eine trotzige Stimme aufbegehrt: Und das empfinde ich eben nicht als Sünde! Aber hier, wie Wittig uns das Beichten lehrt, da wird es nicht zur Folterqual. Das ist das einfache, reuevolle Bekenntnis der Schuld mit der frohen Gewißheit, daß sie ja abgewaschen und getilgt wird und ist durch Christi Erlösungstat."

(Anca Geisler, Wittig und die neue Jugend, 229 f., in: L. Wolf, Hrsg., Joseph Wittig, sein Leben, Wesen und Wirken, Habelschwerdt 1925)

FREUND UNTER FREUNDEN

Wenn es im Alten Testament im Buch des Predigers (4,12) heißt: „Einer mag überwältigt werden, aber zwei können widerstehen, und eine dreifache Schnur reißt nicht leicht entzwei" – dann hat dieses Wort in Joseph Wittigs Leben eine überzeugende Anschauung gefunden. Frau Wittig erzählt, wie in der Notzeit ökumenische Freundesbeziehungen zum Tragen kamen, als Wittig ohne Unterhalt und Unterkunft aus seinen amtlichen Pflichten entlassen und aus der vertrauten Kirchengemeinschaft ausgeschlossen worden ist. Der Kollege an der Breslauer Universität, Eugen Rosenstock-Huessy, schaltete sich ein, als Wittig um Amt, Ansehen und Einkommen gebracht worden war. „Welche irdische Mutter würde einen Sohn, der ihr nicht gefügig war, verhungern lassen? Sollte die ‚Mutter Kirche‘ dies wirklich Wittig antun?" Eugen Rosenstock-Huessy (1888–1972), protestantischer Soziologe und Sprachdenker, war damals gerade (1923) zum Professor für deutsche Rechtsgeschichte, Zivil-, Handels- und Arbeitsrecht an die Universität Breslau berufen worden, als sein katholischer Kollege Wittig durch fürst-erzbischöfliche Zensurverfügung „kaltgestellt" wurde. Rosenstock-Huessy setzte sich persönlich beim Kultusminister in Berlin dafür ein, daß die vom Kardinal beim Staat erwirkte Verfügung, Wittig kein Gehalt mehr zu zahlen, zurückgenommen wurde. Zugleich trat Rosenstock-Huessy mit einer leidenschaftlichen „Für-Schrift" für Joseph Wittig an die Öffentlichkeit.

Er sagte in den für Wittig schweren Tagen 1926:

„Viel wichtiger und erfolgreicher als päpstliche Weltfriedensvermittlung, Jubeljahre und Enzykliken ist die Behandlung eines lebendigen Gliedes der Kirche, eines Menschen, einer armen, aber lebendigen, von Gott geschaffenen Menschenseele. Die von Gott gebaute, von Christus hinterlassene Kirche besteht nicht aus der Peterskirche, dem Vatikan, dem Freiburger Münster einerseits und andererseits aus Leuten, die dort oder hier an diesen Steinhäusern Karriere machen wollen, sondern sie besteht aus laufenden, ringenden, und im Lauf und Ringen von Gott zu seinem Dom zusammengebauten Menschen, die hernach und unverwegen auch Bischofspaläste und Kirchen aus Stein bauen mögen, wenn dazu Zeit ist. Also wie gesagt, die Unscheinbarkeit des Falles mag römische Diplomaten zum Lächeln bringen: einen Christen müssen immer die leisen, lautlosen, unscheinbaren Vorgänge durchschauern. Denn er weiß, daß er nichts ‚Besonderes‘, ‚Heroisches‘ zu tun hat in der Welt, sondern nur das Alltägliche und Geringe und Kleine auf besondere Weise."

Diese Kampfschrift für Wittig trug den aus heutiger Sicht prophetisch anmutenden Titel „Religio de populata" (Kirche ohne Volk). Darin wird zunächst in historischem Rückblick die Leistung des Papsttums in seiner Frontstellung gegen die Staatsgewalt gewürdigt. „Zu ‚Gift und Despotie‘ allerdings verwandelt sich diese Macht, wenn die staatliche Macht Roms auf das innere Leben der Kirche, auf das ‚übernatürliche Glaubensleben von Gliedern der Kirche‘ angewendet werde. Denn dann mißachtet sie das innere Gesetz der Kirche, das allein auf dem ‚Wagnis des Glaubens‘ beruht." Joseph Wittig stellt für ihn ein aktuelles Beispiel des Mißbrauchs der staatlichen Macht Roms dar. Mit Wittig sieht Rosenstock das Leben des Laien insgesamt in der „. . . äußersten Gefahr: daß ihm nur gestattet wird, Religion zu praktizieren, statt Gott mit allen seinen Kräften zu offenbaren und zu bezeugen." (Alter der Kirche, Bd. 3, 103–1933)

Im vorstehenden *Roman mit Gott* erzählt Wittig kaum etwas aus diesen fruchtbaren Jahren des Zusammenwirkens geistesverwandter Freunde. Nur einmal erwähnt er hier den Namen Rosenstock. (S. 183) Die schrecklichen Jahre furchtbaren Kriegsgeschehens nach überstürztem Abschied der aus rassischen Gründen verfolgten Freunde ins Ausland war dazwischengetreten. Aber ohne das Wissen um dieses tragende, schöpferische Netzwerk von Freunden in den 30er Jahren ist die erneute Ausstrahlung des Werkes von Wittig nach der Exkommunikation kaum zu verstehen. Der Gelehrte Joseph Wittig hat niemals Schüler gehabt, aber immer Freunde! Im Juni 1927 ließen sich Joseph und Anca Wittig standesamtlich trauen. Als Zeuge begleitete sie der neugewonnene Freund und Mitkämpfer Eugen Rosenstock-Huessy. Wittig beschreibt in seinem nächsten Buch, im *Höregott*, eindrücklich das Wesen des Freundes:

„So war des Freundes ganzes Wesen. Er hütete sich wohl, meinen Weg zu beeinflussen, aber er sah meinen Weg; er war nicht, wie mancher Geist behauptete, mein Treiber, sondern mein Trost. Er goß mir aus seinem Krüglein in mein Herz, wenn mir einmal der Geist mein eigenes Krüglein geraubt hatte. Er tat an mir, was sonst kein Mann mehr tun konnte, denn er hatte, wie kein anderer Mann mehr, den Glauben, daß Gottes Allmacht erst beim Unmöglichen beginnt. Er stattete mein Herz mit jenen Gütern aus oder entzündete in mir jene Kerzen, die mir mit ihrem Wert und ihrem Licht auch andere Freunde gewannen, Freunde aus seinen Freunden, aber auch Freunde aus seinen Feinden. Und zum Dank dafür machte Gott mein Herz zu einer Verwandlungsstelle und zu einem Schmelztiegel für des Freundes Wesen und Wort." (S. 333)

In diesen anregenden und aufregenden Freundeskreis gehören auch Victor von Weizsäcker, Ernst Michel, Martin Buber und Franz Rosenzweig, neben zahlreichen anderen, die die damalige Geisteswelt Deutschlands bestimmten. Kein Wunder, daß dieser Kreis um Wittig, zunächst wegen seiner jüdischen Glieder, für die ausgebrochene Herrschaft der Nationalsozialisten ein Dorn im Auge war. Zunächst versuchten sie, 1933 bei Wittig belastendes Material gegen die jüdischen Freunde zu finden. Frau Anca Wittig erzählt:

„Für uns hatte das Dritte Reich sehr schlimm begonnen. Es kam eine SS-Kohorte, drei SS-Leute mit gezücktem Revolver Haussuche halten in Neusorge, da wir Judenknechte wären. Das war die Beziehung zu Martin Buber! Mein Mann war außer sich und sagte, was sie hier wollten, das sei Hausfriedensbruch. Wir hatten ja damals noch

keine Ahnung, was alles auf uns zukam. Die drei gingen
hinaus ins Arbeitszimmer und sagten, wir sollten ihnen
die jüdischen Dokumente zeigen. Daraufhin fragte ich:
‚Jüdische Bücher? Hier steht das Alte Testament in Griechisch, das Alte Testament in Deutsch in mehreren Ausga-
ben.‘ Da sagte er: ‚Machen Sie keine Witze.‘ Ich sagte: ‚Das
sind keine Witze. Wenn Sie nach jüdischen Büchern fragen, dann muß ich das sagen.‘ Mein Mann war so aufge-
regt, daß ich für ihn antwortete, damit nichts Schlimmeres
passierte. Sie haben dann unser Gästebuch mitgenommen,
das natürlich mehrere jüdische Eintragungen enthielt . . .
Vor allem eben Martin Buber. Er hatte eine so schöne
Widmung reingeschrieben:

> ‚Gott ist ein großer Bauer.
> Er sät den Samen hin,
> sein Armschwung ist die Dauer,
> sein Schreiten ist der Sinn.‘

und Eugen Rosenstock-Huessy hatte geschrieben:

> ‚Wir sind wie Ströme,
> die vom Meer zur Quelle finden,
> und eine Wasserscheide überwinden.‘"

Die beiden bedeutenden jüdischen religiösen Denker,
Martin Buber (1878–1965) in Heppenheim und Franz
Rosenzweig (1886–1929), hatten für Wittig auch noch
weitere große Bedeutung, denn sie baten ihn, Mitheraus-
geber der – wie wir heute sagen würden – ökumenisch-
ökologischen Zeitschrit *Die Kreatur* zu werden. Die Frau
des späteren Bundespräsidenten Elly Heuss-Knapp hielt
damals in Berlin Wittig-Abende, die großen Zulauf hatten.
Sie setzte sich bei ihrem Verleger, dem evangelischen Leo-
pold Klotz Verlag in Gotha, dafür ein, daß die indizierten
Wittig-Bücher dort neu herausgebracht wurden. Dadurch
erlebten sie noch viele Auflagen! Wittig wurde Mitarbeiter bei den bekannten Zeitschriften „Eckhart", „Christliche Welt" und „Una Sancta" und war bis 1944 in vielen
deutschen Städten zu Dichterlesungs-Abenden eingeladen. Joseph Wittig erinnerte sich:
„Es kommt mir das Wort Dankbarkeit in die Feder,
wenn ich an die evangelische Frömmigkeit denke, die hier

und da an meinem Lebensweg aufblühte, und an die protestantische Gotteswissenschaft, die ich um meines akademischen Berufs willen studieren mußte. Lieber ist mir aber, was mir ein junger Wiener schrieb, nämlich, daß ich weder lutherische noch tridentinische Theologie lehre, sondern aus der Zeit komme, in der noch alle Christen gemeinsam beteten, glaubten und hofften. Ich muß die geschichtliche Trennung der Christenheit anerkennen, weigere mich aber, sie in meinem Herzen zu vollziehen."

WAS BLEIBET ABER, STIFTEN DIE DICHTER (FRIEDRICH HÖLDERLIN)

Im *Hergottswissen* hegt der kleine Ziegenhirt auf dem Feldrain der väterlichen Flur unter sonnigblauem Heimathimmel verträumt den Wunsch, eine Wundergeige zu besitzen, mit der er all die feinsten, zartesten, weltweitesten Töne des Alls einfangen könnte, mit denen er die Herzen der Menschen rühren wollte.

Dem Dichter Joseph Wittig war diese Gabe geschenkt. Er erzählt in der Geschichte von der Stubentür:

„Die Welt der Dichtung ist gar nicht weit von der Welt der Wirklichkeit entfernt. Ich weiß zum Beispiel genau ... in der Grafschaft Glatz gibt es eine Tür; die brauche ich nur zu öffnen, da bin ich gleich mitten drin in jener Welt.

Das ist wohl mein schönstes Wissen, das ich mir in den bisher etwa fünfzig Semestern meines Studiums erworben habe.

Ihr denkt, die Welt der Dichtung sei eine Welt der Lüge oder der Phantasterei, eine Welt der Unwirklichkeit. Das ist ein großer Irrtum; denn ich habe schon die allerwirklichsten Dinge in dieser Welt gesehen. Euch selbst, die ihr euch zu den allerwirklichsten Dingen der Erde rechnet, habe ich schon darin gesehen; denn – ich will es gleich offen sagen – die ganze wirkliche Welt gehört zu der Welt der Dichtung.

Die Welt der Dichtung liegt wie ein Sommermorgen auf

der wirklichen Welt. Geht doch am Sommermorgen über das ganze Land und zeigt mir einen einzigen Fleck, der nicht zum Sommermorgen gehörte! Ihr könnet mir keinen zeigen.

Die Welt der Dichtung liegt wie ein tiefer Sinn über der ganzen wirklichen Welt. Sie ist die Seele der wirklichen Welt."

Der Heidelberger Alttestamentler Professor Claus Westermann hat 1956 in einem Vortrag „Wort und Dichtung im Alten Testament" auf folgenden Tatbestand hingewiesen: „Der Weg vom Wort zur Dichtung, vom einfachen Wort zum gedichteten Wort, ist im Alten Testament kein weiter Weg. Für uns ist es ein weiter Weg geworden, weil der Abstand vom einen zum anderen so weit ist. Das gedichtete Wort hat seinen Ursprung nicht in der vom übrigen Dasein abgesonderten Beschäftigung des Dichters, sondern in bestimmten Lebensvorgängen, aus denen es unmittelbar erwächst . . . Es hat seinen Ort auf den Höhen und in den Tiefen des Menschendaseins in seiner ganzen Breite und Fülle . . . Es umschließt das ganze Dasein, auch das Leben mit Gott. Hier gerade liegen seine tiefsten Wurzeln. Es wird gespeist aus den Quellen des Gotteswortes und des Gebetes. Können wir nicht der traurigen Scheidung zwischen weltlicher und religiöser oder weltlicher und christlicher Kunst zum Trotz zu diesen Quellen und damit zu dieser Einheit zurückfinden?" (Evangelischer Almanach auf das Jahr 1956, Berlin)

In seiner Liebe zur schlesischen Heimat, in seiner innigen Frömmigkeit und in seiner Offenheit für alle Kreatur wird der junge Wittig früh zum Volksschriftsteller. Sein Hauptwerk *Das Leben Jesu* in Palästina, Schlesien und anderswo ist Erzählung des Evangeliums und zugleich beste christliche Selbstbiographie. Es ist die Geschichte eines schlesischen Dorfjungen, der frühzeitig zum Priester bestimmt wird, und es ist zugleich die von ihm erlebte und in seinem Herzen erfahrene Geschichte Jesu von Nazareth. Es ist Zeugnis vom Leben Jesu in seiner geschichtlichen Einmaligkeit und zugleich seine Wiederholung heute im Leben jedes gotterfüllten Menschen.

Joseph Wittig erzählt 1922, wie er seine „Methode" gefunden hat:

„Ich war schon ziemlich weit damit (Gott in seiner Schöpfung zu erleben), als ich anfing, Theologie zu studieren. Da war es mir von vornherein klar, daß man Theologie nicht nur aus Büchern und nicht nur in den Hörsälen der Universität studieren darf. Denn dazu ist ja das Universitätsjahr in zwei ziemlich gleiche Teile geteilt, in 180 Studientage und 170 Ferientage. Die ersteren sind vornehmlich für die Büchertheologie, die letzteren, Gott sei Dank, für die Theologie ohne Bücher. Leider ist für die bücherlose Theologie noch keine Methode ausgearbeitet wie für die Büchertheologie. Deshalb will ich nur sagen, daß ich sie studiert habe aus den Erzählungen meines verstorbenen Vaters (mit dem ich viele stille, einsame Wege gegangen bin), aus der Seele meiner guten Mutter, ... aus den Lebensschicksalen meiner Geschwister und Freunde, aus den Bildern und Kapellen am Weg, ... aber auch aus Steinen, Gräsern und Blumen." (*Herrgottswissen* von Weg, Rain und Straße. Geschichten von Webern, Zimmerleuten und Dorfjungen, Freiburg 1922, S. 44)

Gar nicht ganz zu Unrecht ist der schlesische Joseph Wittig als Heimatdichter zusammengeschaut worden mit dem niederdeutschen Matthias Claudius, dem alemannischen Peter Hebel und dem bern-deutschen Jeremias Gotthelf. Wittig bekennt auch einmal, daß der Kalender-Mann seines Kirchenboten sein Vorbild gewesen sei, als er anfängt, kleine Geschichten aufzuschreiben. Später sagt der evangelische Arzt Victor von Weizsäcker: „Wittig war ein Dichter, aber ein Kirchen- und Glaubensdichter, so wie Luther, Paul Gerhardt oder Johann Sebastian Bach."

In einem der letzten Gedichte seines Lebens stellt Bert Brecht unter dem Titel „Die neuen Zeitalter" eindrücklich dar, wie Menschen, die äußerlich Zeitgenossen sind, nicht unbedingt in einer gemeinsamen Gegenwart leben müssen:

„Die neuen Zeitalter beginnen nicht auf einmal. Mein Großvater lebte schon in der neuen Zeit, mein Enkel wird noch in der alten leben ... Von den neuen Antennen kommen die alten Dummheiten, die Weisheit wird von Mund zu Mund weitergegeben."

Joseph Wittig lebte schon in der neuen Zeit, längst vor Papst Johannes XXIII. und dem 2. Vatikanum träumte und sprach er von der kommenden Kirche, während die Vorgesetzten des schlesischen Dichter-Priesters noch in einer alten Welt verhaftet waren und sich vergeblich gegen den Einfluß des fröhlichen Predigers *Der Erlösten* abzuschirmen versuchten. Vergeblich, denn Hölderlin kannte die Wahrheit: Was bleibt, stiften die Dichter.

THEOLOGE DES HERZENS

Der *Roman mit Gott* endet wie das Leben Joseph Wittigs mit einem Lobpreis aus der Schöpfung und aus der Welt der katholischen, der orthodoxen und der protestantischen Kirche für „unseren höchsten Herrn, den Vater im Himmel", den Heiligen Geist preisend, der ausgeht vom Vater und dem Sohne.

Sein ganzes bewußtes Leben hat Wittig um die Klärung der verworrenen Gottesvorstellungen gerungen, um durch Jesus Christus eine lebendige Beziehung zum lebendigen Vater im Himmel zu gewinnen. „Die junge Christenheit hat eine Tat ungeheurer Revolution vollbracht, indem sie den Gottesbegriff der damaligen Menschheit ablehnte. Sie sprach im Unterschied von den Heiden von einem lebendigen Gott und hat nur diesen in Beziehung gebracht zu Jesus Christus ... Der Name ‚Vater'! Keinen anderen Namen will Jesus Christus für das Höchste und Heiligste in der Welt und der Menschenbrust. Wenn er das Wort ‚Gott' für diesen ‚Vater im Himmel' anwendet, so tut er es nur, indem er sich in barmherziger Liebe dem Sprachgebrauch seiner Zuhörer fügt und weil er diesen alten Namen verdrängen will durch den neuen Namen." (S. 132 f.)

Darum schreibt Wittig im Vorwort zu diesem seinem letzten Buch (1946):

„Alle Tage waren durchstürmt von der Frage nach

Gott ... Es geschah so Schreckliches, daß immer wieder gefragt wurde: ‚Wie kann Gott solches zulassen?‘ Selber an Leib und Seele zerschlagen, stand ich mehr auf der Seite der Fragenden als der Antwortenden, bis mir die Antwort kam: ‚Fragt nicht nach Gott! Wir haben keinen Gott; wir haben einen Vater im Himmel, und dieser ist nicht der Herr der Welt. Der Herr der Welt ist nach dem eindeutigen Zeugnis Jesu der Fürst der Welt: der Teufel. Jesus, der Sohn des lebendigen Gottes, hat nur eine kleine Herde aus der Welt herausgerufen. Der Teufel spielt sich indessen als Gott auf!‘“ (S. 4)

„Halbwahnsinnig und ganz geistesarm schreibe ich all diese Ungeheuerlichkeiten nieder, die mir in langen, schmerzensreichen, schlaflosen Nächten eingekommen sind.

Und der Kern aller dieser Ungeheuerlichkeiten bildet die Aussage: Der Gott, den ihr euch vorstellt und von dem die meisten von euch längst abgefallen sind, und von dem sie, wenn sie überhaupt noch etwas wissen wollen, nichts mehr wissen wollen, der Gott existiert nicht. Ihr braucht ihn nicht zu fürchten und nicht erst zu leugnen; er existiert nicht! Ich will mit euch ausgehen und suchen, was überhaupt noch existiert, und ob es noch verständig ist, die Hände zu falten und den Blick nach oben zu richten.“ (S. 15)

Joseph Wittig entdeckt als die letzte und größte Offenbarung, als den wahren, erlösenden Namen des Allerhöchsten den Namen des Vaters Jesu Christi. „Zwar hat der Vater Jesu Christi alle unsere Haare gezählt, hindert aber weder, daß eines ausfällt oder daß vor Kummer eine ganze Strähne weiß wird. Wohl kann man ihm alle Wege befehlen; er wird uns nicht hindern, irrige Wege einzuschlagen. Wohl sitzt er in seinem Regiment, aber ‚was er tut und läßt geschehen‘ nimmt keineswegs immer ‚ein gutes End‘, wie es so schön im Kirchenliede heißt ... Aber der Vater im Himmel hat seinen Sohn am Kreuz sterben lassen; er verspricht dir keine goldenen Berge, denn er ist ein wahrhaftiges Wesen! ... Der himmlische Vater hat keine andere Macht als die Macht seiner Liebe; er hat nichts anderes zu

246

schenken als sein väterliches Herz! Im übrigen zeigt er sich in dieser Welt so schwach und ohnmächtig wie wir selber. Unsere Armut und Ohnmacht sind die Zeichen und Ausweise unserer Gotteskindschaft." (S. 177)

Joseph Wittigs schlicht und eindeutig gewordener Bibelglaube ist nicht einfältige Unkenntnis unserer theologischen Schulen und Entwicklungen, aber er hat erkannt, daß man der vorherrschenden Theologie in ihrer abstrakten und lebensfernen Wissenschaftsgläubigkeit nicht vertrauen kann. Heute bestätigen die Restbestände vieler Kirchengemeinden, daß man damit wahrhaftig nicht mehr leben und auch nicht gut sterben kann. „Die Theologen haben nur noch recht, das aber genügt nicht zum Leben", sagt Wittig. (*Höregott*, S. 328)

Wittig zeigt auf, wie die Theologie mit ihren Denkmitteln sich zum Meister über die Schrift aufwirft und dadurch die Lebenshaltigkeit verliert. „Die Wissenschaft hat einen verdammten Zug, mit den Dingen fertig zu werden, ehe Gott mit ihnen fertig wird; sie beseitigt die Dinge, indem sie die Dinge so erklärt, daß man nicht mehr nach ihnen zu fragen gezwungen ist." (*Der Ungläubige*, S. 27) Diesen frühen Wittig-Text zum Thema stellt sich seine „letzte Botschaft" vom 22. Januar 1949 an die Seite:

„Ich weiß von dem unersättlichen wissenschaftlichen Verlangen nach immer tieferem Wissen; ich bin allem Forschen nachgegangen. Ich weiß um die modernste Theologie, erkenne aber jetzt, daß unser Heil in unserem Ursprung und in der Rückkehr zu ihm liegt. Die primitivste Theologie meiner Eltern, wie sie auf der Ofenbank saßen und ihr Abendgebet sprachen, das ist die rechte Theologie. O Welt, du rast der völligen Säkularisierung deiner Heiligtümer zu, kehre um! Du bist der tödlichen Krankheit des Rationalismus verfallen. Höre: wahr ist nur das Irrationale, das Unbegreifliche, das nicht Berechenbare. Das Leben selbst ist etwas Irrationales. Darum führt alles Rationale zum Tode. Ich habe in all meinen Büchern versucht, das Irrationale im ganzen Leben aufleuchten zu lassen, und es ist mir gelungen, ein Tröster der Trostlosen zu werden. Gegen 20 000 Briefe könnte ich zum Beweis dafür vorlegen."

Indem Wittig von seinen oft erschütternden Erfahrungen aus 15 Jahren priesterlicher Existenz als Beichtvater erzählt, verdeutlicht er wie in einem Brennglas jene verfehlte Dogmatik und Moraltheologie, die sowohl an der Frohbotschaft Christi wie am Leben des Volkes vorbeigeht. Er aber liebt die Menschen und fühlt sich daheim bei dem einfachen Volk. Schon als Junge erlebt er, wie sein Dorfpfarrer neben dem Leben sitzt: „Eigentlichen gesellschaftlichen Verkehr mit den Leuten aus dem Dorf pflegte der Pfarrer nicht, und ich wunderte mich oft im stillen, warum er nicht manchmal in die Gast- und Speisewirtschaften ging, wo die Männer oft zusammenkamen. Ich wäre gern mitgegangen, denn ich hörte den Männern ums Leben gern zu, wenn sie erzählten, und logen und schier Unübertreffliches zu wissen und leisten zu können oder geleistet zu haben vorgaben." (*Leben Jesu*, II, S. 126)

Der Seelsorger Wittig sagt es klar, was heute vonnöten ist: „Mein Gott, die Welt braucht keinen anderen Erlöser als einen tüchtigen Arzt, der ihre Krankheiten heilen kann und außerdem gut und freundlich ist, so daß er auch den gequälten Herzen Trost zusprechen kann. Die Welt braucht keine andere Erlösung als richtige Liebe. Es muß ihr einer sagen können: ‚Deine Sünden sind dir vergeben!' und: ‚In meines Vaters Hause sind viele Wohnungen.' Mehr braucht die Welt nicht. Was ihr euch sonst ausdenket, muß von dieser Art sein, sonst ist es nur wieder neue Qual, neue Eitelkeit und neues Heidentum."

„Glaubet wieder an Geheimnisse, die euer Leben umgeben und aus denen euer Leben hervorgeht. Glaubet insbesondere wieder an das Urgeheimnis, daß ein ewiger Vater ist, aus dem immerdar Leben strömt, daß Jesus Christus sein eingeborener Sohn ist, in dem das göttliche Leben sichtbar auf dieser Erde erschien, um alle zu überströmen, die an ihn glauben; daß der Geist Gottes euch immerdar umschwebt und euch befruchtet und euch heiligt. Denn das ist das tiefste Geheimnis eures Lebens, daß in euch die heilige Dreifaltigkeit zur irdischen Wirklichkeit wird." (*Das Alter der Kirche*)

In seiner „Osterbotschaft", *Den Erlösten*, fordert er „ein

Volk freier Kinder Gottes . . . – Froh wollte ich alle Leser machen mit dem Gedanken, daß sie zum Volk der Erlösten gehören. Wie heimliche Königskinder sollten sie wieder unter dem anderen Volk einhergehen." Was zutiefst seelsorgerlich bestimmt war und kirchenpolitisch harmlos erschien, traf den Nerv der gegenreformatorischen Theologie der Neu-Scholastik. Die unmittelbare Begegnung des Menschen mit Gott, wie sie Wittig als tragende Glaubenswirklichkeit erkannte, hatte – lange vor dem zweiten Vatikanischen Konzil – ein institutions-gefährdendes Gefälle hin zur Mündigkeit der Laien und zum allgemeinen Priestertum aller Gläubigen. Wittig mahnte: „Nicht Kirchen bauen, sondern die Kirche bauen, die Katholiken befähigen, Kirche zu sein."

Seine Auffassung vom Kirche-Sein benennt Joseph Wittig noch einmal im letzten Kapitel des *Roman mit Gott*: „So sind wir nun einsam geworden mitten im Walde; wir sind eine kleine Kirche, wo wir gehen und stehen. Kein ferner, kein philosophischer Gott kann uns mehr bedrohen, Gott als hauchdünnes Blättlein Brot, vom Winde verweht, ist unser Gott, wunderbar gütig in unserem Fleisch und Blut wirksam. Es ist der wahre Gott, über dem kein anderer Gott ist . . ." (S. 228)

Die Realität dieser Kirche „mitten im Wald" erinnert an eines seiner ersten Bücher aus dem Jahr 1924, das den Titel *Kirche im Waldwinkel* trägt. In dieser bereits 1920 niedergeschriebenen Erzählung geht es um einen Mann, der einsam im Wald wohnt, den Wittig einmal als junger Theologiestudent besuchte. Es heißt dann: „Der einsame Mann sah nur die Kirche in ihrer einfachsten Gestalt als Liebesvereinigung von Menschen, die an Christus glauben und deshalb einander liebhaben." (S. 15) „Die Kirche im Waldwinkel ist nichts anderes als ein versteckter Winkel der großen, heiligen Erdenkirche Christi . . ." (S. 29) (*Kirche im Waldwinkel*, 1925)

BLEIBT DOCH ALLES IN GOTTES HAND!

Joseph Wittig hatte sich 1926 auf dem Grundstück seines Vaters im heimatlichen Neusorge mit eigener Hand ein Haus gebaut. Dort wurde – bis zur Vertreibung im Jahr 1946 – das Zuhause für Frau, Kinder und die Freunde. Wenn immer einer aus dem gastfreien Wittig-Heim verabschiedet wurde, lautete das Abschiedswort: „Bleibt doch alles in Gottes Hand!"

Dieser Glaube ist erstarkt in den Stürmen der kämpferischen Zeiten, aber unter großem Leid. Frau Anca erinnert sich: „Als im Mai 1928 unser Sohn Höregott zur Welt kam, weigerte sich der katholische Arzt der nahen Stadt, in das Haus eines Exkommunizierten zu Hilfe zu kommen. Ein entfernterer Arzt kam zu spät. Das Kind starb nach drei Tagen. Der Eid des Hippokrates war nicht so verpflichtend wie ein kirchliches Verdikt? Höregott war von seinem Vater getauft worden." (In Diakonia, Wien, 1/87, S. 38) Am Grabe seines Kindes Höregott, dem Kind eines „Ausgestoßenen", keimt in Joseph Wittig die Hoffnung, „Das wirkliche Leben wächst über die Kirche hinaus. Es nimmt eine neue Gestalt an." (*Höregott*, S. 415)

Nach leidvoller Verarbeitung, nach heilenden freundschaftlichen Beziehungen in der Weite des Volkes Gottes (ober- und außerhalb der konfessionellen Weidezäune) und nach der Erfahrung fruchtbarsten ökumenischen Austauschs, der zu einem vollmächtigen Sprechenkönnen über konfessionelle Schranken hinweggeführt hatte, lernt Wittig seine Exkommunikation noch einmal neu zu beurteilen. Er schreibt: „Tatsächlich aber geschah es [die Exkommunikation], weil es geschehen mußte ... Mein Leben lang hatte ich ihr [der Kirche] gedient, aber sie mußte mich von der Schule entfernen, denn ich mußte frei von der alten Schule werden, um ihrer Methode und Stoffauswahl nicht mehr verpflichtet zu sein ... es war notwendig und eine große Gnade, daß ich aus meinem ‚geistigen Leben' und meinem ‚rein geistigen Beruf' herausgerissen und in die so ganz unakademische Welt hineingestellt wurde." (Aus meiner letzten Schulklasse, in: *Kreatur*, Jg II. Heft 1, S. 12)

DAS GEHEIMNIS DER STELLVERTRETUNG IN DER HEIMATLOSIGKEIT

Die Jahreswende 1945/46, den ersten furchtbaren Nachkriegs-Winter, erlebte Joseph Wittig todkrank, hungernd, frierend und ausgeraubt, aber wenigstens noch daheim unter dem eigenen Dach. Er wäre gerne in der alten Heimat nun auch gestorben. Aber Freunde baten, doch den letzten Vertriebenen-Transport nach dem Westen noch zu benutzen. So ließ sich Wittig um der Lieben willen auf einem Leiterwagen 16 km weit zum Sammelpunkt für den Abtransport karren.

Die Monate unterwegs schildert der *Roman mit Gott* ausführlich. Die Tiefe seiner Leiden sind nun um die Heimatlosigkeit vermehrt, obwohl der größte Schmerz, die Verbannung aus der geliebten Kirche, durch ein Telegramm mit der Aufhebung der Exkommunikation vor der Ausreise geheilt worden ist. So tröstete sich der Glaubende im Wissen um den verborgenen Sinn: „Aber ich kenne doch das Geheimnis der Stellvertretung – und so gesehen ist Heimatlosigkeit Gottesdienst."

Am 22. August 1949 starb Joseph Wittig in dem Forsthaus in der Lüneburger Heide, das die Flüchtlinge einmal aufgenommen hatte. Anca Wittig schrieb: „In guter ökumenischer Hausgemeinschaft mit ausschließlich evangelischen Menschen wurde die Heimatlosigkeit leichter."

Sein Tod geschah drei Jahre nach der Vertreibung und drei Jahre nach der unbegründet gebliebenen, bedingungslosen Wiederaufnahme in seine Kirche.

Der Tod kam am Tag vor dem Umzug ins neue eigene Heim in Meschede. Gott rief ihn, als er noch unterwegs

war. Der um den Heimgehenden versammelte Kreis seiner Familie hörte gehaucht seine letzten Worte:
„Mein Jesus, mein Meister!"

Bitte beachten Sie die
folgenden Anzeigen

In der Reihe Apostroph bereits erschienen:

Gertrud Bäumer
Adelheid
Mutter der Königreiche
Pappband, 440 Seiten, Bestell-Nr. 78015
Die Geschichte kennt nicht nur Frauen, die in der Stille wirkten,
sondern auch solche, die ein großes Reich lenkten. Eine solche
Frau war Kaiserin Adelheid (geboren 931). An der Seite ihres
Gemahls Otto I. wurde sie an der Jahrtausendwende zur „Mitge-
nossin des Reiches" und nach dessen Tod zur alleinigen Herr-
scherin.
In diesem Roman erlebt der Leser die Anfänge der europäisch-
deutschen Geschichte in einem beeindruckenden geistigen und
literatischen Stil.

Dorothy L. Sayers
Zum König geboren
Herausgegeben von Manfred Siebald
Pappband, 464 Seiten, Bestell-Nr. 78019
Eine Autorin, die zu den meistgelesenen der Gegenwart gehört,
gestaltet hier das größte Drama der Weltgeschichte in der Sprache unserer Zeit.
Der Leser erlebt mit, wie Jesus hingerichtet wird von einem Volk,
dem wir in beängstigender Weise gleichen, in einer Gesellschaft,
die der unsrigen nur allzu ähnlich ist. Dorothy L. Sayers macht
aus dem Evangelium keine Kindergeschichte, sondern erzählt
meisterhaft das aufstachelnde, entsetzende, erregende und begei-
sternde Leben Jesu von seiner Geburt, seinem Leben und Leiden,
seinem Tod und seiner Auferstehung.

In der Reihe Apostroph bereits erschienen:

Hans Steinacker (Hrsg.)
Gott, wenn es Dich gibt . . .
16 Wendepunkte von Zeugen des Jahrhunderts
Pappband, 160 Seiten, Bestell-Nr. 78002
16 Wendepunkte als Ermutigung, wie man Gott konkret begegnen kann, heute, im 20. Jahrhundert. Es sind unterschiedliche Erfahrungen im Alltag von Frauen und Männern vieler Konfessionen, Rassen und Nationen:
William Booth, Frank Buchman, Charles Colson, Charles de Foucauld, Karl Heim, Tatjana Goritschewa, Manfred Hausmann, C. S. Lewis, Toyohiko Kagawa, Friso Melzer, John Mott, Malcolm Muggeridge, Elias Schrenk, Sadhu Sundar Sing, Hudson Taylor, Eva von Tiele-Winckler.

Reinhold Ruthe
Das Ehe-Buch
Wege zu partnerschaftlicher Sexualität
Pappband, 180 Seiten, Bestell-Nr. 78014
Viele Paare denken nach der Eheschließung, das Ziel sei erreicht und dem gemeinsamen Glück stünde nun nichts mehr im Weg. Oft jedoch sieht die Realität ganz anders aus. Aufgrund von Unwissenheit vergrößern sich manche Probleme ungewollt, gerade auf dem Gebiet der Sexualität.
Das Ehebuch des erfahrenen Seelsorgers und Eheberaters Reinhold Ruthe will hier konkrete Hilfestellung geben. Er beschreibt in offener und verständlicher Form anhand praktischer Beispiele die Probleme, die auftreten können, liefert die nötigen Hintergrundinformationen und zeigt Lösungsmöglichkeiten.

Brendow Buch Kunst Verlag